Zu diesem Buch

Das Reizdarmsyndrom, das sich meist in Völlegefühl, Bauchschmerzen, Blähungen, Verstopfung und/oder Durchfall äußert, konfrontiert Ärzte wie Patienten mit großen Schwierigkeiten. Obwohl es sich dabei um die häufigste Magen-Darm-Störung in der westlichen Welt handelt, zögern viele Betroffene, ihre Symptome überhaupt zuzugeben oder deswegen Hilfe in Anspruch zu nehmen. Einerseits sind diese Beschwerden «peinlich», andererseits stößt der Patient auch immer wieder auf Ratlosigkeit bei seinem Arzt, der Schwierigkeiten hat, diesen Befund genau zu diagnostizieren, und auch keine voll befriedigende Behandlungsmethoden kennt, die auf jeden anzuwenden wären.

Ähnliche Erfahrungen hat auch Elaine Fantle Shimberg gemacht, die deshalb ihre eigenen Einsichten und die neuesten medizinischen Erkenntnisse in diesem praktischen und übersichtlichen Leitfaden zusammengefaßt hat. Ihre Interviews mit Patienten und Ärzten belegen, was es in biologischer, psychologischer und sozialer Hinsicht bedeutet, ein Reizdarmsyndrom zu haben. Sie zeigt auch klar auf, wie Ernährungsgewohnheiten, hormonelle Faktoren und alltäglicher Stress zusammenwirken, um Symptome hervorzurufen oder zu verschlimmern, und macht sehr praktikable Vorschläge, wie langfristige Verhaltensänderungen und damit auch eine Besserung des Gesundheitszustandes erreicht werden können.

Elaine Fantle Shimberg
DER GESTRESSTE DARM

Hilfe bei Verdauungsstörungen

Aus dem Amerikanischen
von Juliette Liesenfeld

Fachliche Bearbeitung von
Dr. med. Hans-Joachim Roose

Rowohlt

Medizin und Gesundheit
Lektorat Heike Wilhelmi

Deutsche Erstausgabe
Redaktion Beate Laura Menzel
Veröffentlicht im Rowohlt Taschenbuch Verlag GmbH,
Reinbek bei Hamburg, November 1991
«Der gestresste Darm»
Copyright © 1991 by Rowohlt Taschenbuch Verlag GmbH,
Reinbek bei Hamburg
Die amerikanische Originalausgabe erschien 1988 unter dem Titel
«IBS. Irritable Bowel Syndrome»
bei M. Evans & Co. Inc., New York
«IBS» Copyright © 1988 by Elaine Fantle Shimberg
Umschlaggestaltung Nina Rothfos
Satz Garamond (Linotronic 500)
Printed in Germany
1280-ISBN 3 499 19105 9

Für meinen Vater Karl S. Fantle

INHALT

ZUR DEUTSCHEN AUSGABE

Wozu ein deutsches Vorwort? Mit Douglas A. Drossman hat ein auch in Deutschland renommierter und im Zusammenhang mit dem Reizdarmsyndrom häufig zitierter Fachmann eine Einführung zu diesem Buch geschrieben, die keiner Ergänzung bedarf. Seine kritische Würdigung des Buches ist gleichzeitig eine Qualifikation.

Auch zur Häufigkeit dieses Leidens muß keine Ergänzung vorgenommen werden. Die deutschen Zahlen variieren genauso wie die amerikanischen, weil wahrscheinlich nur ein Teil der Menschen mit Reizdarmsymptomen einen Arzt aufsucht und damit zum Patienten wird. Der Rest liegt im dunkeln. Daraus erklärt sich auch die unglaubliche Streuung der Zahlenangaben, denen zufolge der Anteil des Reizdarmsyndroms an den Magen-Darm-Erkrankungen zwischen 15 und 70 % (!) betragen soll.

Ich möchte auch nicht die mehrfache Ermahnung der verantwortungsbewußten Autorin simpel wiederholen, ärztlichen Rat einzuholen, wenn die beschriebenen Reizdarmbeschwerden vom Leser als die eigenen erkannt werden. Aber zur Unterstützung dieser wichtigen Empfehlung sei folgende, nicht vollständige Liste der Krankheiten und Störungen aufgeführt, die mit ähnlichen Beschwerden einhergehen können:

- Magen- und Zwölffingerdarmgeschwüre
- chronische Bauchspeicheldrüsenentzündung
- Gallenwegserkrankungen
- Infektionen des Magen-Darm-Traktes
- Darmparasiten (z. B. Würmer)
- Milchzuckerunverträglichkeit
- Nahrungsmittelallergien
- Abführmittelmißbrauch
- Alkoholismus

aber eventuell auch:
- Dickdarmkrebs
- chronisch-entzündliche Darmerkrankungen wie Colitis ulcerosa oder M. Crohn

Selbstverständlich wird im Buch noch näher darauf eingegangen.

Vielleicht nur ein Wort zum Kernteil des Buches – dem Abschnitt über die Behandlungsmöglichkeiten. Es gibt in der Tat keine gesicherte und zuverlässige Therapie dieses Syndroms, dessen Ursachen letztlich noch unbekannt sind. Alle von der Autorin aufgeführten Konzepte und Ansätze gelten auch für unseren Bereich. Sie sind hier so gut oder so schlecht wie in den USA – d. h., bei dem einen Patienten helfen sie hervorragend, beim anderen weniger, mal ist ihre Wirkung anhaltend, mal nur von kurzer Dauer.

Vor allem aber frappiert uns, daß bei genauem Hinsehen die meisten Ratschläge eigentlich jedem von uns seit langem bekannt sind. Es handelt sich nämlich um Lebensweisheiten, die uns schon Mütter und Großmütter lehrten – wie z. B. das langsame Kauen, beim Essen nicht zu schlingen, eine geordnete Zeit- und Tageseinteilung ohne Hetze, regelmäßige körperliche Betätigung als Ausgleich (der *Verdauungs*spaziergang) und weitere Empfehlungen, wie sie die Lebensreformer und Naturisten seit der Jahrhundertwende immer wieder betont und leidenschaftlich verfochten haben (Verzicht auf Alkohol, Nikotin und andere Drogen, vegetarische Ernährung u. v. a. m.). Sie sind dafür ausgelacht und als Sektierer oder Spinner abgetan oder verfolgt worden.

Schon damals zeichnete sich ab, was die Zeit fortgeschrieben hat, daß nämlich die körperliche und seelische Grundstruktur des Menschen sich nicht allzusehr von der des Höhlenmenschen entfernt hat. Der Versuch, auch in der zivilisierten und technisierten Welt von heute ein wenig (oder auch mehr) Ernährung und Lebensweise naturnah zu gestalten, kann zum Heilmittel werden.

Juni 1991   Dr. med. Hans-Joachim Roose
                                             Internist

EINFÜHRUNG

Das Reizdarmsyndrom konfrontiert Ärzte und Patienten gleichermaßen mit großen Schwierigkeiten. Obwohl es sich dabei um die häufigste Magen-Darm-Störung in der westlichen Welt handelt, zögern viele Betroffene, ihre Symptome überhaupt zuzugeben oder deswegen Hilfe in Anspruch zu nehmen. Aus diesem Grund entgeht ihnen dann die Chance einer Behandlung. In der Regel sind die Probleme beim Reizkolon nur leicht und begrenzt, aber eine nicht unerhebliche Anzahl von Patienten leidet eben doch unter verminderter Lebensqualität. Darüber hinaus versäumen diese Patienten öfter die Arbeit, und es entstehen oft erhebliche Krankheitskosten. Trotzdem haben im Vergleich zu anderen Erkrankungen Forschungsprojekte auf diesem Gebiet keine Priorität. Das hat zur Folge, daß unsere wissenschaftlichen Erkenntnisse und die Behandlungsmethoden nicht sehr befriedigend sind. Weder Hausärzte noch Gastroenterologen verfügen über einen spezifischen Reizkolon-Test. Die Diagnose stützt sich lediglich auf die Krankengeschichte, auf Untersuchungen und einige Tests, mit deren Hilfe gefährliche Befunde mit dem gleichen Erscheinungsbild ausgeschlossen werden können. Da es keinen einfachen Test zur Bestätigung der Diagnose gibt, fühlen sich einige Mediziner bei der Therapie verunsichert. Folglich kommt es vor, daß sie die Symptome nicht als real erkennen oder sogar die Klagen ihrer Patienten nicht ernst genug nehmen. Das kann natürlich zu unnötigen Spannungen in der Beziehung zwischen Arzt und Patienten führen. Obendrein gibt es auch keine einheitliche Behandlung, die sich bewährt hat; wenn also die Beschwerden hartnäckig sind, kann es durchaus passieren, daß man verschiedene Therapien versucht, die alle nicht anschlagen. Das ist für Ärzte und Patienten frustrierend.

Solche Erfahrungen stimmen pessimistisch und erzeugen manchmal ein Gefühl der Hoffnungslosigkeit. Aber nach meinen eigenen Beobachtungen kann der Mehrzahl, wenn nicht gar allen Patienten durchaus geholfen werden. Voraussetzung dazu ist eine verständnisvolle Haltung und gute Kenntnis der Fakten seitens des Arztes sowie ein Behandlungsplan, bei dem der oder die Betroffene im Mittelpunkt steht. In dieser Hinsicht hat Frau Shimberg einen wertvollen Beitrag geleistet, der vielen bei der Verfolgung dieses Ziels Hilfestellung gibt.

Da sie selbst betroffen ist, hat Frau Shimberg ihre eigenen Erfahrungen und die neuesten medizinischen Erkenntnisse in diesem praktischen und übersichtlichen Leitfaden zusammengefaßt, was das Verständnis und den Umgang mit diesem verwirrenden Krankheitsbild wesentlich erleichtert. Ihre Interviews mit Patienten und Ärzten belegen, was es vom biologischen, psychologischen und sozialen Standpunkt aus bedeutet, ein Reizdarmsyndrom zu haben. Vielen Patienten ist es bestimmt auch ein Trost, daß sie mit ihren Gefühlen und Beschwerden nicht allein dastehen.

Frau Shimberg zeigt ihren Leserinnen und Lesern klar und deutlich, wie Ernährungsgewohnheiten, hormonelle Faktoren und alltäglicher Stress zusammenwirken, um Symptome hervorzurufen oder zu verschlimmern. Anhand dieser Informationen führt sie die Betroffenen auf den Weg zu einer ganz individuellen Therapie. Ich begrüße ihre Herausstellung der Tatsache, daß die Behandlung des Reizdarmsyndroms eine Partnerschaft voraussetzt: Arzt oder Ärztin dienen dabei als fachkundige Ratgeber, aber Patient oder Patientin tragen die Hauptverantwortung für ihre gesundheitlichen Belange. Nach meinen bisherigen Erfahrungen ist die Krankheit (genau wie andere chronische Störungen) dann in den Griff zu bekommen, wenn es den Betroffenen gelingt, die passive Abhängigkeit vom Arzt zu überwinden und zur Selbstverantwortung zu finden.

Frau Shimberg vermittelt einen ausgezeichneten Einblick und macht Vorschläge, die Patienten bei der Erreichung dieses Ziels «Selbstverantwortung» unterstützen können. Die Führung eines Tagesjournals, um symptomauslösenden Ereignissen auf die Spur zu kommen (auch ich empfehle diese Methode oft), ermöglicht es Patienten häufig zum erstenmal, jene Faktoren zu erkennen, die ihre Beschwerden verschlimmern. Nachdem diese Erkenntnis gewonnen ist, weist Shimberg auf Möglichkeiten hin, wie langfristige Verhaltensänderungen erreicht werden können, die dann letztendlich zur Besserung des Gesundheitszustandes führen. Einige ihrer Ratschläge können auf fast alle Bereiche des täglichen Lebens übertragen werden, so z. B., wie Sie sich Ihrer Gesundheit zuliebe besser behaupten und effizienter arbeiten können.

Das Reizdarmsyndrom besitzt ein breites Spektrum von Symptomen unterschiedlichen Schweregrades, und dieses Buch hat allen Betroffenen etwas zu bieten. Leute, die ohne medizinische Betreuung auskommen, werden dadurch profitieren, daß sie ihre Probleme jetzt besser verstehen; durch praktikable Vorschläge können sie lernen, ihren Zustand zu bessern. Menschen mit stärkeren Beschwerden, die häufig in

13

die Sprechstunde kommen müssen, können von diesem Buch zwar keine Wunderdinge erwarten. Frau Shimberg weist ja auch darauf hin, daß Heilung nicht erwartet werden kann und lebenslang mit einem Wiederaufleben der Symptome zu rechnen ist. Aber wie bei allen chronischen Leiden ist Heilung gar nicht der springende Punkt. Maßgebend ist, die Krankheit besser zu verstehen sowie Strategien zu entwickeln, die das Gefühl vermitteln, die Kontrolle über die Krankheit zu haben. Das ist die bestmögliche Form der Behandlung.

Dr. Douglas A. Drossman *

* Im folgenden sind die Experten mit einem * gekennzeichnet, auf die ich mich im Text beziehe und die ich auf Seite 206 mit genauer Berufsbezeichnung und ihren Tätigkeitsfeldern vorstelle.

VORWORT

Als ich mich hinsetzte, um dieses Buch von Elaine Shimberg über das Reizdarmsyndrom zu rezensieren, war ich zunächst skeptisch, weil es nicht von einem medizinischen Experten geschrieben ist. Ich mußte jedoch feststellen, daß die Probleme auf erfreuliche Art und Weise dargestellt sind, und zwar durchaus expertenhaft: von einer Dame nämlich, die selbst an dieser Krankheit leidet.

Meiner Ansicht nach ermöglicht das Buch einen guten Einblick und Verständnis für diesen äußerst schwierigen Krankheitskomplex. Zu Recht betont Ms. Shimberg, daß organische Erkrankungen zuerst ausgeschlossen werden müssen. Dann verdeutlicht sie im einzelnen, wie durch harte Arbeit von medizinischer und von seiten der Patienten erreicht werden kann, daß die Symptome kontrollierbar werden und sogar mehr oder weniger zur Ruhe kommen.

Ich kann dieses Buch allen empfehlen, die vermutlich oder tatsächlich unter Reizdarmsyndrom leiden. Es ist angenehm zu lesen, äußerst informativ und den Zeitaufwand wirklich wert.

Dr. Myron Lewis *

Bitte beachten Sie:

Konsultieren Sie bei Darmbeschwerden auf jeden Fall Ihren Arzt oder Ihre Ärztin, bevor Sie sich zur Besserung Ihres Wohlbefindens auf die Suche nach Abhilfe machen.

Die Informationen in diesem Buch beruhen auf den Erfahrungen und Nachforschungen der Autorin und können in keiner Weise den medizinischen Rat ersetzen. Eine medizinische Beurteilung Ihrer Gesundheit kann Ihnen nur Ihr Arzt bzw. Ihre Ärztin geben, der oder die Sie persönlich kennt und mit Ihrer Krankengeschichte, Ihrer Diagnose, der Prognose Ihres Befundes und anderen wichtigen Faktoren vertraut ist.

I.
DAS PROBLEM

1.
WARUM DIESES BUCH?

Sie suchen nach einem Gesprächsthema, das jede Unterhaltung im Keim erstickt? Erwähnen Sie einfach, daß Sie ein Buch über das Reizdarmsyndrom schreiben. Freundinnen, Freunde und Fans (manchmal sind sie identisch) fragen: «Wie bitte?» und sagen dann: «Oh...» und versuchen das Thema zu wechseln. Auch meine Kinder erzählten ihren Freunden lieber, daß ich an irgendeinem kitschigen Roman schreibe.

Viele von uns unterhalten sich offensichtlich unbefangen über Kondome oder Brustvergrößerungen und schauen sich die Werbung über Scheidenspülungen und Afterjucken an, aber «Kacka» und «AA» sind noch immer Tabus, die aus unserer Kindheit heute noch wirksam sind.

Von Komikern werden die Leute durch Anspielungen auf Verstopfung oder Durchfall garantiert zum Lachen gebracht, und der Werbung zufolge könnten die meisten globalen Probleme gelöst werden, wenn Männer (und Frauen) nur regelmäßig Stuhlgang hätten. Obwohl viele Menschen sich offen über ihr Liebesleben unterhalten, gestehen selbst gegenüber engen Freunden nur wenige ein, daß sie Probleme mit Verstopfung (Obstipation) haben – und das, obwohl 40 Millionen Amerikaner pro Jahr mehr als 225 Millionen Dollar für Abführmittel ausgeben.

Es ist an der Zeit, das Schweigen zu brechen und das Reizdarmsyndrom ins Gespräch zu bringen. Fast so häufig wie Erkältungen quält es Millionen von Menschen – und vielleicht auch Sie. Es wird Zeit, die vielen Geplagten wissen zu lassen, daß sie nicht allein (oder gar verrückt) sind und daß sie etwas gegen ihre Beschwerden *tun* können.

Wenn Sie ein aufgeschlossener, hart arbeitender Mensch sind, beim heutigen Tempo mithalten wollen und immer wieder einmal einen lähmenden Schmerz im Bauch verspüren, dann befinden Sie sich möglicherweise in der Gesellschaft von mehr als 22 Millionen Menschen, zumeist Frauen, die unter den *nicht* lebensbedrohlichen Symptomen des Reizdarms leiden. Ihnen kann geholfen werden.

Die Krämpfe, Müdigkeit und Blähungen, die mit dem Reizdarmsyndrom einhergehen, können so schlimm sein, daß sie häufig zu Kreuzschmerzen und abwechselnd Durchfall und Verstopfung führen. Wer darunter leidet, wird oft bei der Arbeit, im Urlaub oder sogar während eines Rendezvous davon überrascht. Die Beschwerden können jedoch unter *Kontrolle* gebracht und *vollständig* behoben werden.

Für Menschen, die sich endlich besser fühlen wollen, lege ich hier ein Buch vor, dessen Erkenntnisse ich mir hart erarbeitet habe: Auch ich litt unter dem Reizdarmsyndrom. Was ich dabei gelernt habe – besonders hinsichtlich dessen, was ich *nicht* tun darf –, möchte ich gerne mit Ihnen teilen.

Meine Freundin Kathy* rümpfte die Nase: «Du schreibst ein Buch über das Reizdarmsyndrom? Warum schreibst du nicht etwas, über das wir uns unterhalten können!»

Aber schon fünf Minuten später sprach Kathy über *ihr Reizkolon* und erzählte mir, wie sie mit den Problemen umging, die dadurch entstanden.

Kathy hat eine leitende Position in der Kundenbetreuung einer Public-Relations-Firma in Chicago inne. Sie schilderte, wie durch Blähungen verursachte Schmerzen sie oft mitten in einem Gespräch mit wichtigen Klienten quälten; wie die Furcht vor Durchfall sie einmal aus einem Seminar wegstürzen ließ, gerade bevor sie als Hauptrednerin am Gästetisch vorgestellt werden sollte; und wie sie Restaurants zuerst «auskundschaftete», bevor sie Kunden ausführte.

«Ich muß unbedingt wissen, wo die Damentoilette ist, falls ich ganz schnell verschwinden muß», erklärte sie mir.

Sie war «Toiletten-besessen» geworden. Zwanghaft prägte sie sich ein, wo sich in Bürogebäuden, Flughäfen und Warenhäusern die Toiletten befanden. Manchmal belasteten sie die Symptome so stark, daß ihre Arbeit und ihr Image als hochqualifizierte und effektive Führungskraft, um das sie sich so sehr bemühte, darunter litt. Sie hatte sogar schon überlegt, ob sie wegen ihrer gesundheitlichen Probleme kündigen sollte.

Nein, sie war in letzter Zeit nicht bei einer Ärztin oder einem Arzt gewesen. Vor zwei Jahren hatte eine Internistin ihr gesagt, sie sei «nur nervös und sehr angespannt». Es wäre ihr peinlich gewesen, mit den gleichen Beschwerden wiederzukommen. Aber die Symptome blieben, was sie sehr deprimierte.

Ich konnte sie gut verstehen. Auch ich leide unter einem Reizkolon, das der Häufigkeit wegen fast «Erkältung des Darmtrakts» genannt werden könnte. Kathy und ich sind also keine Einzelfälle. Das Reizdarmsyndrom ist ein chronisches Leiden des Dickdarms (Kolon), von

---

* Die Namen wurden abgeändert.

dem etwa 17 Prozent der erwachsenen Bevölkerung der Vereinigten Staaten betroffen sind.

Das Reizkolon ist nicht lebensbedrohlich, kann aber schmerzhaft und entnervend sein. Es kann die Arbeit, das gesellschaftliche Leben und andere Aktivitäten behindern. In den USA wird ein hoher Anteil des Arbeitsausfalls darauf zurückgeführt, der zweithöchste, gleich nach den Erkältungen. Auch leichte Symptome sind oft unangenehm und lästig. Alle Altersgruppen sind davon betroffen, am stärksten jedoch die Zwanzig- bis Fünfzigjährigen, wobei das Verhältnis zwischen Frauen und Männern zwei zu eins beträgt. Kathy und ich passen also ganz eindeutig in diese Gruppe.

Wenn ich so zurückdenke, muß ich sagen, daß meine Verdauung schon immer ein «wunder Punkt» war. Als Kind hatte ich Probleme in der Nacht vor dem Schulanfang, hinter der Bühne, bevor der Vorhang im Gemeindetheater hochging, oder wenn ich erschöpft war. «Das sind die Nerven», wurde mir gesagt. «Du mußt lernen, damit zu leben.»

Als Erwachsene – Vollzeitautorin, Mutter von fünf Kindern, Theaterproduzentin und Ehefrau eines Immobilienhändlers – hatte ich nie Zeit, krank zu sein. Aber manchmal und oft zu unpassenden Gelegenheiten plagten mich Verdauungsprobleme. Das reichte von leichten Schmerzen – einem vagen Unbehagen – bis zu langen Perioden von Verstopfung oder schlimmem Durchfall, die mich manchmal regelrecht lähmten.

Ich konnte zwar nie mit Sicherheit sagen, daß es an bestimmten Lebensmitteln lag, hatte jedoch den Eindruck, daß ich manches nicht immer vertrug. Aber jedesmal, wenn ich glaubte, das eine oder andere Nahrungsmittel als Auslöser identifiziert zu haben, konnte ich es später ohne Beschwerden wieder essen.

Als die Schmerzen immer wieder und ohne ersichtlichen Grund oder erkennbares Muster auftauchten, kam ich zu der Überzeugung, Darmkrebs, Colitis ulcerosa (eine geschwürige Dickdarmentzündung) oder eine andere schwere Krankheit zu haben. Da ich als Autorin medizinischer Texte einen Bücherschrank voller Literatur über Krankheiten besitze, hatte ich ziemlich schnell zahlreiche Diagnosen gefunden, auf die meine Symptome paßten.

Da auch Recherchen nichts Neues für mich sind, versuchte ich, die Ursachen meiner Probleme herauszufinden. Lag es am Essen oder Trinken? Nicht immer. Hatte ich die Beschwerden, wenn ich abgeschlafft war? Manchmal ja. Konnte es Anspannung sein? Oft, aber nicht immer.

Dann machte ich das, was ich eigentlich zuerst hätte tun sollen: Ich ging zu meinem Internisten. Er untersuchte mich gründlich und erklärte mich für kerngesund. «Sie haben lediglich ein ‹spastisches Kolon›. Sie müssen lernen, damit zu leben.» Als ich die Diagnose bestätigt haben wollte, überwies er mich an einen Spezialisten.

Ich suchte einen Gastroenterologen (Facharzt oder -ärztin für Magen- und Darmleiden) auf. Er untersuchte mich, machte mit Hilfe von Kontrastmittel Röntgenaufnahmen von meinem Magen und Darm, spiegelte meinen Enddarm und analysierte Stuhlproben, um Krebs und andere gefährliche Krankheiten auszuschließen. Auch er meinte, ich sei gesund.

«Es handelt sich bei Ihnen um ein Reizdarmsyndrom», erklärte er mir. «Sie müssen lernen, damit zu leben.»

Daraufhin suchte ich eine Ernährungsberaterin auf, die mich über meine Eßgewohnheiten befragte. Sie meinte, ich ernährte mich (im großen und ganzen) gesund, und riet mir, meiner Nahrung etwas mehr Faserstoffe hinzuzufügen.

«Sie sind gesund», meinte sie. «Sie haben ‹Kolitis mukosa›. Sie müssen lernen, damit zu leben.»

Gesundheit wurde mir sogar in Form einer chinesischen Weisheit bestätigt, die ich in einem «fortune cookie» fand. Darauf war zu lesen: «Ihr Körper und Geist sind stark, und Sie haben Freude am Leben.» Eine Diagnose stand nicht drauf, auch nicht, daß ich «lernen müßte, damit zu leben».

Ich war natürlich heilfroh, «nichts Ernsthaftes» zu haben. Trotzdem hatte ich weiterhin gelegentlich und ohne ersichtlichen Anlaß Beschwerden. Die Tatsache, daß ich mit meinen Symptomen nicht allein, sondern in Gesellschaft von Millionen Leidensgenossen war, bot mir kaum Trost. Bei einer Untersuchung von gesunden Menschen aus dem Jahr 1980 stellte sich heraus, daß «bis zu einem Drittel der Allgemeinbevölkerung Symptome hat, die mit dem Reizkolon assoziiert werden».[1]

Das Reizdarmsyndrom, auch «Reizkolon», «Colon irritabile», «spastisches Kolon», «nervöse Diarrhoe», «Kolitis mukosa» oder «Colica mucosa» genannt, ist auch deshalb ein besonders schwieriges Problem, weil die Ärzte nicht genau wissen, wodurch es verursacht wird. Bei jedem Menschen wird es durch eine andere Kombination von Faktoren ausgelöst, weshalb die Behandlung eben auch von der individuellen Konstitution abhängt.

Viele Ärzte bestätigen, daß die Betreuung von Reizdarmpatienten wegen der schwierigen Behandlung oft frustrierend ist. Das Reizdarmsyndrom ist ein chronisches Leiden, das nicht heilbar ist. Eine spezifische Therapie kann einmal erfolgreich sein, ein andermal wieder nicht. Patienten verspüren diese Frustration manchmal und legen sie dann oft so aus: «Der Arzt denkt, ich bilde mir das nur ein.» Oder: «Die Ärztin ist verärgert, weil es mir immer noch so schlecht geht.»

Tatsächlich glaubten viele Ärzte noch bis vor kurzem, daß das Reizdarmsyndrom rein psychosomatisch bedingt sei. Nachdem alle Tests und Röntgenuntersuchungen negativ ausgefallen waren und die Patienten weiterhin über Durchfall, Verstopfung oder beides klagten, wurde der Patient oft an einen Psychiater überwiesen.

Auch heute gibt es leider noch Ärzte, die glauben, daß es für die Beschwerden des Reizkolons keine medizinische Ursache gibt. «Wenn es sich mit Tests nicht feststellen läßt, muß es Einbildung sein», glauben sie und schicken die Patienten weg, um ihre psychische Situation überprüfen zu lassen. Dadurch entsteht bei Menschen, die sowieso schon unter (nicht nur eingebildeten) Schmerzen, Durchfall und Verstopfung leiden, natürlich noch mehr Stress.

Manche Ärzte scheinen sich der Existenz dieses Leidens kaum bewußt zu sein und ziehen erst einmal jede andere Diagnose in Erwägung, nur diese eine nicht. Carol z. B. suchte ihren Frauenarzt auf, nachdem sie zwei Wochen lang unter extrem starken Schmerzen im Unterbauch gelitten hatte.

«Wenn mein Blinddarm nicht schon rausgenommen worden wäre, als ich elf war, hätte ich *darauf* getippt», sagte sie. «Mein Frauenarzt meinte, daß ich eine Zyste an den Eierstöcken hätte, und riet mir zur Ruhe. Ich blies also den geplanten Urlaub ab, blieb zu Hause und machte mir Sorgen, ob ich nicht vielleicht eine Unterleibsentzündung hatte.

Ich ging noch mal wegen einer Unterleibsuntersuchung zum Arzt. Ich glaube, ich hatte nach der Untersuchung noch mehr Schmerzen als vorher. Er meinte, ich hätte wahrscheinlich eine Blaseninfektion, und verschrieb mir Antibiotika. Die Schmerzen wurden aber noch schlimmer. Ich konnte mich kaum bewegen. Der Arzt riet mir zu einem chirurgischen Eingriff, um nachzuschauen, was verkehrt war. Da geriet ich in Panik und wollte erst eine zweite Meinung dazu hören.

Ich ging also zu einem Internisten. Der meinte, ich sei eine ‹sehr verspannte junge Frau›. Ich fauchte ihn an und sagte, daß er auch verspannt wäre, wenn er soviel Schmerzen hätte wie ich. Er machte eine Reihe von Tests einschließlich Röntgenaufnahmen mit Kontrastmittel von Magen und Darm. Als sich aus den Tests nichts ergab, teilte er mir

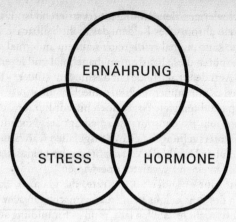

Abbildung A : Faktoren beim Reizdarmsyndrom

mit, daß ich ein Reizdarmsyndrom habe, und gab mir Entspannungsmittel zum Abbau der Muskelverkrampfungen und einige grundsätz-
liche Entspannungstips. Ich hatte drei Wochen Arbeit versäumt und
war sicher, verrückt zu sein. Dabei hatte ich ein Reizkolon.»

Bestimmte Faktoren können Reizdarmsymptome auslösen – in erster Linie spezifische Lebensmittel, Stress und Hormone –, aber ihr
Zusammenwirken mit Erschöpfungszuständen löst bei jedem Menschen individuell unterschiedliche Reaktionen aus, die oft sogar bei
einer einzelnen Person je nach Umständen verschieden sind. (Siehe Abbildung A)

Betroffene lernen z. B. schnell, daß ausreichend Faserstoffe in der
Ernährung sehr wichtig sind; aber zusätzliche Ballaststoffe führen
nicht immer zu einer «schnellen Lösung». Bei manchen Reizdarmpatienten können zusätzliche Rohfasern nämlich die Symptome, die sie
lindern sollen, sogar verschlimmern.

Aus diesem Grund ist die Behandlung des Reizkolons eine ganz individuelle Sache, die die aktive Mitarbeit des Patienten oder der Patientin
unumgänglich macht. Das heißt allerdings NICHT, daß Sie eine
Selbstdiagnose stellen sollen. Der erste Schritt muß *immer* ein Arztbesuch sein. Erst wenn Ihr Arzt andere Krankheitsursachen ausgeschlossen und die Diagnose «Reizdarmsyndrom» gestellt hat, dürfen Sie zum
Detektiv in eigener Sache werden. Nach ärztlicher Anleitung können
Sie dann das Geheimnis aufspüren, was in *Ihrem* Fall Beschwerden auslöst und wie Sie diese unter Kontrolle bringen können.

Für viele von uns ist diese Beteiligung an der Behandlung ein Problem. Wir erwarten, daß der Arzt oder die Ärztin uns sagt: «Das und das stimmt bei Ihnen nicht, und das und das müssen Sie tun, um Ihr Problem zu beheben.» Wir fühlen uns verunsichert, wenn wir nicht ein Medikament verschrieben bekommen, durch das «alles gleich besser» wird.

Aber das Reizdarmsyndrom ist nicht heilbar, sondern chronisch. Das heißt, wenn Sie es einmal haben, geht es nicht wieder weg. Weder Arzneimittel noch ein Zauberstab können es wieder zum Verschwinden bringen. Aber Sie können lernen, Ihr Reizkolon zu kontrollieren, und so Erleichterung von den lästigen Symptomen finden. Auch mir ist das gelungen.

Vor einigen Jahren faßte ich einen Entschluß. Ich wollte nicht länger «lernen, damit zu leben». Ich nahm mir vor, etwas dagegen zu tun.

Als ich merkte, daß keiner der Ärzte ein auf *mich* abgestimmtes Behandlungsprogramm hatte, entwarf ich mir mein eigenes. Die Magen- und Darmspezialisten, Internisten, Fachärzte für Allergien und Ernährungsberaterinnen, die ich aufsuchte, hatten mir zwar allgemeine Richtlinien gegeben, die alle sehr hilfreich waren; aber sie konnten nicht Tag und Nacht bei mir sein, um mir zu sagen, was ich essen oder trinken, was ich vermeiden und wann ich mich entspannen sollte. Trotz ihrer Ratschläge und Sorge um mein Wohlbefinden war ich eigentlich auf mich selbst gestellt, um herauszufinden, was mir persönlich half. Und so möchte ich gern mit Ihnen an der Ausarbeitung eines Programms arbeiten, das ganz auf Sie persönlich zugeschnitten ist.

Denken Sie daran: Genausowenig wie mein Arzt mir im Detail sagen konnte, wie ich meinen Reizdarm unter Kontrolle bringen kann, genausowenig kann auch ich Ihnen sagen, was für Sie das Beste ist. Das müssen Sie selbst herausfinden. *Mein* Programm ist auf *mich* abgestimmt, nicht auf Sie. Machen Sie nicht einfach nach, was bei mir funktionierte, denn das wird Ihnen wahrscheinlich nicht helfen. Versuchen Sie statt dessen, mit Hilfe dieses Buchs herauszufinden, was für *Sie* am besten ist.

2.
WO BEFINDET SICH DER DARM?

«Wissen Sie, wo Ihre Därme sind?» Das erinnert an die mahnende Frage kurz vor den 22-Uhr-Nachrichten im US-Fernsehen: «Wissen Sie, wo Ihre Kinder sind?» Leider müssen viele Menschen beide Fragen verneinen.

Ich richtete diese Frage – ganz unwissenschaftlich – an 20 Passanten in einem belebten Einkaufszentrum. Ich präsentierte sie im Rahmen der Umfrage einer Autorin medizinischer Texte zusammen mit anderen, weniger bedrohlichen Fragen: «Haben Sie im vergangenen Jahr einen Arzt aufgesucht?» «Gibt es bestimmte Lebensmittel, die Sie nicht vertragen? Falls ja, welche?» Und nach der Darm-Frage dann: «Haben Sie schon einmal vom Reizdarmsyndrom gehört?»

Die meisten Leute, die stehenblieben, um sich meine Fragen anzuhören, wirkten etwas beklommen – wie bei einem Überraschungsquiz, vor dem sie niemand gewarnt hatte. Drei gingen einfach weiter, ohne auf die «Darm-Frage» einzugehen, obwohl sie bereitwillig die ersten beiden beantwortet hatten.

Die Antworten der verbleibenden 17, die auch die letzten beiden Fragen abwarteten, reichten von: «Ich kann nicht glauben, daß Sie mich das fragen!» über «Wie soll ich das wissen?» bis zu «Ich... äh... Ich glaube, es ist irgendwo um den Po herum.»

Eine Frau, die glaubte, ein Reizdarmsyndrom zu haben, meinte, der Darm sei «irgendwo über dem Magen». Andere vermuteten ihn «im Magen», «im Rücken» oder sahen ihn als «Teil des Verdauungssystems». Viele runzelten nur die Stirn, starrten an die Decke und denken vielleicht immer noch darüber nach.

Ich habe auch andere nach dem Darm gefragt, insbesondere Menschen mit einem Reizkolon. Obwohl viele wissen, daß sie einen Darm haben und er mit ihren Schmerzen irgendwie in Verbindung steht, können sie nicht genau sagen, wo er liegt. Genausowenig wie viele von uns die geographische Lage von Ländern, Flüssen oder Bergen kennen, genausowenig Ahnung haben wir vom Aufbau unseres eigenen Körpers. Der Biologieunterricht in der Schule ruft nur vage Erinnerungen an schlechte Filme über das Erwachsenwerden und pubertäre Verlegenheit wach.

Das Verdauungssystem

Ich habe zwar nicht vor, dieses Buch dem menschlichen Verdauungssystem zu widmen – ein ganzes Buch wäre nötig, um die faszinierenden und komplexen Vorgänge zu beschreiben, durch die unser Körper mit Energie versorgt wird –, aber eine kurze Zusammenfassung ist sicherlich hilfreich.

Um es vereinfacht darzustellen: Unser Verdauungsapparat funktioniert relativ einfach. Erinnern Sie sich noch an die Puppen, die in die Windeln machen? Kleine Mädchen wie ich verbrachten Stunden damit, winzige Glasfläschchen mit Wasser an das Loch in den Lippen unserer Puppen zu halten, um gleich darauf ganz erstaunt festzustellen, daß die Stoffwindel am anderen Ende naß war.

Allzu große Unterschiede bestehen nicht zwischen uns und diesen Plastikpuppen. Genau wie sie haben wir ein System von Schläuchen, in die etwas hineingeht und wieder herauskommt. Schlauchähnlich winden sich unsere Verdauungsorgane von einem Ende unseres Körpers zum anderen, vom Mund bis zum After über eine Strecke von etwa 8–10 Metern. Anders jedoch als meine Puppe – ich flößte ihr einen Löffel Haferbrei ein, der sich in ihrem «Verdauungstrakt» wie Gips verhärtete und ihn außer Betrieb setzte – haben wir Drüsen, die uns bei der Verarbeitung der Nahrung helfen, damit sie von unserem Körper absorbiert und verwertet werden können.

Wie funktioniert das?

Wir zerkauen die Speisen mit den Zähnen, schieben sie mit der Zunge hin und her und vermischen so alles mit Speichel. Damit beginnen die chemischen Vorgänge, die zum Abbau von Stärke nötig sind. Dann wird der Speisebrei in den hinteren Mundraum geschoben, geschluckt und in den nächsten Teil des Schlauchsystems (und zweiten Abschnitt unseres Verdauungsapparats), nämlich über die 25 Zentimeter lange Speiseröhre, hinunterbefördert. Muskelbewegungen leiten den Speisebrei dann in den Magen, wo er weiter zerkleinert, durchgeknetet und von verschiedenen Verdauungssekreten (u. a. Salzsäure) bearbeitet wird. Der Magen ist durch besondere Schleimabsonderungen an den Wänden davor geschützt, von der Salzsäure angedaut zu werden.

Vom Magen wandert der fast flüssige Speisebrei – ein Gemisch aus zerkleinerter Nahrung und Verdauungssäften, genannt Chymus – in den Zwölffingerdarm, den oberen Teil des etwa sechs Meter langen

Dünndarms. Dort produzieren mehrere Drüsen weitere Verdauungssäfte. In den Därmen wird der Brei durch wellenförmige Muskelbewegungen, die sogenannte Peristaltik, durchmischt und weitertransportiert.

Im Dünndarm wird mit Hilfe der Sekrete aus Bauchspeicheldrüse, Darm und Galle der Verdauungsvorgang abgeschlossen. Die Nährstoffe werden von der Darmschleimhaut absorbiert und in den Blutkreislauf aufgenommen, wodurch der Körper seinen Energiebedarf deckt und sich regenerieren kann.

Wie der Klärschlamm in einer Abwasseranlage kommen die verbleibenden, unverdaulichen Reste in ein «Trockenbecken», den etwa 1,5 Meter langen Dickdarm, wo ein Großteil des Wassergehalts vom Körper zurückgewonnen wird. Bei Menschen mit Reizdarmsyndrom haben hier im Dickdarm Unbehagen und Schmerzen ihren Ursprung. Bei ihnen geraten die normalerweise rhythmischen Muskelbewegungen des Darms aus dem Takt, verursachen Schmerzen, Blähungen, Durchfall und Verstopfung oder auch abwechselnd Durchfall und Verstopfung.

Bei den meisten Menschen arbeitet der Darm zuverlässig und effektiv, ohne groß Aufmerksamkeit auf sich zu ziehen. Die Ausscheidungsprodukte wandern weiter in den Mastdarm und werden als Stuhl am Ende des Verdauungstrakts durch den After ausgeschieden.

Muß ich das alles wissen?

Meist fühlen wir uns etwas verunsichert, wenn wir unser Auto in die Reparaturwerkstatt bringen müssen. Dafür gibt es eigentlich keinen Grund. Es ist unser Auto, und wir kennen seine Marotten besser als jeder Fremde. Und wir wissen, daß es nicht so funktioniert, wie es sollte. Warum gehen wir dann trotzdem so ungern zu «Eddies freundlichem Autoservice»? Doch wohl, weil wir eigentlich recht wenig über unser Auto wissen. Uns fehlen die richtigen Worte, um zu erklären, was nicht stimmt – und das erschwert die Kommunikation über das, was wir als Problem erkannt haben. Wir befürchten, daß der freundliche Eddie jede Menge teurer Tests durchführt, um festzustellen, warum «das Dingsda» ein «bellendes» Geräusch macht oder das «Wie-heißt's-noch-mal» klickt.

Beim Arztbesuch ist es ähnlich, nur schlimmer. Wenn wir eine Ärztin oder einen Arzt aufsuchen, sind wir normalerweise krank, oder es tut etwas weh. Untersuchungen sind nicht nur zeitraubend und teuer, sondern oft auch unangenehm und sogar schmerzhaft. Wenn wir die richtigen Bezeichnungen für unseren Körper nicht kennen oder es uns unangenehm ist, darüber zu sprechen, ist es schwierig mitzuteilen, was uns fehlt. Außerdem ist es uns peinlich.

«Hier unten tut's weh», erklärte eine ältere Frau ihrem Arzt. Er verstand, daß sie nicht von ihrem Knöchel sprach, aber es kostete wertvolle Zeit – die in den meisten Arztpraxen rar ist –, bis er durch vorsichtiges Fragen herausgefunden hatte, ob sie Schmerzen im Mastdarm, in der Scheide, in der Gebärmutter oder dem Dickdarm hatte.

Besonders wenn Sie unter Reizdarmsyndrom leiden, ist es wichtig zu wissen, welcher Körperteil sich wo befindet und wie er heißt. Da es sich um eine Funktionsstörung handelt, ist weder auf Röntgenaufnahmen noch bei der Darmspiegelung mit dem Sigmoidoskop, noch mit Hilfe weiterer Tests etwas zu entdecken. Die Ärztin oder der Arzt stellt die Diagnose anhand der Beschreibung Ihrer Empfindungen und Beobachtungen sowie aufgrund dessen, was mit Hilfe von Tests *ausgeschlossen* werden kann.

Was kann alles nicht stimmen?

Wenn alle Verdauungsvorgänge so funktionieren, wie sie sollen, sind wir uns der meisten Abläufe in unserem Körper kaum bewußt. Dann können wir Verdauung und Ausscheidung einfach als gegeben hinnehmen. Aber leider sind wir keine Plastikpuppen, die Nahrungsmittel am einen Ende passiv aufnehmen und am anderen Ende wieder abgeben. Das Wunder der Verdauung kann bei jedem von uns aus vielerlei Gründen aus dem Gleichgewicht geraten. Das kann von Medikamenten und Stress bis zu Infektionen und anderen Krankheiten reichen. Wenn es Probleme gibt, wie das bei Menschen mit Reizkolon der Fall ist, merken Sie schnell und leider allzu schmerzhaft, daß mit Ihrem Verdauungssystem etwas nicht in Ordnung ist, und daß beim Reizdarmsyndrom etwas nicht stimmt, wissen wir inzwischen.

3.

WAS IST DAS REIZDARMSYNDROM? WOHER KOMMT ES? WAS KANN ICH DAGEGEN TUN?

Wenn Sie, wie etwa 22 Millionen Amerikaner, unter einem Reizdarmsyndrom leiden, ist es wahrscheinlich nur ein schwacher Trost, daß es sich dabei nicht um eine «gefährliche» Krankheit handelt. Es ist nicht mit einer Neigung zu anderen chronischen oder lebensgefährlichen Befunden, wie z. B. Krebs oder der geschwürigen Dickdarmentzündung (Colitis ulcerosa) verbunden, wird sich nicht verschlimmern, ist nicht lebensgefährlich, und Operationen sind unnötig. Niemand stirbt am Reizkolon.

Die Symptome

Leider werden Sie sich trotzdem oft sterbenselend fühlen. Die Symptome – Blähungen, Bauchweh, Störungen beim Stuhlgang mit abwechselnd Verstopfung und Durchfall – führen oft zu Erschöpfung, Frustration und Angst davor, sich zu weit von einer Toilette zu entfernen. Es kann Ihre Arbeit, Ihren gesellschaftlichen Umgang und die Freizeit beeinträchtigen oder gar Ihren ganzen Lebensstil beherrschen. Kein Wunder also, wenn Menschen mit Reizkolon unter Nervosität und Depressionen leiden.

Das Reizdarmsyndrom ist ein chronisches Leiden, das für 40 bis 70 Prozent aller Überweisungen an Magen- und Darmexperten verantwortlich ist und 25 Prozent ihrer Patienten stellt.[1] Außer Bauchschmerzen mit Verstopfung und Durchfall – oder auch abwechselnd Verstopfung und Durchfall – treten bei den Betroffenen folgende Symptome auf:

- aufgeblähter Bauch;
- Nachlassen von Schmerzen nach dem Stuhlgang;
- weicher Stuhlgang mit beginnenden Schmerzen;
- häufiger Stuhlgang mit beginnenden Schmerzen;

- Schleim im Stuhlgang;
- das Gefühl, sich nicht vollständig entleert zu haben.[2]

Bei einer 1984 durchgeführten Untersuchung des Arztes W. Grant Thompson* stellte sich heraus, daß bei 99 Prozent der Reizdarmpatienten mindestens zwei dieser Symptome vorliegen. Manche leiden zusätzlich unter Blähungen, Übelkeit oder Sodbrennen. Ohne ersichtlichen Grund schwanken die Beschwerden zwischen leicht und schwer und verschwinden dann auf rätselhafte Weise. Manche Patienten sind jahrelang symptomfrei, aber Rückfälle sind die Regel. Laut Dr. Marvin M. Schuster* «variieren die Symptome von Patient zu Patient, sind aber beim einzelnen beständig; ihr Schweregrad kann hingegen Schwankungen unterliegen.»

Meist beginnt das Reizdarmsyndrom in der späten Adoleszenz, obwohl es auch schon bei Kindern auftritt (siehe Kapitel 20). In den Vereinigten Staaten leiden doppelt so viele Frauen wie Männer darunter. Diese Zahlen könnten jedoch mit der Tatsache zu tun haben, daß in den USA Frauen eher einen Arzt oder eine Ärztin aufsuchen als Männer. Dr. Douglas A. Drossman weist darauf hin, daß das Geschlechterverhältnis in Indien umgekehrt ist. Dort kommen auf zwei betroffene Männer eine Frau. Das mag auf wirtschaftliche, aber auch auf kulturelle Unterschiede zurückzuführen sein; in Indien gehen Männer eher zum Arzt als Frauen, während in westlichen Ländern Frauen mit solchen Problemen schneller ärztlichen Rat suchen.

Das Reizkolon gilt als Krankheit junger Leute; mindestens die Hälfte aller Patienten kommen deshalb vor ihrem 35. Lebensjahr in die ärztliche Praxis. Wenn die Diagnose bei älteren Leuten gestellt wird, hatten aber auch sie meist schon seit der Kindheit immer mal wieder entsprechende Beschwerden. Wenn Reizdarmsymptome aber erst im höheren Alter ohne die typische Vorgeschichte auftreten und nicht zurück in die Kindheit, Adoleszenz oder das frühere Erwachsensein reichen, liegt möglicherweise etwas anderes vor.

Die Symptome Bauchweh, Völlegefühl, Blähungen, Verstopfung, Durchfall oder auch eine Kombination von Verstopfung und Durchfall variieren oft individuell. Manche Reizdarmpatienten haben nur ein schwaches Schmerzgefühl, wenig Verstopfung und keinen Durchfall; andere haben starke Bauchschmerzen, Verstopfung und Durchfall; wieder andere bleiben schmerzfrei, haben aber Durchfall – insbesondere gleich nach dem Frühstück –, und zwar jeden Tag.

Dr. Schuster sagt dazu: «Schmerzen treten meist im Unterbauch auf, und zwar im linken unteren Quadranten, aber die genaue Stelle und die Art der Schmerzempfindung unterscheiden sich von Patient zu Patient. Sie wird mal als krampfartig, als anhaltend oder dumpf, dann wieder als stechend oder brennend beschrieben.»

Anmerkung: In all diesen Fällen handelt es sich um Reizdarmsymptome; sie könnten aber auch auf gefährlichere Erkrankungen zurückzuführen sein. Nur Ihr Arzt oder Ihre Ärztin kann anhand Ihrer Krankengeschichte und geeigneter Untersuchungen feststellen, ob Ihre Probleme durch ein Reizkolon oder etwas anderes verursacht sind. Versuchen Sie nie, die Diagnose selbst zu stellen! Da es viele ernsthafte Leiden gibt, die mit ähnlichen Symptomen einhergehen, müssen diese erst ausgeschlossen werden. Konsultieren Sie also immer erst eine Ärztin oder einen Arzt!

Keine Einbildung

Das Reizdarmsyndrom gilt als «Funktionsstörung». Das bedeutet, daß weder Röntgenaufnahmen noch eine Darmspiegelung oder andere Diagnosemethoden Beweise für diese Krankheit liefern können. *Trotzdem* handelt es sich nicht um eine emotionale Störung. Was immer Ihnen bisher erzählt wurde, es spielt sich nicht alles «nur in Ihrem Kopf» ab. Das Problem ist Ihr Darm, nicht Ihr Kopf.

Dr. Drossman hat es ganz einfach formuliert: «Reizdarmsyndrom ist die Reaktion Ihres Darms auf seine Umgebung.» Zu dieser Umgebung gehören die Ernährung, hormonelle Veränderungen, familiäre Gewohnheiten und Stressbelastung. Obwohl natürlich Stress und Ärger Reizdarmsymptome auslösen können, sind sie nicht die eigentliche Ursache.

Wissenschaftler haben festgestellt, daß bei Menschen mit Reizdarmsyndrom die Muskelbewegungen des Dickdarms nicht normal sind. Die Abweichung wird durch hyperaktive Eingeweidenerven verursacht. Dabei ist in dem Abschnitt des Verdauungssystems, das zwischen Dünndarm und After liegt, die Muskelaktivität gesteigert, oder es treten Krämpfe auf (siehe Abbildung B).

Im Dickdarm findet keine Verdauung im eigentlichen Sinne mehr statt. Die Aufnahme von Nährstoffen für den Aufbau, Erhalt und die Funktion unseres Organismus erfolgte bereits sehr effektiv im Dünndarm. Im Dickdarm wird vielmehr aus dem dünnflüssigen Verdauungsbrei, der aus dem Dünndarm kommt, ein großer Teil des Wassers und der Mineralien zurückgewonnen, so daß es nicht zur Austrocknung des

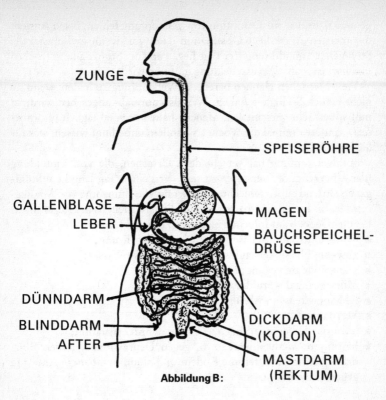

ZUNGE →

SPEISERÖHRE

GALLENBLASE

LEBER

MAGEN

BAUCHSPEICHEL-
DRÜSE

DÜNNDARM

BLINDDARM

AFTER

DICKDARM
(KOLON)

MASTDARM
(REKTUM)

Abbildung B:

Körpers kommt. Der Dickdarm wirkt also wie ein «Trockenbecken». Wenn nun bei langanhaltenden Verkrampfungen einzelner Dickdarmabschnitte zwischen diesen der Kot sehr lange eingeschlossen bleibt, so kommt es zu einer übermäßigen Eintrocknung und damit Verhärtung des Stuhls. Die Folge ist Verstopfung. Der Stuhlgang kann nur unter Mühen und eventuell auch Schmerzen ausgeschieden werden. Seine Form und Konsistenz ähnelt manchmal Hasenkot.

Verstopfung (Obstipation)

Verstopfung und die Angst davor plagt Millionen ansonsten gesunder Menschen. Während Verstopfung bei älteren und bettlägerigen Menschen problematisch ist, weil der Stuhlgang derartig hart werden kann, daß die normale Ausscheidung unmöglich wird, ist es bei anderen meist nicht mehr als eine Unannehmlichkeit. Teil des Problems ist leider, daß genaue Kriterien zur Definition von Verstopfung fehlen. Nach Ansicht der meisten Ärzte liegt Obstipation dann vor, wenn zwischen zwei Stuhlgängen mindestens drei Tage liegen und der Stuhl dann so trocken und hart ist, daß die Ausscheidung mühsam wird.

Viele Menschen glauben bereits, an Verstopfung zu leiden, wenn sie nicht täglich Stuhlgang haben. Was als «normal» angesehen wird, ist individuell sehr verschieden. Manche halten dreimal täglich für «normal», andere dreimal die Woche! Sie sollten unbedingt wissen, was für Sie «normal» ist.

Stuhlverstopfung hat verschiedene Ursachen, die von Einbildung (der Überzeugung, verstopft zu sein, weil einen Tag lang kein Stuhlgang stattfand) über schlechte Ernährung, die Einnahme von Medikamenten, bis hin zu ernsthaften Krankheiten reichen. In der Regel ist das Problem jedoch auf folgende Faktoren zurückzuführen:

- mangelnde Ballast-(Faser-)Stoffe in der Ernährung;
- zuwenig Flüssigkeitsaufnahme, insbesondere Wasser;
- mangelnde Bewegung;
- Mißachtung des Stuhldrangs;
- Abhängigkeit von Abführmitteln;
- Verspannung;
- hormonelle Veränderungen, etwa vor der Menstruation;
- bestimmte Medikamente, z.B. gegen Depressionen, hohen Blutdruck, Schmerzmittel mit Kodein und aluminiumhaltige Antazide gegen Magensäure.

Eine Frau führte ihre Schwierigkeiten beim Stuhlgang auf Erinnerungen an ihre Grundschule zurück: «Die Toiletten waren im Keller. Wir mußten uns melden und brauchten eine Erlaubnis, wenn wir raus wollten. Wir mußten dann hinunter in diesen dunklen, muffigen Keller. Nie im Leben hätte ich das gemacht. Es war ein Alptraum. Statt dessen habe ich mich daran gewöhnt, es aufzuschieben. Noch heute benutze ich keine öffentlichen Toiletten. Auf Reisen habe ich jedesmal tagelang Verstopfung!» Viele Frauen haben ähnliche Erinnerungen und gestanden, nur ungern oder überhaupt nie öffentliche Toiletten zu benutzen.

Verstopfung kann natürlich durch medizinische Befunde wie hormonelle Schwankungen, Hämorrhoiden und Krebs, aber auch durch Schwangerschaft verursacht werden. Deshalb ist es am besten, den Arzt oder die Ärztin aufzusuchen, wenn Sie Schwierigkeiten vermuten oder gar schon haben. Sagen Sie unbedingt, weshalb Sie glauben, Verstopfung zu haben, damit Klarheit darüber besteht. Wenn Ihnen dann versichert wird, daß nichts Ernsthaftes vorliegt und Sie sich keine Sorgen zu machen brauchen, dann akzeptieren Sie diesen Rat – und hören Sie auf, Abführmittel zu nehmen oder Einläufe zu machen, damit Sie «regelmäßig gehen können».

Unterstützen Sie Ihren Darm lieber mit folgenden Maßnahmen:

- erhöhen Sie den Anteil an Faserstoffen in Ihrer Ernährung;
- nehmen Sie mehr Flüssigkeit zu sich, am besten Mineralwasser;
- sorgen Sie für mehr Bewegung;
- reservieren Sie eine bestimmte Zeit (am besten nach dem Frühstück) für den Stuhlgang;
- entspannen Sie sich, wenn Sie merken, daß Sie sich verspannen.

Diese und andere Ratschläge werden ausführlicher in Abschnitt 4 unter «Behandlung» besprochen.

Durchfall

Fast jeder hat schon einmal Durchfall – zu weichen und zu häufigen Stuhlgang – gehabt. Das kann auf eine Darmverstimmung durch Viren oder Bakterien zurückzuführen sein, kann aber auch an verschreibungspflichtigen Arzneimitteln, z. B. Antibiotika, oder an rezeptfreien Medikamenten wie Abführmitteln, Aspirin, bestimmten Antaziden gegen Magensäure oder Eisentabletten (die den Stuhl außerdem schwarz färben) liegen.

Durchfall – die zu häufige Ausscheidung aus dem Darm von mehr oder weniger flüssigem Stuhl – kann auch eine Folge von zuviel Obst, emotionaler Belastung, Darmparasiten, einer Intoleranz gegenüber Laktose (Milchzucker) oder einer Lebensmittelvergiftung sein. Er kann beispielsweise auch auf Reisen in fremde Länder ausgelöst werden, wenn Ihr Darm durch den Verzehr von Speisen oder Trinkwasser mit ungewohnten, den Darm irritierenden Bakterien oder Parasiten konfrontiert wird.

Auch gefährliche Krankheiten können mit Durchfall einhergehen, daher noch einmal: Sprechen Sie mit Ihrer Ärztin oder Ihrem Arzt, wenn Sie mehr als ein paar Tage Durchfall haben. Beschreiben Sie genau, was Sie für Durchfall halten, denn auch dafür gibt es keine einheitliche Definition. Und denken Sie daran, daß bei Anhalten dieser Störung immer die Gefahr der Austrocknung besteht; trinken Sie deshalb reichlich Flüssigkeit – vorzugsweise Wasser –, wenn Sie darunter leiden.

Abwechselnd Verstopfung und Durchfall

Bedauerlicherweise leiden Menschen mit einem Reizkolon meist unter *beidem* – Verstopfung und Durchfall –, wenn auch bei den meisten das eine oder andere überwiegt. Das Reizdarmsyndrom ist eine Störung in der Aktivität (Motilität) der Darmmuskulatur. Wenn die Dickdarmmuskulatur sich zu rasch und zu häufig zusammenzieht, empfindet man Bauchkrämpfe, und der Stuhl wird zu schnell weiterbefördert, also noch bevor die Flüssigkeit entzogen werden kann. Die Folge ist Durchfall.

Manchmal befindet sich auch Schleim in der Ausscheidung. Aus diesem Grund wird Reizdarmsyndrom auch oft «Kolitis mukosa» genannt. Diese Bezeichnung ist jedoch falsch, weil «Kolitis» Entzündung des Dickdarms bedeutet, beim Reizkolon jedoch nichts entzündet ist. Die Schleimabsonderung wird nur durch die erhöhte Motilität des Dickdarms verursacht und ist *kein* Anzeichen für eine Infektion oder sonstige Krankheit.

Durchfall tritt bei den Betroffenen normalerweise gleich nach dem Frühstück auf, kommt aber auch nach anderen Mahlzeiten oder zu jeder – meist unpassenden – Tageszeit vor. Es sind jedoch nicht direkt die Nahrungsmittel, die zur durchschlagenden Ausscheidung führen. Auslöser ist eine Aktivierung des gastrokolischen Reflexes, einer neurologischen und chemischen Reaktion, die dem Dickdarm befiehlt, sich zu entleeren.

Im Gegensatz zu ernsthaften Darmerkrankungen wie der Colitis ulcerosa oder der Crohn-Krankheit werden Menschen mit Reizkolon interessanterweise selten vom Entleerungsdrang aufgeweckt. Über diesen wichtigen Punkt sollten Sie unbedingt Ihren Arzt oder Ihre Ärztin informieren.

Sagen Sie ihm oder ihr aber auch sofort, wenn Sie Blut im Stuhl haben. Das *kann* natürlich durch Hämorrhoiden verursacht sein, ist aber bei Reizdarmsyndrom nicht normal und sollte immer ärztlich abgeklärt werden.

Die Symptome des Reizkolons ähneln vielen anderen Magen- und Darmerkrankungen. Da sie bei jedem einzelnen anders auftreten, können Sie nicht aus dem, was die Doktoren Ihrer Cousine erzählten, darauf schließen, was Ihnen fehlt. Konsultieren Sie immer Ihre eigene Ärztin oder Ihren Arzt!

Warum gerade ich?

Experten können grundsätzlich nicht sagen, warum bestimmte Menschen einen Reizdarm haben und andere nicht. Vielleicht hängt es wirklich nur davon ab, wie die Würfel fallen – Ihre schwache Stelle ist nun einmal Ihr Darm, so wie Migräneanfällige unter Kopfweh leiden und Asthmaanfällige Atembeschwerden bekommen. Beide Leiden haben medizinische Ursachen, werden aber durch Stress und emotionale Belastungen verschlimmert.

Die meisten Mediziner, die sich mit dem Reizdarmsyndrom befassen, stimmen darin überein, daß es eine «Reizdarm-Persönlichkeit» nicht gibt. Es konnten keine besonderen Charaktereigenschaften oder Verhaltensmuster ermittelt werden, die allen Reizkolonpatienten gemeinsam sind. Aber laut Dr. William E. Whitehead* berichten viele Patienten, daß sie als Kind häufig erkältet oder krank waren und dann mit Spielsachen oder mit etwas Besonderem zu essen getröstet wurden. Er hält es für möglich, daß Kinder mit häufig wiederkehrenden Bauchschmerzen das Verhalten der Eltern bewußt oder unbewußt als Beispiel nehmen. Das heißt, die Eltern klagen möglicherweise des öfteren über Bauchschmerzen, Verstopfung oder Durchfall, und die Kinder ahmen es nach.

Einige Wissenschaftler glauben, daß ein «Zukurzkommen» in der Kindheit – sei es nun real oder nur eingebildet – bei der Neigung zum Reizkolon eine Rolle spielt. In einer australischen Untersuchung wurden 333 Patienten mit Reizdarmsyndrom interviewt und ihre psychische Situation in der Kindheit erforscht. Im Alter von 15 Jahren hatten bereits 31 Prozent der Befragten einen Elternteil durch Tod, Scheidung oder Trennung verloren; bei 19 Prozent war ein Elternteil alkoholabhängig; 61 Prozent berichteten über eine schlechte Beziehung zu oder zwischen den Eltern.[3] Die Vermutung, daß derartige Verluste in der Kindheit ein maßgebender Faktor bei der Suche nach den Ursachen für das Reizdarmsyndrom sind, wird durch diese Daten untermauert.

Es wurden allerdings auch Unterschiede in der Körperempfindung zwischen Menschen mit und ohne Reizkolon festgestellt. Die Nachforschungen etlicher Wissenschaftler ergaben, daß Reizdarmpatienten häufig eine niedrigere Toleranzschwelle gegenüber Darmschmerzen haben und schneller darüber klagen als Kontrollgruppen ohne Befund. Das bezieht sich jedoch nur auf Schmerzen im Darmbereich. Als Dr. Schuster die Schmerzreaktion von Reizdarmpatienten mit anderen Freiwilligen verglich, indem er ihre Hand in Eiswasser hielt, entdeckte er, daß die Reizdarmerkrankten eine *höhere* Toleranzschwelle gegenüber dieser Art von Schmerz hatten als die Kontrollgruppe ohne Reizkolon. Die Empfindlichkeiten liegen also ganz eindeutig im Dickdarmbereich; eine generelle Übersensibilität gegenüber Schmerz und Unbehagen besteht nicht.

Aber wenn 17 Prozent der Allgemeinbevölkerung unter Reizdarmsymptomen leiden, wie zahlreiche Umfragen ergeben haben, dann gibt es etwas, das manche Betroffene zum Arztbesuch veranlaßt und andere nicht. Es ist möglich, daß Menschen, die medizinische Hilfe suchen, im Vergleich zu anderen Schmerzen stärker empfinden, unter mehr Stress stehen oder ein größeres Bedürfnis nach ärztlicher Betreuung haben. Leider suchen viele nicht zum erstenmal den Arzt oder die Ärztin mit Problemen im Bauchbereich auf. Es ist nichts Ungewöhnliches, daß Reizdarmbetroffene bereits Narben von einer Blinddarm- oder Gallenblasenoperation haben; vielen Patientinnen wurde zudem schon die Gebärmutter entfernt.

Was tun?

Dr. Schuster nennt vier Punkte, die Reizdarmpatienten unbedingt beachten sollten:

1. Stellen Sie keine Selbstdiagnose. Suchen Sie *immer* einen Arzt oder eine Ärztin auf, damit ernsthafte Krankheiten ausgeschlossen werden können.
2. Wenn Sie von medizinischer Seite die Diagnose Reizdarmsyndrom erhalten, verwechseln Sie das bitte nicht mit Colitis ulcerosa. Letzteres ist eine schwerwiegende Erkrankung, die im Gegensatz zum Reizkolon mit einer Entzündung der Darmwand einhergeht. Zwischen Colitis ulcerosa und dem Reizdarmsyndrom bestehen große Unterschiede in Behandlung und Prognose.
3. Denken Sie daran, daß das Problem im Verdauungstrakt liegt und nicht im Kopf. Sie leiden unter einer Abweichung der Nervenimpulse, die für den Darmbereich zuständig sind. Es stimmt zwar, daß Stress und emotionale Faktoren einen Anfall auslösen können, sie sind jedoch *nicht* die eigentliche Ursache.
4. Wenn Ihr Arzt oder Ihre Ärztin die Diagnose Reizdarmsyndrom gestellt hat – und Sie eventuell eine zweite Meinung eingeholt haben –, stellen Sie die Arztbesuche ein. Versuchen Sie nicht, jemanden zu finden, der Sie heilen kann oder einer Operation zustimmt, nur weil Sie darauf drängen, «etwas zu unternehmen».

Dr. Ernie Chaney* sagt zu Punkt 4: «Der emotionale und finanzielle Preis des häufigen Arztwechsels besteht nicht nur in dem überflüssigen Arztbesuch, sondern auch in unnötigen Tests. Manche Patienten, die in einem Jahr unter anderem bereits drei Kontrasteinläufe hatten, werden darüber hinaus noch zu einem Facharzt geschickt, der sich weiter spezialisiert hat und mit den ganzen Tests noch einmal von vorne anfängt.»[4]

Das Reizdarmsyndrom ist eine chronische Erkrankung. Das bedeutet, daß Sie eventuell eine Zeitlang Ruhe haben, aber immer wieder mit Ausbrüchen rechnen müssen – meist dann, wenn Sie unter Druck stehen und wenig Zeit und Geduld zum Kranksein haben.

Es ist wichtig, von einem Arzt/einer Ärztin betreut zu werden, der/die Sie und Ihre Probleme kennt und dem/der Sie Vertrauen entgegenbringen. Jeder Reizdarmpatient ist anders veranlagt. Arrangieren Sie sich damit, daß das Reizkolon ein chronisches Leiden ist, und versuchen Sie herauszufinden, wie Sie Ihre Symptome am besten kontrollieren können.

Diesem letzten Punkt ist das vorliegende Buch gewidmet: Es soll Ihnen helfen herauszufinden, was bei Ihnen persönlich wirkt und wie Sie die schmerzhaften, lästigen und frustrierenden Symptome Ihres Reizkolons positiv beeinflussen können.

Jeder Mensch ist anders veranlagt

Zum Mysterium des menschlichen Lebens gehört die Tatsache, daß jeder von uns – auch Geschwister mit denselben Eltern – individuell verschieden ist. Nicht nur unsere Fingerabdrücke sind einmalig, sondern auch unsere Reaktionen auf die gleichen Einflüsse. Manche dieser Reaktionsweisen sind erworben: Oft verhalten wir uns so, wie wir es von unseren Eltern – durch Erklärungen oder auch ohne Worte – gelernt haben. Aber selbst innerhalb einer Familie gibt es sowohl ausgeglichene als auch aufbrausende Persönlichkeiten.

Auch der menschliche Körper reagiert ganz unterschiedlich. Ein Kind in der Familie hat vielleicht einen Kuhmagen und verträgt alles außer Blechdosen, während die Schwester oder der Bruder schon bei der Fernsehwerbung für ein bestimmtes Speiseöl Ekel empfindet.

Tatsache ist, daß Patienten mit einem Reizdarm unter einer übersteigerten Muskelreaktion des Darms leiden. Individueller Auslöser ist jedoch mehr als nur ein gestörter Verdauungstrakt. Es ist das, was Dr. Drossman «die Reaktion Ihres Darms auf seine Umgebung» nennt.

Eine ganze Anzahl von Faktoren wirkt dabei zusammen, die individuell, selbst bei Mitgliedern einer Familie, unterschiedlich ausgeprägt sind.

Auf jeden von uns hat die Art der Ernährung unterschiedliche Auswirkungen, etwa wenn wir zu Allergien und Stimmungsschwankungen neigen oder Medikamente nehmen. Aber auch andere Einflüsse, wie z. B. Kindheitserinnerungen, sind möglich. Was die Identifizierung einzelner Auslöser noch schwieriger macht, ist die Tatsache, daß die Reaktion des einzelnen nicht gleichbleibend, sondern davon abhängig ist, was sich sonst noch in seinem Leben abspielt.

Das Reizdarmsyndrom plagt den einen Menschen mehr als den andern und wirkt sich auch beim gleichen Betroffenen je nach den Lebensumständen unterschiedlich schwer aus. Es ist jedoch *Ihr* Problem, nicht das Ihrer Ärztin oder Ihres Arztes. Und es bleibt Ihr Problem. Deshalb müssen Sie selbst eine aktive Rolle bei der Behandlung übernehmen.

Die folgenden Kapitel dieses Buches sind in drei Hauptabschnitte untergliedert: Auslöser, Aufspüren der Auslöser und Behandlung.

Wenn Sie mit Ihrem Arzt oder Ihrer Ärztin zusammenarbeiten und sich an die nachfolgend beschriebenen Grundsätze halten, sollten Sie herausfinden können, was *Ihren* Darm reizt. Der nächste Schritt ist dann, ein Programm zu entwerfen, das Ihnen Erleichterung verschafft.

II.
AUSLÖSER

4.
STRESS UND ANDERE FAKTOREN

Obwohl das Reizdarmsyndrom körperliche Ursachen hat – eine erhöhte Aktivität der Darmmuskulatur –, gibt es kaum Zweifel, daß die Beschwerde oft durch körperlichen Stress und emotionale Faktoren, aber auch durch Ernährung und hormonelle Einflüsse ausgelöst oder verstärkt wird.

Natürlich ist niemand imstande, Stress immer zu vermeiden. Es ist schlecht möglich, sich von Kopf bis Fuß in Watte zu packen und in einer Höhle zu verstecken. Aber selbst wenn wir das könnten, würden wir bald unter dem Stress leiden, der durch Kälte, Hunger oder die Angst, von einem Bär entdeckt zu werden, verursacht wird. Wie der inzwischen verstorbene Stressexperte Dr. Hans Selye einmal sagte: «Endgültige Befreiung von Stress bringt nur der Tod.»

«Guter» und «schädlicher» Stress

Stress ist nicht ausschließlich negativ. Nervenaufreibende Situationen wie z. B. die Teilnahme an einem sportlichen Wettkampf, Reisen, ein Bühnenauftritt oder das Wiedersehen mit einem geliebten Menschen vermitteln auch Freude und Zufriedenheit. Es gibt allerdings auch Vorgänge, die mit enormem schädlichem Stress verbunden sind. Dazu gehören die Lärmbelästigung in der Stadt, die ständige Unterbrechung durch das Telefon, das Bellen des Nachbarhundes in Ihrer Einschlafzeit, in einem verräucherten Büro arbeiten zu müssen, ständig vor einem flimmernden Computerbildschirm zu sitzen, die Augen durch schlechte Beleuchtung zu belasten, sich durch langweilige Arbeit und Frustration blockiert zu fühlen oder unter großem Zeitdruck zu stehen.

Der Auslöser muß nicht einmal eine reale Ursache haben, um belastend zu wirken. Angst und Sorge, die jeder Grundlage entbehren, können genauso anstrengend sein wie begründete Unruhe. Jemand, der Angst um den Arbeitsplatz hat oder fürchtet, daß der Ehepartner untreu oder krank ist, oder auch jemand, der sich ständig das Schlimmste ausmalt, kann echtem Stress ausgesetzt sein mit allen dazugehörigen negativen Auswirkungen.

Manche Leute verschwenden viel Zeit damit, sich über Dinge Gedanken zu machen, die nie eintreffen. (Eigentlich ist die Sorge um Dinge, die dann tatsächlich passieren, ja auch nicht produktiv, sondern ersetzt nur das Handeln.) Gewohnheitsmäßige Schwarzseher malen sich in Gedanken komplexe Szenarien aus, die keinerlei reale Grundlage haben.

Nach Ansicht von Dr. William R. Carter* zählen 15 Prozent der amerikanischen Bevölkerung zu den chronischen Pessimisten. Er und andere Psychologen, die früher Mitglieder einer Forschungsgruppe an der Pennsylvania State University waren, untersuchten das Verhalten der Pessimisten. Sie kamen zu dem Schluß, daß das Schwarzsehen nicht zur Lösung von Problemen beiträgt. Es behindert sogar die aktuellen Denkprozesse und reduziert die Effektivität, mit der andere Aufgaben erledigt werden, schafft also zusätzliche Belastungen. Und da Streß ein Auslöser von Reizdarmsymptomen ist, sollten Menschen mit einem Reizkolon genau das *vermeiden*.

Allerdings hilft es nicht, sich einfach zu sagen: Ich mach mir keine Sorgen. Hans Selye schrieb dazu: «Sie müssen etwas finden, das die pessimistischen Gedanken ersetzt und verscheucht.»[1] Ein guter Rat – der allerdings schwer in die Praxis umzusetzen ist. Manchmal setzt das voraus, daß Sie Ihr ganzes Wertesystem überdenken. Eventuell müssen Sie sich fragen, warum Sie sich eigentlich Sorgen machen und was Sie dabei gewinnen, bevor es Ihnen gelingt, Ihre Befürchtungen zu verbannen. Ich werde später immer wieder auf die Möglichkeiten eingehen, wie Sie Ihre schweren Gedanken vertreiben und durch positives Handeln ersetzen können.

Untersuchungen weisen darauf hin, daß «Reizdarmpatienten mehr Stress ausgesetzt waren als andere Menschen»; außerdem «reagieren sie auf relativ geringfügige und alltägliche Ereignisse schneller mit Nervosität und Sorgen; sie sind aber auch häufiger starken Stressoren ausgesetzt.»[2]

Während Ursache und Intensität von Stressempfindungen individuell unterschiedlich sind – Sie betreten vielleicht mit Begeisterung einen Raum voll fremder Menschen und fühlen sich wohl dabei, während mich Menschenansammlungen angespannt und nervös machen –, so verursachen doch vergleichbare Situationen bei den meisten von uns ein gewisses Maß an Nervosität. Dazu zählen: bei unruhigem Wetter im Flugzeug zu sitzen, eine Ansprache ohne ausreichende Vorbereitung zu halten, ausgeraubt zu werden oder wegen eines Verkehrsstaus zu einem wichtigen Termin zu spät zu kommen.

Solche Situationen lösen bei vielen Menschen Nervosität, Verdauungsprobleme und Durchfall aus, ob sie nun einen Reizdarm haben oder nicht. Bei einer Befragung von «normalen» Menschen (also Nicht-Patienten) stellte sich heraus, daß 70 Prozent der Interviewten auf Stressbelastung mit Veränderungen im Stuhlgang reagierten. Mehr als die Hälfte dieser Gruppe klagte auch über Bauchschmerzen.[3]

Menschen mit einem Reizdarm scheinen allerdings stärker zu leiden. Bei ihnen werden Beschwerden oft schon durch Ereignisse herbeigeführt, die andere mit Gelassenheit hinnehmen oder die bei ihnen mit anderen körperlichen Symptomen wie z. B. Kopfweh, einem steifen Genick oder einem Asthmaanfall verbunden sind. Bei Reizdarmpatienten sind die Eingeweide der schwache Punkt.

Toleranz gegenüber Stress

Untersuchungen weisen darauf hin, daß Menschen mit einem Reizkolon eine geringere Toleranzschwelle gegenüber Stressbelastungen haben als diejenigen ohne dieses Leiden. Die Dinge «berühren» sie eher, und zwar im Darm, dem Schwachpunkt ihres Körpers. Es kann sein, daß es sich dabei um eine erlernte Reaktion handelt, deren Ursprung in der Kindheit liegt. So ist es möglich, daß Sie als Kind häufig Bauchweh hatten und dann nicht in die Schule mußten. Die Eltern haben sich eventuell mehr um Sie gekümmert, wenn Sie krank waren, haben Ihnen die Mahlzeiten auf einem Tablett ans Bett gebracht, vielleicht auch besondere Speisen zubereitet oder Sie mit kleinen Geschenken überrascht, damit es Ihnen «wieder besser ging».

Es könnte auch sein, daß Sie die versteckte oder offene Sorge der Eltern um Ihren Stuhlgang kannten. Eine Marketingbereichsleiterin, die häufig unter Reizdarmsymptomen leidet, erinnert sich daran, daß sie als Kind Abführmittel oder einen Einlauf bekam, wenn sie einen Tag nicht zur Toilette gegangen war.

«Ich sehnte mich so nach einem Guten-Morgen-Kuß, wenn ich zum Frühstück hinunter kam», erzählte sie. «Statt dessen wurde ich nach meinem Stuhlgang gefragt.»

In einer erst kürzlich in North Carolina durchgeführten Untersuchung von drei Gruppen – Patienten mit Reizdarmsyndrom, Nicht-Patienten mit gleichen Beschwerden (die aber keine ärztliche Hilfe gesucht hatten) sowie Menschen ohne Symptome – «klagten am häufigsten die Nicht-Patienten mit einem Reizkolon und an zweiter Stelle die Patienten über einen schlechten Allgemeinzustand, Kopfschmerzen, Bauchweh und Darmprobleme in der Kindheit… Auch Verluste und

Trennungen in der jetzigen Familie und in der Kindheit sowie Abhängigkeit und schwierige Beziehungen zur Mutter kamen bei den beiden Gruppen mit Reizdarm ebenfalls häufiger vor.»[4]

Diese Studie stützt die Überzeugung, daß Stress – besonders bei Kindern, die noch nicht gelernt haben, damit umzugehen – bei entsprechender Neigung die Entstehung eines Reizdarmsyndroms fördern kann. Während diese Erkenntnis Ihnen jetzt als Erwachsener wenig nützt, kann sie Ihnen, sofern Sie selbst Kinder haben, helfen, Ihre Einstellung und Ihr Verhalten gegenüber Krankheiten zu überdenken und Ihren Kindern Methoden der Stressreduktion zu vermitteln.

Stress kann krank machen

Das soll nicht heißen, daß das Reizdarmsyndrom sich nur in Ihrem Kopf abspielt. Das körperliche Problem – die gesteigerte Motilität der Darmmuskulatur – spielt sich in Ihrem Bauch ab und ist real. Aber diese vermehrte Aktivität kann oftmals durch Stress und Gemütsbewegungen nachhaltig beeinflußt werden. Diese Erkenntnis ist alles andere als neu. Ärzte wissen schon seit langem, daß es einen engen Zusammenhang zwischen dem emotionalen und physischen Zustand unseres Körpers gibt.

Im Jahr 1822, als ein Pelztierjäger in Kanada versehentlich angeschossen wurde, bot sich Ärzten die seltene Gelegenheit, die Verdauungsvorgänge im Magen mit anzusehen. Die Schußwunde hinterließ ein sieben Zentimeter großes Loch im Magen des Trappers, durch das sein Arzt, der Amerikaner William Beaumont, acht Jahre lang beobachten konnte, wie die Verdauungssekrete Speisen bearbeiteten und wie sich die Magenschleimhaut veränderte, wenn die Stimmung des Fallenstellers umschlug.

Der amerikanische Physiologe Walter B. Cannon bemerkte 1902, daß bei Katzen der Darm seine Aktivität einstellt, wenn sie Angst vor einem knurrenden Hund haben.[5]

Anfang 1900 entdeckte der berühmte russische Physiologe Iwan Petrowitch Pawlow, daß intensive Gemütsbewegungen eine erhöhte Produktion von Verdauungssäften bewirken, die Magen- und Darmaktivitäten auslösen können.

Die Erforschung der Wechselwirkung von Emotionen, Stress und körperlichem Wohlbefinden ist immer noch nicht abgeschlossen. 1949 veranstalteten die Ärzte T. P. Almy, F. Kern jr. und M. Tulin mit einem Medizinstudenten ein faszinierendes und aufschlußreiches Experiment.[6] Dem Studenten wurde mitgeteilt, daß vor dem Versuch eine Proktoskopie (Untersuchung des Dickdarms mit Hilfe eines durch das Rektum eingeführten optischen Instruments) notwendig sei.

Nach zehn Minuten Beobachtungszeit, in der der Darm entspannt war, wurde dem jungen Mann gesagt, daß der Arzt Darmkrebs entdeckt habe; er bäte um seine Zustimmung zu einer Biopsie. In den folgenden zwanzig Minuten konnten die Ärzte sowohl Anspannung als auch vermehrte Darmaktivität direkt beobachten. Beides ließ erst wieder nach, als dem Studenten erklärt wurde, daß es keine Hinweise auf Krebs gab und alles nur Teil des Experiments gewesen war.

Selbstverständlich ist so ein Trick zum Zwecke der Forschung heutzutage, wo Freiwillige eine schriftliche Zustimmung abgeben und vorher über den Eingriff aufgeklärt werden müssen, nicht mehr möglich. Dennoch war das Experiment bedeutsam, insbesondere für Menschen, die sich mit den Symptomen des Reizkolons herumplagen, denn es machte deutlich, wie sich Emotionen auf den Dickdarm auswirken.

Die meisten Reizdarmpatienten brauchen jedoch keine Wissenschaftler, die ihnen sagen, daß Stress ihre Probleme verschlimmert. Das haben sie bereits jahrelang schmerzhaft am eigenen Leib erfahren.

«Ich habe schon seit meiner Kindheit Schwierigkeiten mit dem Magen», berichtete eine 33jährige Reisebüroangestellte, während sie an einer Zigarette zog. «Ungefähr seit ich neun war und auch noch als Teenager wurde mir immer schlecht, wenn ich aufgeregt war. Allein schon der Gedanke, ins Kino zu gehen, konnte dazu führen, daß ich mich übergeben mußte.

Obwohl ich das inzwischen überwunden habe, schlagen bei mir Gemütsbewegungen noch immer auf die Verdauung. Für mich ist Anspannung gleichbedeutend mit Verstopfung und Schmerzen. Ich kann einfach nicht langsam laufen. Ich arbeite zehn Stunden am Tag, und es macht mir Spaß. Ich bin ständig aktiv.» Sie lächelte gezwungen. «Und ich bezahle dafür. Ich *weiß*, daß Stress schlecht für mich ist, aber ich kann mich wohl nicht ändern. Ich kann damit umgehen, wenn meine Mitarbeiter Fehler machen, aber *eigene* kann ich nicht akzeptieren. Ich muß perfekt sein.»

Stress und die damit einhergehende körperliche Erschöpfung wirken sich individuell verschieden aus. Jeder Mensch hat seine eigene «Schallgrenze», die aber – weil abhängig von den jeweiligen Lebensumständen – beim einzelnen selbst noch variieren kann. Es ist daher möglich, daß Sie gut unter Druck arbeiten, daß Sie vielleicht sogar «adrenalinsüchtig» sind, wie z. B. die Frau, von der ich hier berichte. Als aber ihr minderjähriger Sohn wegen Alkohol am Steuer verhaftet wurde und ihre Mutter am nächsten Tag einen Schlaganfall hatte, war sie völlig überfordert. Ihre Reizdarmsymptome kehrten zurück, und sie litt körperliche Qualen.

Eine andere Frau berichtete von «zuviel des Guten». Sie verlobte sich, wurde befördert – was mit einem Umzug verbunden war – und gewann eine Reise für zwei Personen nach Hawaii. «Alles war positiv, einfach großartig!» erzählte sie. «Ich hätte glücklich sein sollen. Aber jeder einzelne Erfolg brachte Probleme mit sich, die gelöst werden wollten. Es war einfach zuviel. Mein Reizdarm war schlimmer denn je, wo es mir doch blendend hätte gehen müssen! Statt dessen ging's mir ausgesprochen schlecht.»

Stress ist wie Regen: Ein bißchen schadet nicht unbedingt und kann sogar gut sein. Aber zu viele Tropfen höhlen den härtesten Stein. Stress – auch «positiver» – kann sogar die Widerstandsfähigsten zermürben, wenn sie ihm zu häufig und zu lange ausgesetzt sind.

Dr. Thomas H. Holmes und Dr. Richard H. Rahe (Psychiater an der University of Washington Medical School) erstellten 1967 eine Tabelle von stresserzeugenden Ereignissen. Einige waren «positiv», wie z.B. Heirat oder außergewöhnliche persönliche Erfolge, andere hingegen «negativ», wie der Tod eines Ehegatten oder eine Kündigung. Ihre Feststellungen zeigten, daß sowohl gute als auch schlechte Veränderungen Stress mit sich bringen, der die Betroffenen krankheitsanfällig macht.

Die folgende, von Dr. Thomas H. Holmes und Dr. Richard H. Rahe zusammengestellte Tabelle[7] bewertet Änderungen in den Lebensumständen nach Punkten. Haken Sie die ab, die auf Sie zutreffen, und addieren Sie Ihre Werte auf.

Bewertung:

150–199 geringe Gefahr, im folgenden Jahr zu erkranken;
200–299 mittleres Risiko, im folgenden Jahr zu erkranken;
300+   hohe Wahrscheinlichkeit, im folgenden Jahr zu erkranken.

Wenn Sie Aufzeichnungen in Ihrem Tagesjournal machen (siehe Abbildung C), werden Sie bald Ihre ganz persönliche Kombination von emotionalen Belastungen, Ernährungs- und Stressfaktoren identifizieren können, die bei Ihnen für Beschwerden verantwortlich ist.

Ganz generell kann gesagt werden, daß es bestimmte Situationen

Rang	Ereignis (innerhalb eines Jahres)	Wert	×
1	Tod des Ehepartners	100	
2	Scheidung	73	
3	eheliche Trennung	65	
4	Gefängnisurteil	63	
5	Tod eines nahen Familienmitglieds	63	
6	Verletzung/schwere Erkrankung	53	
7	Heirat	50	
8	Kündigung	47	
9	eheliche Versöhnung	45	
10	Pensionierung	45	
11	Krankheit im engeren Familienkreis	44	
12	Schwangerschaft	40	
13	sexuelle Probleme	39	
14	neues Familienmitglied	39	
15	berufliche Veränderung	39	
16	Änderung der finanziellen Lage	38	
17	Tod eines engen Freundes/Freundin	37	
18	wichtige Arbeitsplatz-/Schulveränderung	36	
19	neue Eheprobleme	35	
20	Hypothek über $ 30 000	31	
21	Kreditkündigung/unbezahlte Rechnungen	30	
22	Änderung der Berufs-/Schulpflichten	29	
23	Kind verläßt das Zuhause	29	
24	Probleme mit Schwiegereltern	29	
25	außergewöhnlicher Erfolg	28	
26	Ehepartner beginnt oder beendet Beruf	26	
27	Schulanfang/Schulende	26	

Rang	Ereignis (innerhalb eines Jahres)	Wert	×
28	Änderung persönlicher Gewohnheiten	24	
29	Probleme mit Chef oder Lehrer	23	
30	Änderung in Arbeitsstunden/ Sozialkontakten	20	
31	Umzug	20	
32	Schulwechsel	20	
33	Änderung des Freizeitverhaltens	19	
34	Änderung der religiösen Aktivitäten	18	
35	Änderung der Schulaktivitäten	18	
36	Hypothek oder Kredit unter $ 30000	17	
37	Änderung der Schlafgewohnheiten	16	
38	Änderung der Anzahl von Familientreffen	15	
39	Änderung der Eßgewohnheiten	15	
40	Ferien	13	
41	Weihnachten	12	
42	kleine Gesetzesübertretungen	11	
	Summe:		

gibt, die bei den meisten Betroffenen als Auslöser für Reizdarmsymptome in Frage kommen. Dazu gehören:

- Erschöpfung in Kombination mit einem unbekannten Faktor; das kann fast jedes Nahrungsmittel, etwa ein Milchprodukt, aber auch Alkohol sein;
- Erschöpfung in Verbindung mit Stress;
- Erschöpfung in Verbindung mit Reisen;
- Stress, verursacht durch Aufregung, Zeitdruck, erhöhte Luftverunreinigung oder Lärmbelästigung;
- Stress in Kombination mit fast jeder Art von Nahrungsmitteln oder Getränken;

Während es keine spezifischen Stressoren gibt, die bei allen Reizdarmpatienten Symptome auslösen, stehen jedoch Ehe-, Finanz-, Arbeits- und Familienprobleme obenan. Viele Untersuchungen haben ergeben, daß zahlreiche «Patienten mit Reizkolon von einem Zusammenhang zwischen subjektiver Anspannung bzw. Stressbelastung und verstärkten Symptomen berichten. Die Hälfte der Betroffenen erinnert sich auch daran, daß dem ersten Ausbruch von Beschwerden eine akute psychische Krise vorausgegangen war.»[8]

«Ich kann dir genau sagen, wann ich zum erstenmal Probleme hatte», berichtete die leitende Angestellte einer Fluggesellschaft. «Mein Mann und ich hatten uns zunächst getrennt und später scheiden lassen. Sechs Monate danach hatte mein Vater eine Bypassoperation. Das ganze Jahr habe ich quasi im Badezimmer verbracht. Wenn ich nicht gerade Durchfall hatte, dann wurde ich von Verstopfung oder Blähungen mit Bauchweh gequält. Mein Arzt sagte, das sind die Nerven!»

Probleme mit Nahrungsmitteln

Nahrungsmittel sind zwar nicht die Ursache des Reizdarmsyndroms, können aber Auslöser sein. Etwa 25 Prozent der Reizkolonpatienten klagen über Verschlimmerung ihrer Bauchschmerzen durch das Essen. Bei vielen Patienten löst insbesondere das Frühstück, aber auch andere Mahlzeiten, fast sofortigen Durchfall aus.

Denken Sie jedoch immer daran: Das Reizdarmsyndrom wird nicht durch bestimmte Lebensmittel *verursacht*. Allerdings können spezifische Nahrungsmittel, Lebensmittelgruppen oder eine bestimmte Kombination zu einem kritischen Zeitpunkt zu Symptomen führen.

Damit soll verdeutlicht werden, daß jeder Mensch unterschiedlich auf spezifische Nahrungsmittel reagiert. Natürlich gibt es Menschen, die eine echte Lebensmittelallergie haben oder an Enzymmangel leiden, so z. B. bei einer Intoleranz gegenüber Milchprodukten, der sogenannten Laktoseintoleranz (Milchzuckerunverträglichkeit). Davon Betroffene entwickeln, wenn sie Milchprodukte zu sich nehmen, meist Reizdarm-ähnliche Symptome.

Viele Menschen mit einem Reizdarm haben hingegen nur zu bestimmten Zeiten nach dem Verzehr von Milch oder Milchspeiseeis Beschwerden. Bei ihnen treten sie nur dann auf, wenn andere innere oder äußere Reizfaktoren hinzukommen, so z. B. wenn sie erhöhtem Druck ausgesetzt, aus irgendeinem Grund nervös oder erschöpft sind.

Bei manchen Menschen führt schon allein das Wissen, dieses Leiden zu haben, zu unangenehmen Symptomen. Das ist nicht schwer zu verstehen; denn das Reizdarmsyndrom bringt chronische Schmerzen und Unbehagen mit sich. Es kann für Wochen, Monate oder sogar Jahre verschwinden, so daß Sie sich schon für geheilt halten – und plötzlich werden Sie dann wieder von Symptomen überfallen, sozusagen aus heiterem Himmel. Kein Wunder also, wenn Sie sich Sorgen machen, frustriert, verärgert oder gar deprimiert sind.

Das ist ganz normal. Ein wichtiger Bereich Ihres Körpers spielt verrückt, und niemand scheint so recht zu wissen, warum und was dagegen zu tun ist. Sie grübeln darüber nach, ob wirklich alles in Ordnung ist oder ob nicht doch etwas Ernsthaftes vorliegt – das Ihnen womöglich nur vorenthalten wird, oder schlimmer noch: ob der Arzt oder die Ärztin sich nicht vielleicht in der Diagnose geirrt hat.

Sie stehen nicht allein da mit solchen Befürchtungen. Es ist schwer, keine Zweifel zu bekommen, wenn beim Röntgen, bei Kontrasteinläufen, der Sigmoidoskopie, Stuhlkulturen und all den anderen Tests nichts herauskommt. Sie mögen erleichtert sein, aber gleichzeitig auch besorgt. Als typischer Reizdarmpatient haben Sie im Laufe der Jahre eine Anzahl körperlicher Probleme gehabt, wie z. B. eine Blinddarmentzündung, Schwierigkeiten mit der Gallenblase, unbestimmte Magen- und Darmschmerzen oder als Frau auch Probleme mit der Menstruation. Studien von Dr. Whitehead und Dr. Schuster zeigen, daß Patienten mit Reizdarmsyndrom sich mehr mit Krankheiten befassen als andere. Könnte das darauf zurückzuführen sein, daß sie sich meist nicht so ganz wohl fühlen?

Ein Muß: der Arztbesuch

Genau das ist der Grund, weshalb die richtige medizinische Beratung für Sie so wichtig ist. Wenn Untersuchungen und Tests durchgeführt worden sind, um ernsthafte Erkrankungen ausschließen zu können, und Sie dann die Diagnose «Reizdarmsyndrom» erhalten haben, ist es wichtig, daß Sie ein gutes Verhältnis zu Ihrer Ärztin oder Ihrem Arzt haben. Sie müssen imstande sein, offen mit ihr oder ihm über Ihre Ängste und Befürchtungen zu sprechen.

Erhöhen Sie Ihren Stress nicht dadurch, daß Sie Ihre Sorgen für sich behalten. Aufgabe von Ärzten ist es, sich darum zu bemühen, daß Sie sich körperlich und emotional wieder besser fühlen. Betrachten Sie Ihre Fragen nie als «dumm». Wenn Sie etwas belastet, müssen die Ursachen festgestellt werden. Oft denken wir, die Ärzte wissen schon, was uns quält; aber die wenigsten haben einen siebten Sinn oder können Gedanken lesen. Wenn Sie als Patient oder Patientin keine Fragen stellen, wird davon ausgegangen, daß Sie alles verstanden haben.

Schreiben Sie Ihre Punkte vorher auf, damit Sie, wenn Sie dem Arzt oder der Ärztin gegenübersitzen, nicht vergessen, was Sie fragen wollten. Sie können sich natürlich auch während des Gesprächs Notizen machen. Wenn Sie eine Antwort nicht verstehen, haken Sie nach. Manchmal fällt es Medizinern schwer, ihre Fachsprache in eine Alltagssprache zu übersetzen, die auch Laien verständlich ist. Ihre Aufrichtigkeit wird sicher begrüßt, wenn Sie sagen, daß Sie eine einfachere Erklärung brauchen. In Kapitel 12 finden Sie eine Liste von Fragen, die von Reizdarmpatienten häufig gestellt werden, sowie einige Antworten darauf.

Achten Sie darauf, daß auch Sie Fragen wahrheitsgetreu beantworten. Schamgefühle sind unangebracht. Ärzte finden es nicht peinlich oder gar schockierend, wenn Sie offen über Ihren Darm, Durchfall oder Verstopfung reden. Diese Offenheit mag Ihnen anfangs schwerfallen, denn die meisten von uns haben schon in der Kindheit gelernt, «Toilettenprobleme» nicht mit anderen zu erörtern. Ihr Arzt oder Ihre Ärztin braucht jedoch die Hintergrundinformationen, um Ihnen helfen zu können. Wenn Sie über «Verstopfung» klagen, besagt das zunächst nicht viel, bis Sie genau erklären, was *Sie* darunter verstehen. Heißt es, daß Sie Schwierigkeiten beim Stuhlgang haben? Oder daß Sie nicht täglich eine Ausscheidung haben? Eine ganze Woche lang nicht? Oder meinen Sie damit, daß Ihr Stuhl zu hart ist?

Sind Sie aufrichtig und geben Sie zu, wenn Sie Abführmittel nehmen oder Einläufe machen. Abführmittelmißbrauch kann ebenfalls Darmprobleme zur Folge haben. Sie können Ihrer ärztlichen Betreuung und sich selbst viel Zeit sowie einige teure und unangenehme Untersuchungen ersparen, wenn Sie wahrheitsgemäß darüber berichten.

Teilen Sie Ihrer Ärztin / Ihrem Arzt auch mit, wenn Sie noch andere Probleme haben – Schwierigkeiten in der Ehe, bei der Arbeit, wenn Sie um den Tod eines Familienmitglieds oder einer Freundin trauern. Es ist auch normal, am Todestag einer geliebten Person deprimiert zu sein, also denken Sie beim Arztbesuch daran.

Erklären Sie dem Arzt oder der Ärztin, wann bei Ihnen die Symptome angefangen haben und was *Sie* für den Auslöser halten. Bei der Aufnahme Ihrer Krankengeschichte sollte die Ärztin oder der Arzt mehr persönliche Einzelheiten erfahren als nur die Schmerzen und Beschwerden, unter denen Sie leiden. Krankheiten sind oft auf eine Kombination von körperlichen, psychischen und soziokulturellen Faktoren zurückzuführen. Mediziner müssen deshalb eine ganzheitliche Medizin praktizieren und alle Einflüsse berücksichtigen, um Ihnen helfen zu können. Obwohl Reizdarmpatienten emotionale Probleme gern verleugnen oder herunterspielen, werden sie doch davon beeinflußt – was sich in einem gewissen Maße natürlich auch immer auswirkt.[9]

Das Reizdarmsyndrom ist ein chronisches Leiden und somit genausowenig wie z. B. Diabetes heilbar. Indem Sie sich jedoch offen und ehrlich mit Ihrem Arzt oder Ihrer Ärztin aussprechen – sagen, was Ihnen hilft und was nicht, wann und unter welchen Umständen die Symptome auftreten und wie Sie sich fühlen –, dann können Sie ein Verständnis entwickeln, das für eine aktivere Rolle im Umgang mit Ihrem gesundheitlichen Problem notwendig ist. Auf lange Sicht müssen Sie nämlich die Verantwortung selbst übernehmen. Ärzte sind dazu da, Sie zu behandeln und zu beraten, können aber nicht 24 Stunden lang an Ihrer Seite sein. Es handelt sich schließlich um *Ihre* Krankheit und nicht um die Ihres Arztes oder Ihrer Ärztin.

Ihre Schmerzen sind real. Es gibt keine Zauberkur zur Heilung oder Abschaffung des Unwohlseins, das Sie immer wieder befällt. Wenn Sie allerdings herausfinden, was bei Ihnen zu Anfällen führt, dann können Sie lernen, einige dieser Faktoren zu kontrollieren. Das allein wird Ihnen bereits Erleichterung verschaffen.

5.
ERNÄHRUNGSFRAGEN

«Essen gefährdet Ihre Gesundheit»

Neulich vertraute mir eine Künstlerin an: «Ich habe den Eindruck, daß ich überhaupt keine Probleme mit dem Darm habe – bis ich anfange zu essen. Dann ist aber der Teufel los!»

Sie ist nicht allein mit dieser Erfahrung. Aber es sind nicht unbedingt die Nahrungsmittel, die den Darm reizen. Es ist wichtig, das im Auge zu behalten, denn Freunde und Familie werden Ihre Symptome wohl oft herunterspielen wollen oder zumindest versuchen, eine Erklärung dafür zu finden. Dann bekommen Sie etwa zu hören: «Wahrscheinlich hast du was Falsches gegessen.»

Das Reizdarmsyndrom wird aber nicht direkt durch das verursacht, was wir essen, sondern durch die Tatsache, daß wir essen. Die Nahrungsaufnahme löst bei jedem Menschen Muskelbewegungen im Darm aus, den sogenannten gastrokolischen Reflex. Das ist der Grund dafür, daß Mütter, die bei ihrem Kleinkind mit der Sauberkeitserziehung beginnen, es gleich nach dem Essen – insbesondere nach dem Frühstück – aufs Töpfchen setzen. Die meisten Menschen haben diesen morgendlichen Stuhldrang.

Bei Reizdarmpatienten kann allerdings der Vorgang des Essens – besonders bei einer ausgiebigen Mahlzeit – mehr als nur den üblichen Gang zur Toilette stimulieren: Er kann direkt von einer unglaublich intensiven Dringlichkeit und chronischem Durchfall begleitet sein.

Dr. Schuster zufolge haben Wissenschaftler ermittelt, daß Nahrungsmittel – genauer gesagt die Nahrungsaufnahme selbst – bei Reizdarmpatienten eine extreme Überaktivität der Dickdarmmuskulatur auslösen kann, und zwar schon während der Mahlzeit und bis zu 50 Minuten danach. Bei Menschen ohne Reizkolon läßt die durch das Essen hervorgerufene Muskelaktivität innerhalb von 50 Minuten wieder nach, während sie bei Betroffenen andauert und sich sogar allmählich noch steigert. Es gibt Methoden – medizinische und nichtmedizinische –, mit dieser Überreaktion umzugehen. Sie werden im Abschnitt über die Behandlung ausführlich besprochen.

Laktoseintoleranz (Milchzuckerunverträglichkeit)

Bisherige Untersuchungen haben keine für Reizdarmpatienten typische Unverträglichkeit gegenüber bestimmten Nahrungsmitteln ergeben, allerdings leiden 20 bis 40 Prozent gleichzeitig unter einer Laktoseintoleranz. Menschen mit diesem Problem sind unfähig, Laktose, den wichtigsten Zucker in Milch und anderen Milchprodukten, zu verdauen. Sie reagieren mit aufgeblähtem Magen, krampfartigen Bauchschmerzen, Blähungen und Durchfall – allesamt auch Reizdarmsymptome und durch nichts von ihnen zu unterscheiden.

Etwa 30 Prozent aller Patienten, die sich wegen Reizdarmsymptomen in ärztliche Behandlung begeben, erfahren, daß sie auch unter einer Laktoseintoleranz leiden. Da etwa 25 Prozent aller erwachsenen Amerikaner von dieser Unfähigkeit, Milchprodukte zu verdauen, betroffen sind, könnten durchaus auch Sie dazugehören. Sie können eine Laktoseintoleranz von Ihrem Arzt oder Ihrer Ärztin entweder durch einen Laktose-Sensibilitätstest feststellen lassen oder selbst herausfinden, indem Sie sich zwei bis drei Wochen lang laktosefrei ernähren. Bis Sie mit Sicherheit wissen, ob Ihre Symptome auf einer solchen Unverträglichkeit beruhen, sollten Sie vielleicht Milchprodukte vermeiden und darauf achten, ob sich Ihre Symptome dann bessern.

Denken Sie daran, daß Milch und Butter, auch wenn sie nur in anderen Nahrungsmitteln enthalten sind, immer noch als Milchprodukte wirken; wenn Sie also eine laktosefreie Diät ausprobieren wollen, müssen Sie auf entsprechende Zubereitungen achten. Also Vorsicht bei Brot, Kuchen, Gebäck und anderen Fertigprodukten. Überprüfen Sie auf jeden Fall die auf der Verpackung angegebenen Zutaten.

Individuelle Reaktion auf Nahrungsmittel

Leider kann ich Ihnen keine gültige Liste mit «verbotenen Nahrungsmitteln» präsentieren. Bei jedem Menschen sind es nämlich andere. Eine Frau berichtete z. B., daß «grüner und roter Paprika für mich Gift sind. Am schlimmsten ist er gekocht, denn dann durchsetzt er das ganze Gericht. Innerhalb einer Stunde nach der Mahlzeit kriege ich Durchfall, Krämpfe, und mir ist schlecht.» Andere Menschen mit Reizkolon können Paprika, ob grün oder rot, ohne die geringsten Folgen genießen.

Wichtiger noch: Bestimmte Lebensmittel lösen bei Betroffenen nur dann Beschwerden aus, wenn der Verzehr mit anderen Faktoren wie Erschöpfung oder Stress zusammentrifft.

Das ist der Grund dafür, daß ich normalerweise gekochten Kohl mit einer Tasse heißem Kaffee hinunterspülen kann, während meine Freundin beides sorgsam vermeiden muß. Kohl produziert (genau wie Bohnen) vermehrt Blähungen, und Kaffee regt (genau wie Cola-Getränke und Schokolade) die Darmmuskulatur an. Wenn ich allerdings unter Druck stehe oder übermüdet bin, muß ich Kohl und Kaffee weglassen, denn dann wirken sie sich auch bei mir nachteilig aus. Meine Freundin muß in einer solchen Situation auf Rotwein und Artischocken verzichten, denn dann – und nur dann – bekommt sie davon gleich Bauchschmerzen, Blähungen und häufig auch Durchfall.

Manche Menschen mit einem Reizdarm streichen allerdings auch Nahrungsmittel aus ihrem Speiseplan, die sie nur deshalb für problematisch halten, weil sie bei Freunden zu Beschwerden führen oder weil sie gelesen haben, daß sie ganz generell schlecht für Leute mit Magen- und Darmproblemen sind. Sie erinnern sich vielleicht daran, daß Eltern oder Großeltern bei Magenbeschwerden «Schonkost» aßen (vor den siebziger Jahren bei Reizdarmsyndrom oder ähnlichen Befunden üblich).[1] Diese überholten Verhaltensregeln wenden sie auch auf sich an. Oft dauert es dann nicht lange, bis ihre Ernährung unausgewogen ist, was die Reizdarmsymptome verschlimmert statt lindert.

Dr. Drossman meint dazu: «Die Schwierigkeit bei zu schnellem Verzicht auf bestimmte Nahrungsmittel ist, daß bei zuviel Eifer bald nichts oder fast nichts mehr zum Essen übrig bleibt. Ich hatte einige Patienten, die schließlich nur noch von Babynahrung lebten. Sie waren davon überzeugt, daß alles andere bei ihnen Symptome auslöst.»

Eine Reihe von Lebensmitteln sind allerdings wirklich dafür bekannt, daß sie häufig Beschwerden hervorrufen. Dazu gehören unter anderem Weizen, Mais, Zitrusfrüchte und Tee. Es ist aber durchaus möglich, daß sie in Ihrem Fall kein Problem darstellen. Menschen, die mit diesen Produkten Schwierigkeiten haben, empfinden es verständlicherweise als Ironie, daß Weizenkleie oft verschrieben wird, um die Ernährung mit Ballaststoffen anzureichern. Ob und welche Nahrungsmittel unter welchen Umständen problematisch sind, ist individuell sehr unterschiedlich. Deshalb spielen Ihre Aufzeichnungen im Tagesjournal eine ganz wichtige Rolle.

Ärzte stimmen in ihrer Einschätzung, wie viele Reizdarmpatienten unter echten Lebensmittelallergien leiden, nicht überein; aber in einer 1985 durchgeführten britischen Untersuchung von 122 Patienten fand sich eine große Anzahl von Fällen, in denen Symptome durch bestimmte Nahrungsmittel ausgelöst wurden.[2] 5 Prozent der auf Intoleranz Getesteten waren nur gegen ein einziges Produkt allergisch, während 32 Prozent elf oder mehr Nahrungsmittel nicht vertrugen.

Diese Liste enthält viele der Produkte, die auch von anderen Forschern und Patienten als Auslöser von Reizdarmsymptomen identifiziert wurden. Sie sollten jedoch berücksichtigen, daß die untersuchte Gruppe mit 122 Beteiligten ausgesprochen klein war. Gehen Sie *keinesfalls* davon aus, daß jedes dieser aufgelisteten Nahrungsmittel auch bei Ihnen Schwierigkeiten verursacht. Sie dürfen bei Ihrer Suche nach Symptomauslösern nicht nur die Lebensmittel zum Sündenbock machen.

Manche Produkte verursachen auch bei vielen Menschen ohne Reizdarm Blähungen. Zwiebeln, Bohnen, Rosenkohl und Kohl werden am häufigsten genannt, was aber nicht heißt, daß sie nicht trotzdem gut für Sie sind. Kaugummi mit Sorbitol (Süßstoff) kann ebenfalls Blähungen und Durchfall hervorrufen, besonders wenn Sie mit offenem Mund kauen oder gerne Blasen machen; beides führt zu übermäßigem Schlucken von Luft. Auch xanthinhaltige Getränke können beim Reizkolon Durchfall auslösen.

Fett und Fabeln

Tierfette stimulieren bei den meisten Menschen die Aktivität der Darmmuskulatur. Deshalb dürfte es nicht überraschen, daß besonders bei Reizdarmpatienten, denen die Gallenblase entfernt wurde, fettreiche Nahrungsmittel wie Schweinefleisch und Speck oder Gebratenes und Fritiertes regelmäßig zu Beschwerden führen, meist Blähungen, Durchfall oder Bauchschmerzen. Diese Reaktion ist möglicherweise auf das Hormon Cholezystokinin (kurz «CCK») zurückzuführen. Es wird vom Körper während der Mahlzeit produziert, um den Dünndarm bei der Verdauungsarbeit insbesondere von fetten Speisen zu unterstützen. Wenn bei Ihnen nach gebratenen, fritierten oder anderen fettreichen Gerichten Symptome auftreten oder stärker werden, schadet es bestimmt nicht, sich da einzuschränken.

Faserstoffe: Fakten und Phantasie

Obwohl Ballaststoffe, die mit Nahrungsmitteln, als Kleiezusatz oder in Form von Füllstoffen (wie z.B. Metamucil®, Agiocur® oder Mucofalk®) verzehrt werden, bei der Behandlung des Reizdarmsyndroms eine bedeutende Rolle spielen (im Abschnitt über die Behandlung er-

Nahrungsmittel	Intoleranz in %
Getreideprodukte	
Weizen	60
Mais	44
Hafer	34
Roggen	30
Gerste	24
Reis	15
Milchprodukte	
Milch	44
Käse	39
Butter	25
Yoghurt	24
Fisch	
Weißfisch	10
Schalentiere	10
geräucherter Fisch	7
Fleisch	
Rindfleisch	16
Schweinefleisch	14
Huhn	13
Lamm	11
Truthahn	8
Früchte	
Zitrusfrüchte	24
Äpfel	12
Rhabarber	12
Bananen	11
Erdbeeren	8
Ananas	8
Birnen	8
Trauben	7
Melonen	5
Avocados	5
Himbeeren	4
Gemüse	
Zwiebeln	22
Kartoffeln	20
Kohl	19
Rosenkohl	18

Nahrungsmittel	Intoleranz in %
Erbsen	17
Karotten	15
Kopfsalat	15
Lauch	15
Brokkoli	14
Sojabohnen	13
Spinat	13
Pilze	12
Tomaten	11
Blumenkohl	11
Stangensellerie	11
grüne Bohnen	10
Gurken	10
Steckrüben	10
rote Bete	8
Paprika	6
Verschiedenes	
Kaffee	33
Eier	26
Tee	25
Schokolade	22
Nüsse	22
Konservierungsmittel	20
Hefe	12
Zuckerrüben	12
Zuckerrohr	12
Alkohol	12
Leitungswasser	10
Saccharin	9
Honig	2

fahren Sie, wie Sie Ihre Verpflegung damit anreichern können), vertragen manche Menschen zusätzliche Rohfasern nicht. Wie bereits oben erwähnt, ist Weizen in vielen Fällen unverträglich; in anderen Fällen wird das Verdauungssystem durch ballastreiche Ernährung noch zusätzlich gereizt. Häufig empfehlen Ärzte dann die Verwendung von im Handel erhältlichen Produkten aus Psylliumsamen anstelle von Kleie. Sie sollten sich jedoch zuerst mit Ihrer Ärztin oder Ihrem Arzt unterhalten, um zu erfahren, was in Ihrem Fall am besten ist.

Die meisten Menschen haben zunächst verstärkt Blähungen, wenn sie mehr Ballaststoffe essen. Das gibt sich jedoch in der Regel nach vier bis sechs Wochen, wenn sich die Verdauungsorgane erst einmal daran gewöhnt haben. Nur ein geringfügiger Prozentsatz reagiert mit so schlimmen Blähungen und Durchfall, daß für sie zusätzliche Rohfasern als Lösung nicht in Frage kommen. Dadurch wird besonders deutlich, daß Sie Ihren Körper und seine Reaktionen gut kennen müssen, wenn Sie die Auslöser Ihrer Reizdarmsymptome aufspüren wollen. Geben Sie jedoch den Versuch einer ballaststoffreichen Ernährung nicht zu schnell auf. Wenn Ihr Körper allerdings über längere Zeit negativ darauf reagiert, sollten Sie Ihren Arzt konsultieren.

Erinnerungen an Kindergerichte

Nach einem gemütlichen Abendessen mit Bekannten saßen wir in einem netten Restaurant noch bei einer Tasse Kaffee beisammen. «Die haben hier phantastische Nachspeisen», meinte einer der Männer. «Aber ich würde alles geben für den Vanillepudding meiner Mutter. Sie machte ihn mir immer dann, wenn es mir nicht gut ging.»

Auch ich habe angenehme Erinnerungen an Vanillepudding. Montagabend war bei uns im CVJM immer Tanz für Teenager. Am gleichen Abend blieb auch das Warenhaus meines Vaters geöffnet, weshalb mein Vater und ich uns dann jedesmal in der Cafeteria des CVJM hinterher zum Abendessen verabredeten. Den appetitlichen Kuchen dort ignorierte ich immer. Ich aß statt dessen den mit braunem Karamelzucker überzogenen Vanillepudding, der in dunkelbraunen Steingutschüsselchen serviert wurde. Diese gemütlichen Mahlzeiten mit meinem Vater und der Vanillepudding sind mir auch heute noch eine liebe Erinnerung.

Wir unterhielten uns auch über andere Leckereien – Nachspeisen wie Eiskrem, Reispudding, Tapioka- und Brotpudding. Die Engländer nennen das «Kinderzimmergerichte», wahrscheinlich weil die Jüngsten damit vom Kindermädchen im Kinderzimmer gefüttert wurden oder weil das die ersten festen Speisen für Babys waren. Diese Gerichte sind einfach, weich und leicht zu essen, aber für den Geschmack von Erwachsenen wohl etwas zu fade. Trotzdem haben wir sie als angenehme Erinnerung gespeichert, und zwar im gleichen Gehirnabschnitt wie heißen Kakao mit Schlagsahne.

Vielleicht hat ein Glas warme Milch Sie früher einmal beruhigt wieder einschlafen lassen; inzwischen kann es jedoch Ihr schlimmster

Feind geworden sein. Einer meiner Freunde hat sich noch immer nicht von dem Abend erholt, als eine freundlich angebotene Tasse Kakao zu seinem schlimmsten Alptraum wurde.

Auch heute noch wird uns der Mund wäßrig, wenn wir in diesen behaglichen Erinnerungen schwelgen. Jahre war es her, seit irgendwer in unserem Kreis das letzte Mal von diesen einst so angenehmen Speisen gekostet hatte. «Wieso eigentlich?» fragten wir uns gegenseitig. Alle sechs, die wir hier um den Tisch herum saßen, hatten diese Lieblingsspeisen aus der Kindheit aufgegeben, weil wir sie nicht mehr vertrugen. Jetzt bekamen wir davon nämlich Magenkrämpfe, Blähungen oder Durchfall. Alle enthielten Milch und Zucker, Zutaten, die beim Reizdarmsyndrom und bei Milchzuckerunverträglichkeit häufig Symptome auslösen.

...genau wie die Mutter

Während ich meiner Tochter ein Rezept diktierte, sagte ich: «Da gehört eigentlich Muskat rein, aber ich verwende ihn nie.»

«Warum nicht?» fragte sie.

Über diese Frage mußte ich erst einmal nachdenken. Nicht nur, daß ich Muskat noch *nie* benutzt habe, ich hatte ihn auch noch nie *gekostet*. Und warum nicht? Weil meine Mutter ihn auch nie verwendet hatte.

In ähnlicher Weise haben viele von uns Vorlieben und Abneigungen gegen spezifische Nahrungsmittel, die wir von den Eltern übernommen haben. «Schweinefleisch ist mir zu fett. Ich vertrag's nicht.» «Von Zwiebeln kriege ich Blähungen.» «Ich esse kein Gemüse.» Und genau wie ich annahm, daß ich Muskat nicht mochte, nur weil meine Mutter ihn nicht mochte, verbannen viele Leute bestimmte Lebensmittel aus ihrer Ernährung, nur weil ihre Eltern sie mieden. Die Konditionierung kann sogar so weit gehen, daß sie auf Dinge, die sie nicht mögen, tatsächlich negativ reagieren – aber nur, weil sie früher einmal bei nahestehenden Menschen eine negative Reaktion beobachtet hatten.

Essen und Emotionen

Auf den Etiketten von Nahrungsmitteln sind zwar Salzgehalt oder Kalorienzahl aufgeführt, «Emotionen» sind jedoch ausgespart. Dennoch sind sie ein wichtiger Bestandteil unserer Mahlzeiten. Kein Zweifel, Lebensmittel *können* uns krank machen und Reizdarmsymptome auslösen – sogar, wenn wir sie nicht essen.

Als ich acht oder neun Jahre alt war, liebte meine Schwester rote Bete. Eines Abends aß sie noch mehr als sonst, und zwar viel mehr. Natürlich hatte sie danach Magenbeschwerden. Mir war rote Bete bis dahin gleichgültig gewesen; ich aß immer das, was auf meinen Teller kam, aber keinesfalls mehr. Seit jenem Abend habe ich sie jedoch nie wieder angerührt. Ihr Aussehen und Geruch lösen bei mir im Magen ein flaues Gefühl aus.

Auch Bananen rufen bei mir Empfindungen hervor, die körperliche Auswirkungen haben. Als ich noch ein Kind war – im Zweiten Weltkrieg –, hatte ich einmal schlimmen Durchfall (ein frühes Reizdarmsymptom?), der wochenlang anhielt. Da wegen des Krieges manche Lebensmittel knapp waren, gab es keine Bananen. Also kaufte meine Mutter Bananenpulver, das mit Wasser angerührt wurde. Obwohl ich mich eigentlich gar nicht richtig an damals erinnere, habe ich Bananen gegenüber immer noch eine starke Abneigung. Wenn ich sie nur rieche, wird mir schlecht, ich muß würgen und bekomme Bauchweh. Als meine Kinder noch Babys waren, bekamen sie Apfelmus, Aprikosen- und Pfirsichbrei, aber ich konnte mich einfach nie dazu überwinden, die Gläschen mit Bananenbrei zu kaufen.

Die meisten Menschen kennen solche intensiven Abneigungen gegen vereinzelte Nahrungsmittel nicht. Falls Sie aber auch dazugehören, hilft es nicht, diese Abscheu einfach wegzuwünschen und «albern» oder «eingebildet» zu nennen: Ihr Verdauungssystem läßt sich nicht rational korrigieren. Solche Gefühlsreaktionen sind stark und haben großen Einfluß auf Ihr gesamtes körperliches Wohlbefinden. Ein Arzt formulierte es so: «Die medizinischen Lehrbücher über unsere Anatomie sind alle verkehrt. Sie müßten eigentlich eine direkte Leitung zwischen Gehirn und Därmen zeigen.»

Reizdarmsymptome werden *nicht* durch Nahrungsmittel *verursacht*. Da sie jedoch häufig den Anstoß geben, müssen Sie herausfinden, welche Lebensmittel für Ihre Verdauung problematisch sind, und in Zukunft darauf verzichten.

6.
ANDERE AUSLÖSER

Emotionaler Stress und Ernährung sind zwar meistens verantwortlich für das Reizdarmsyndrom, aber es gibt auch noch andere Umstände, die in Erwägung gezogen werden müssen, bevor Sie mit Ihrer Detektivarbeit beginnen.

Medikamente und Drogen

Obwohl Medikamente den gleichen Weg nehmen wie Nahrungsmittel, bleiben sie oft unbeachtet, wenn Ärzte oder Patienten die Auslöser der unangenehmen Reizdarmsymptome aufzuspüren versuchen. Ärzte denken eventuell nicht daran, weil Patienten oft versäumen zu erwähnen, daß sie – von anderen Ärzten verschriebene oder auch rezeptfreie – Arzneimittel nehmen. Bei der Aufzählung werden auch häufig die nicht verschreibungspflichtigen weggelassen, weil sie, wie z. B. Aspirin, Antihistamine (gegen Allergien), Antazide (gegen Magensäure) oder Eisentabletten, sozusagen zu unserem Alltag gehören und wir einfach vergessen, daß es sich dabei um Medikamente handelt. Diese Mittel kommen jedoch oft als Auslöser oder Verstärker von Reizdarmsymptomen in Frage.

● Abführmittel (Laxative)
Die übermäßige Verwendung von Abführmitteln ist einer der häufigsten Auslöser von Reizdarmsymptomen. Es ist für Ärzte schwierig, ihren Einfluß abzuschätzen, da die Betroffenen den Einsatz dieser Mittel oft unterschätzen oder gar leugnen. Recherchen weisen darauf hin, daß etwa 24 Millionen Amerikaner sie ein- bis dreimal im Monat verwenden und 10,6 Millionen ein- bis mehrmals pro Woche. Manche Leute nehmen sie so regelmäßig, daß sie, wie das abendliche Zähneputzen oder das morgendliche Waschen des Gesichts, zur Alltagsroutine gehören. Es ist also nicht erstaunlich, wenn sie ihren Ärzten gegenüber versäumen, die Laxative zu erwähnen.

Oft hat der übermäßige Gebrauch Durchfall zur Folge. Schlimmer noch: Je mehr Sie sich an Abführmittel für regelmäßigen Stuhlgang gewöhnen, um so mehr brauchen Sie davon. Häufig muß die Dosis immer wieder erhöht werden, bis bald viel mehr als die vom Hersteller empfohlene Menge notwendig ist, um überhaupt eine Wirkung zu verspüren.

Laxative können auch andere unangenehme Nebenwirkungen haben. Dazu zählen starke Krämpfe, Brennen und Hautausschlag. Manchmal geraten auch die chemischen Abläufe im Körper durcheinander. Frauen, die unter Magersucht (Anorexia nervosa) und/oder Bulimie leiden, und junge Männer, die boxen, ringen oder andere Sportarten betreiben, bei denen sie ein bestimmtes Gewicht einhalten müssen, nehmen Abführmittel oft zur Gewichtsregulierung und können von diesen Medikamenten abhängig werden. Ihnen ist es selten möglich, diese Gewohnheit wieder aufzugeben.

Bei Langzeitbenutzern entwickelt sich oftmals ein «laxatives Colon». Dabei sind die Nervenzellen des Darms geschädigt, er verliert seine normale Form und reagiert nur noch auf künstliche Reize. Das führt zu Blähungen und Verstopfung, beides auch Reizdarmsymptome. Durch den Abbau des Abführmittelverbrauchs kann erreicht werden, daß der Darm seine normalen Funktionen wieder aufnimmt.

Wie Sie sehen, können Laxative genau die Probleme, die sie beheben sollen, verschlimmern! Dr. Schuster meint dazu: «Lebenslanger Mißbrauch von Laxativen kann zu Abhängigkeit führen und mit anhaltender und immer schlimmerer Verstopfung einhergehen, was auf zunehmende Gewöhnung an diese Medikamente zurückzuführen ist.»

Falls Sie bisher keine Abführmittel genommen haben, fangen Sie damit besser gar nicht an. Falls Sie sie jedoch verwenden, versuchen Sie, die Dosis zu verringern und durch natürliche Faserstoffe in Ihrer Ernährung zu ersetzen.

● **Antibiotika**

Antibiotika, die oft allzu schnell gegen bakterielle und Virusinfektionen eingesetzt werden, können ebenfalls mehr schaden als nutzen. Sie töten nämlich nicht nur Krankheitskeime ab, sondern können auch die «guten» Bakterien angreifen, die unsere Verdauungsorgane besiedeln. Das kann bei jedem zu Durchfall führen – auch bei gesundem Darm. Bei Reizdarmpatienten kann die Verdauungsstörung jedoch noch lange nach Abschluß der Einnahme von Antibiotika anhalten.

Bei einer Untersuchung in England berichteten viele Frauen, daß aus dem einen oder anderen Grund bei ihnen die Reizdarmsymptome das erste Mal nach einer Bauch- oder Unterleibsoperation oder auch nach einer Behandlung mit Antibiotika auftraten.[1]

● Arzneimittel gegen hohen Blutdruck

Medikamente gegen Bluthochdruck, wie z. B. Dociton®, können bei Reizdarmpatienten auch die sowieso schon abweichenden Muskelaktivitäten des Dickdarms beeinflussen. Das kann zu zusätzlichem Durchfall führen. Das heißt jedoch nicht, daß Sie Ihre Bluthochdruckmittel einfach absetzen sollen, sondern nur, daß Sie Ihren Arzt darüber informieren müssen, damit eventuell eine andere Arznei verschrieben wird, die den Darm nicht reizt.

● Nikotin

Bei Rauchern kann Nikotin den Dickdarm irritieren und durch seine abführende Wirkung Reizdarmsymptome verstärken. Aus diesem und anderen, allgemein bekannten Gründen sollten Sie alles in Ihrer Macht Stehende tun, um das Rauchen einzustellen.

Wo in Ihrer Nähe Kurse oder Seminare abgehalten werden, die Ihnen helfen können, von dieser selbstzerstörerischen Gewohnheit loszukommen, lassen Sie sich am besten von Ihrem Hausarzt oder der nächstgelegenen Selbsthilfegruppe bzw. Nichtraucherinitiative (Telefonbuch!) sagen. Z. T. veröffentlichen auch die Behörden bzw. Landesministerien für Gesundheit und Soziales Kontaktadressenlisten, über die man an entsprechende Veranstaltungen herankommt. Besonders in Rehabilitationskliniken für Herz- und Kreislauf- oder Atemwegserkrankungen bemüht man sich um die Raucherentwöhnung.

● Betäubungsmittel / Rauschgifte

Auch andere Mittel reizen die Därme; Heroin, Kodein und Morphium können Verstopfung bewirken. Wenn Sie wegen einer Erkältung oder Husten jemand anderen als Ihren Hausarzt oder Ihre Hausärztin aufsuchen, vergessen Sie nicht zu erwähnen, daß Sie unter dem Reizdarmsyndrom leiden. Es könnte sonst passieren, daß Sie ein Hustenmittel mit Kodein verschrieben bekommen.

● Harntreibende Medikamente (Diuretika)

Diuretika, auch Wassertabletten genannt, können ebenfalls Verstopfung zur Folge haben, weil sie dem Verdauungsbrei Flüssigkeit entziehen. «Leihen» Sie sich, wenn Sie abnehmen wollen, niemals die Wassertabletten von Bekannten. Das heißt, generell dürfen Sie die verschreibungspflichtigen Arzneimittel anderer *nicht* verwenden.

- **Alkohol**

Viele Menschen vergessen, daß Alkohol eine Droge ist. In manchen Fällen kann er Durchfall auslösen. Besonders Wein scheint bei vielen Menschen mit Reizkolon Schwierigkeiten zu verursachen, und zwar Rotwein häufiger als Weißwein. Bier führt manchmal zu Blähungen oder Völlegefühl.

Hormone

Die «Drogenfabrik» unseres Körpers – die Hormonproduktion – löst bei empfindlichen Menschen ebenfalls oft Reizdarmsymptome aus. Cholezystokinin (CCK) ist nur eins der vielen Hormone, die vom Körper für die Verdauung von Fett produziert werden. CCK bewirkt nicht nur das Sättigungsgefühl nach einer fettreichen Mahlzeit, sondern stimuliert auch den Dickdarm, wodurch der Speisebrei schneller durch die Verdauungsorgane befördert wird. Viele Ärzte glauben, daß bei Reizdarmpatienten der Transport durch das Hormon zu stark beschleunigt wird, weshalb die Betroffenen dann kurz nach dem Verzehr von fettreichen Gerichten (z. B. Schweinekotelett, Entenbraten, Käsekuchen usw.) Durchfall bekommen.

Auch das Hormon Progesteron wirkt sich auf die Darmaktivität (Motilität) aus und kann entsprechende Beschwerden hervorrufen. Häufig klagen Frauen über Verdauungsprobleme vor der Menstruation: «Ein paar Tage, bevor meine Periode anfängt, habe ich meist Verstopfung», erzählte eine Buchhalterin. «An den ersten zwei Tagen meiner Periode habe ich dann meist Durchfall. Das geht schon jahrelang so. Ich habe erst vor kurzem erfahren, daß es bei anderen Frauen auch so ist. Mein Frauenarzt hat mir nie etwas darüber gesagt – aber ich habe ihm ja auch nie gesagt, daß das bei mir so ist!»

Was ist bei mir der Auslöser?

Das ist die Frage, die Sie sich zuerst stellen müssen. Im nächsten Abschnitt über das Aufspüren der Auslöser erfahren Sie, wie Sie erkennen und dann aussortieren können, was in Ihrem Alltag belastend wirkt und Beschwerden hervorruft.

Denken Sie immer daran, daß das Reizdarmsyndrom chronisch und somit nicht heilbar ist. Wenn Sie allerdings herausfinden, was Ihren Dickdarm reizt, können Sie erreichen, daß sich einige der Symptome vermindern, und lernen, mit den verbleibenden besser umzugehen.

III.
AUFSPÜREN DER AUSLÖSER

7.
MITTEL UND WEGE
ZUM AUFSPÜREN
DER AUSLÖSER

Was jetzt?

Die einfachen Aufgaben haben wir jetzt hinter uns! Niemand weiß eigentlich wirklich, was die Ursache eines Reizdarmsyndroms ist oder was dagegen getan werden kann. Besonders schwierig ist es deshalb aufzuspüren, welches bei Ihnen die Auslöser sind. Da der Fall bei jedem anders liegt, hilft Ihnen eine ärztliche Liste mit «verbotenen Lebensmitteln» wie bei der Gewichtsabnahme oder zum Senken des Blutdrucks nicht. Sie brauchen eine ganz persönliche Aufstellung – die Sie sich selbst erarbeiten müssen, wenn Ihre Suche erfolgreich sein soll.

Das ist kein einfaches Unterfangen. Der Grund: Unser Erinnerungsvermögen arbeitet selektiv. Genau wie wir uns an das Durcheinander um uns herum gewöhnen, werden uns oft auch die Dinge (Erfahrungen, Gefühle, Nahrungsmittel, Anspannung usw.), die bei uns vielleicht Symptome herbeiführen, zur Selbstverständlichkeit.

Bevor Sie ein Zimmer umräumen und von unnötigem Krimskrams befreien, sollten Sie es erst fotografieren. Gegenstände, die Sie normalerweise gar nicht wahrnehmen oder ignorieren, springen Ihnen auf einem Foto ins Auge. Zeitungsausschnitte, ein überfälliges Bibliotheksbuch, ein Schienbeinschützer vom Football, eine Flasche Sonnenlotion, ein Schraubenzieher und ein kaputter Taschenrechner auf der Küchenablage werden auf einem Foto plötzlich sichtbar.

In gleicher Weise müssen Sie bei Ihrer Suche nach Auslösern die alltäglichsten Ereignisse und Aktivitäten so genau wie möglich aufschreiben. Das ist natürlich schwieriger, als einfach ein Foto zu machen, denn Sie müssen nicht nur vermerken, was und wann Sie essen, sondern auch, was dabei um Sie herum vor sich geht, wie Ihre Gefühlslage dabei ist oder welche Erinnerungen aus der Vergangenheit dabei aufsteigen. Ihr Darm ist kein isoliertes Organ; er ist Teil von Ihnen. Und alles, was auf Sie einwirkt, kann auch Ihren Darm beeinflussen.

Haben Sie Geduld. Leider bekommen Sie die Lösungen nicht gleich serviert. Es ist nicht wie beim Wiegen, wo Sie auf die Waage steigen und dann augenblicklich wissen, daß Sie zwei Pfund abgenommen haben, oder wie beim Blutdruckmessen, wo Sie den Blutdruck gleich ablesen können. Sie erhalten auch keinen Computerausdruck mit Zahlen, die sich in eine übersichtliche Liste mit Anweisungen übersetzen lassen wie: «Das dürfen Sie!» und «Das dürfen Sie nicht!» Da die meisten von uns schnelle Lösungen gewöhnt sind, ist das ein echtes Problem.

Sie werden Ihre Antworten langsam durch Ausprobieren finden müssen. Sie glauben vielleicht anfangs, etwas gefunden zu haben, was «schlecht» für Sie ist, und schwören, es nie im Leben wieder anzurühren – und wenn Sie es dann doch tun, entdecken Sie, daß Ihr Verdauungstrakt diesmal vorbildlich funktioniert und keine unangenehmen Wirkungen auftreten. Andererseits kann es passieren, daß Sie z. B. saure Gurken oder Popcorn ganz regelmäßig ohne Beschwerden essen und dann herausfinden, daß Sie bei großem Stress entsetzliche Bauchschmerzen und Durchfall davon bekommen.

Da auch noch niemand herausgefunden hat, wie Gefühle, Erschöpfung oder Stress fotografiert werden können, müssen Sie das Nächstbeste versuchen. Überlegen Sie sich also, ob Sie bei der Suche nach Auslösern nicht Sherlock Holmes spielen und Ihr Gedächtnis mit dem Tagebuch (Seite 74/75) unterstützen wollen.

Das Tagebuch

Natürlich gibt es verschiedene Methoden, Ihre Stimmungslage, Ihren Erschöpfungsgrad usw. aufzuzeichnen. Ich halte jedoch das Tagebuch für das praktischste und deshalb effektivste Mittel, denn es paßt in Ihre Hand- oder Jackentasche, ist schnell und einfach zu führen und kann so gegliedert werden, daß es Ihnen gleich einen Überblick darüber verschafft, was Ihnen unter welchen Umständen zu schaffen macht.

Aufzeichnungen über die Ernährung in einem Notizbuch werden oft lästig, und die meisten von uns müssen nach ein oder zwei Wochen Versäumtes «nachholen» und überlegen, ob wir die Pizza am Mittwoch oder Donnerstag gegessen haben oder ob wir einen Drink vor dem Abendessen hatten. Wir versuchen dann, noch schnell vor dem nächsten Arztbesuch alle Leerspalten auszufüllen. Kein Wunder also, daß viele Ärzte die Brauchbarkeit dieser Art von Eintragungen anzweifeln.

In solchen Aufzeichnungen über die Mahlzeiten sind auch oftmals die Empfindungen und der Erschöpfungszustand während des Essens nicht vermerkt. Das trägt jedoch zum Aufspüren der Auslöser von

Symptomen meist ganz wesentlich bei. Auch für eventuell genommene Medikamente, für frühere Erfahrungen, den Grad an Stress, dem Sie gerade ausgesetzt sind, und erlernte Reaktionen auf verschiedene Situationen ist meist kein Raum. Diese und andere Umstände spielen jedoch eine wichtige Rolle beim Reizdarmsyndrom.

In unserem Tagebuch sind hingegen eine Reihe von Faktoren berücksichtigt: Stimmungslage, Tageszeit, Nahrungsmittel, Zutaten von Speisen und Getränken, Symptome sowie eine Spalte für Ihre Vermutungen über die Auslöser. Bemühen Sie sich, die Eintragungen während der Mahlzeiten und immer, wenn Sie Symptome verspüren, zur Routine werden zu lassen. Ihre Angaben sollten so vollständig wie möglich sein und nicht nur die Tageszeit enthalten, sondern auch Ihre Stimmung, ob und was Sie gegessen haben sowie andere Punkte, die von Belang sein könnten – insbesondere starker Stress und außergewöhnliche Ereignisse (Arbeitsplatzwechsel, Eheprobleme, Besuche von Verwandten, Schwierigkeiten mit den Kindern, Geldprobleme). Verlassen Sie sich nicht auf Ihr Gedächtnis. Schreiben Sie leserlich. Bei Abkürzungen müssen Sie sich auch noch nach einer Woche daran erinnern, was sie bedeuten, sonst wissen Sie vielleicht nicht mehr genau, ob «EM» «extrem müde» oder «eilige Mahlzeit» hieß.

Sie wollen sich sicherlich nicht total der Innenschau widmen und jeden kleinsten Aspekt Ihres Lebens unter die Lupe nehmen; aber Sie sollten sich durchaus bewußt werden, in welcher Stimmungslage und Stressituation Sie sich befinden, bevor oder während Sie Schmerzen, Durchfall, Blähungen oder andere Symptome haben. Sie sind der einzige Mensch, der das feststellen kann. Ihre Ärztin oder Ihr Arzt ist dazu nicht in der Lage. Sie können jedoch zusammen mit Ihrem Arzt die Aufzeichnungen einiger Wochen überprüfen, um eventuell gewisse Regelmäßigkeiten vor Ausbruch Ihrer Symptome ausfindig zu machen.

Versäumen Sie nicht, verschreibungspflichtige Medikamente und andere Mittel (einschließlich Alkohol), die einen Einfluß haben könnten, zu vermerken. Auch Arzneimittel für die Augen müssen mit einbezogen werden, denn sie geraten über die Schleimhaut in den Körper. Achten Sie auch auf die Wirkung von rezeptfreien Medikamenten, insbesondere wenn sie regelmäßig eingenommen und deshalb leicht vergessen werden (z. B. Antazide oder Abführmittel).

Wenn Sie aufschreiben, was Sie gegessen haben, notieren Sie auch die Gewürze, denn sie können ein unverdächtiges Gericht (z. B. Spaghetti mit Butter und Parmesankäse) in einen potentiellen Auslöser (z. B. Spaghetti mit Paprika und Knoblauchsoße) verwandeln.

Auslöser _____ Symptome _____

Sport _____ Stress _____

Magen ☐ leer ☐ voll; mit: _____

Stimmung ☐ normal ☐ wütend ☐ müde

☐ frustriert ☐ gelangweilt ☐ nervös

☐ Sonstiges _____

Zeit 1 2 3 4 5 6 7 8 9 10 11 12 Uhr

13 14 15 16 17 18 19 20 21 22 23 24 Uhr

Der gestresste Darm: Elaine Fantle Shimberg

Auslöser _____ Symptome _____

Sport _____ Stress _____

Magen ☐ leer ☐ voll; mit: _____

Stimmung ☐ normal ☐ wütend ☐ müde

☐ frustriert ☐ gelangweilt ☐ nervös

☐ Sonstiges _____

Zeit 1 2 3 4 5 6 7 8 9 10 11 12 Uhr

13 14 15 16 17 18 19 20 21 22 23 24 Uhr

Der gestresste Darm: Elaine Fantle Shimberg

Abbildung C

Auslöser _Cäsarsalat_   Symptome _Durchfall_

Sport _____ — _____   Stress _Eile_

Magen ☑ leer   ☐ voll; mit: _____

Stimmung ☑ normal   ☐ wütend   ☐ müde

☐ frustriert   ☐ gelangweilt   ☐ nervös

☐ Sonstiges _____

Zeit 1 2 3 4 5 6 7 8 9 10 11 ⑫ Uhr
     13 14 15 16 17 18 19 20 21 22 23 24 Uhr

Der gestresste Darm: Elaine Fantle Shimberg

Auslöser _Flugzeug verpaßt_ Symptome _Krämpfe, Durchfall_

Sport _____   Stress _nervös_

Magen ☐ leer   ☑ voll; mit: _1 Glas Weißwein_

Stimmung ☐ normal   ☐ wütend   ☐ müde

☑ frustriert   ☐ gelangweilt   ☐ nervös

☐ Sonstiges _____

Zeit 1 2 3 4 5 6 7 8 9 10 11 12 Uhr
     13 14 15 16 17 18 19 20 21 ㉒ 23 24 Uhr

Der gestresste Darm: Elaine Fantle Shimberg

Da Reizdarmsymptome kommen und gehen, müssen Sie mindestens zwei oder drei Wochen lang Ihr Tagesjournal führen, um genügend Beispiele für problematische Situationen zu haben.

Breiten Sie dann Ihre Karteikarten auf einer großen Fläche wie dem Tisch oder dem Fußboden aus. Versuchen Sie, die Karten in Gruppen zusammenzufassen und Ähnlichkeiten zu finden. Wenn Sie bestimmte Muster erkennen – z. B. daß Sie häufiger Beschwerden haben, wenn Sie müde sind und erst spät gegessen haben oder nach geschäftlichen Zusammenkünften, bei denen auch Ihr Chef dabei war, oder wenn Sie ohne Frühstück ein ausgiebiges Mittagessen hatten –, dann sind Sie möglicherweise einigen kritischen Zusammenhängen bereits auf der Spur.

Achten Sie auch darauf, *wo* Ihre Probleme auftreten. Passiert es eher zu Hause? Eher im Büro? Oder bei Konferenzen? Eine Frau fand heraus, daß sie unter Übelkeit und Bauchschmerzen litt, sobald sie ein bestimmtes Restaurant betrat. Als sie sich eingestand, daß sie und ihr Exgatte dort früher gern zusammen gegessen hatten, wurde ihr klar, daß die Erinnerungen der eigentliche Auslöser waren.

Manche Menschen finden den Informationsaustausch mit anderen nützlich. Trotzdem ist es besser, wenn Sie Ihre Beschwerden nur mit Ihrem Hausarzt besprechen. Zum einen wird dadurch verhindert, daß Sie sich unbewußt mit anderen vergleichen (was bei Ihrer Freundin nur zu minimaler Irritation führen kann, ist bei Ihnen möglicherweise ein Hauptauslöser).

Zum andern sind nur Ärzte darauf trainiert, das Gesamtbild Ihrer Symptome sowie die Eigenheiten Ihres Körpers zu erfassen, um Ihnen dann bei der Interpretation Ihrer Aufzeichnungen zu helfen.

Ein dritter Grund, sich über die Beschwerden nur mit Ihrem Arzt zu unterhalten, ist der, daß Familie und Freunde – wie verständnisvoll auch immer – es sicher bald satt haben, sich immer wieder Geschichten über Ihre Krankheiten anzuhören. Es könnte dann nämlich passieren, daß die gleichen Ansprüche an Sie gestellt werden. Und ehrlich: Sie wollen sich doch wohl nicht die ganze Beschwerdenliste Ihres Gegenübers anhören, oder?

Viele Ärzte empfehlen, die Gedanken soviel wie möglich auf Situationen zu lenken, in denen es Ihnen gutgeht, statt zu versuchen, jedes Zwicken zu analysieren und gespannt abzuwarten, ob es vielleicht der Anfang von einem größeren Anfall ist.

Die Stimmungslage

Die meisten Wissenschaftler stimmen darin überein, daß Menschen mit einem Reizdarmsyndrom unter verstärkter Bewegungsaktivität (Motilität) des Dickdarms und/oder des Dünndarms leiden. Dr. Whitehead und Dr. Schuster sind jedoch der Auffassung, daß in unbelasteten Situationen (d. h., wenn die Patienten weder gegessen noch Medikamente genommen haben und auch in der Testsituation unter so wenig Stress wie möglich standen) Reizdarmbetroffene meist in etwa die gleiche Darmmotilität haben wie «normale» Testpersonen. Erst nach der Stimulation mit Drogen, Medikamenten, Hormonen oder Stress neigen Menschen mit Reizkolon zu intensiverer Aktivität der Darmmuskulatur. Offensichtlich spielen also Emotionen eine bedeutende Rolle, wenn es darum geht, die Auslöser einer Reizdarmreaktion aufzuspüren.

Psychologische Tests haben ergeben, daß Reizdarmpatienten wesentlich häufiger als andere körperliche Symptome in Nervosität umsetzen und feindselige Gefühle und Depressionen entwickeln.[1]

Das heißt allerdings nicht, daß das Reizdarmsyndrom «sich im Kopf abspielt». Es bedeutet nur, daß Sie wegen der Abweichungen in Ihrem Darm Nervosität, Ärger und Stress in höhere Darmmotilität umwandeln, wohingegen viele andere Menschen bei Stress eher Migräne oder einen erhöhten Blutdruck bekommen. Dr. Thompson sagt dazu: «Emotionen können in Individuen, deren Darm vom physiologischen Mittel abweicht, eine abnorme Reaktion auslösen.»[2]

Statt Zeit und Energie (und Emotionen) darauf zu verschwenden, sich als starker Mann (oder starke Frau) zu präsentieren und auf Streitgespräche darüber einzulassen, ob Nervosität Ihnen in die Därme fährt, versuchen Sie sich damit abzufinden, daß die meisten Ärzte und Psychologen von dieser Tatsache überzeugt sind. Und dann tun Sie sich etwas Gutes: Machen Sie sich auf die Suche nach den Gefühlsbelastungen, die bei Ihnen Beschwerden hervorrufen.

Ihre Stressfaktoren

Offensichtlich leiden nicht alle Menschen unter den gleichen Stressoren. Sie können sich also nicht die Stress-Liste Ihres Freundes ausleihen. Laute Musik verkrampft mir die Därme, während meine beste Freundin gerne «den Rhythmus der Musik spürt» und sagt, daß sie dabei besser schreiben kann. Ich hingegen sitze lieber in der höhlenähnlichen Zurückgezogenheit meines Büros und staune über die Unterschiede zwischen den einzelnen Menschen.

Solche individuellen Unterschiede sollten wir anerkennen und achten und deshalb auch akzeptieren, daß jeder eine eigene Frustrationsgrenze hat. Wir müssen auch uns selbst gegenüber aufrichtig sein und zugeben können, was uns stört. Manchmal wollen wir uns nicht eingestehen, daß Menschen – besonders wenn sie uns nahestehen oder wenn wir für sie sorgen – uns auf die Nerven gehen. Aber das kommt vor. Es kann gelegentlich sogar passieren, daß *wir* andere nerven.

● Menschen

Manchmal ärgern wir uns über andere; dieses Gefühl ist uns vielleicht peinlich oder macht uns so zu schaffen, daß wir es unterdrücken. Statt daß wir offen darüber reden oder daß es sich in Symptomen wie Migräne oder Nackenverspannungen äußert, führt es in unserem Fall zu Reizkolonsymptomen.

«Ich liebe den Umgang mit Menschen», sagte eine vierzigjährige Versicherungsvertreterin. «Ich hätte nicht diesen Beruf, wenn es anders wäre.» Dann zögerte sie eine Minute. «Ich mag Menschen; aber manchmal gehen sie mir wirklich auf die Nerven. Da saß ich neulich stundenlang mit jemandem zusammen, hörte ihm zu und versuchte, ein gutes Versicherungsangebot zusammenzustellen – und als ich dann ein großartiges Angebot machte, sagte der Kunde: ‹Nein danke, ich habe einen Neffen, der sich um meine Versicherungsangelegenheiten kümmert.› Da merkte ich richtig, wie sich mir der Magen zuschnürte.»

Dieses Phänomen ist immerhin so häufig, daß es Eingang in unsere Alltagssprache gefunden hat: «Der Kerl liegt mit schwer im Magen.» «Ihr Verhalten ist schwer zu verdauen.» «Bei seinem Anblick dreht sich mir der Magen um.» «Der Schreck fuhr mir in die Eingeweide!» sind einige Beispiele.

Viele von uns haben gelernt, einigermaßen mit Fremden und Geschäftsfreunden umzugehen; aber die Menschen, die uns nahestehen, können uns wirklich auf die Nerven gehen. Die neununddreißigjährige Paula entdeckte, daß hauptsächlich ihre Mutter Beschwerden bei ihr auslöste.

«Mein Mann und ich gehen Freitagabend fast immer zu meiner Mutter zum Sabbat-Dinner. Das ist schon seit Jahren so, es sei denn, es kommt etwas Besonderes dazwischen. Fast immer habe ich dann das ganze Wochenende Bauchweh und Durchfall. Ich dachte immer, es liegt am Wein oder an der Hühnersuppe. Als ich auf die Suppe verzichten wollte, machte meine Mutter so einen Zirkus, daß ich still war und sie aufaß. Dann hatte ich wieder das übliche Rumoren und dachte, jetzt geht's schon wieder los!

Dann fing ich an, mein Tagesjournal zu führen. Ich war vielleicht überrascht, was dabei heraus kam! Es lag gar nicht am Wein oder an der Suppe. *Jedesmal* wenn ich mit meiner Mutter aß – egal was, wann oder wo –, meldete sich mein Reizdarm! Dann fing ich damit an aufzuschreiben, wie ich mich fühlte. Ich entdeckte, daß ich immer Angst vor der Herumnörgelei meiner Mutter hatte. Entweder aß ich nicht genug, weshalb ich immer mehr bestellte, als ich eigentlich wollte, oder ich aß ihrer Ansicht nach zuviel, und sie beschwerte sich darüber.

Schließlich sagte ich ihr, daß ich inzwischen fast 40 bin und jetzt selbst bestimme, wieviel ich esse. Ob ich dick oder dünn sei, wäre meine Sache. Diese Unterhaltung hat mir etwas von meiner Anspannung genommen, wenn wir zusammen sind, aber wir haben immer mal wieder einen Rückfall.»

Manchmal werden die Symptome auch durch Menschen ausgelöst, mit denen wir aus gesellschaftlichen Anlässen zusammenkommen. Acht von den zwanzig für dieses Buch interviewten Frauen erzählten, daß sie häufig Beschwerden bekommen, wenn sie sich für ein gesellschaftliches Ereignis – eine Cocktailparty, ein Abendessen, ein Konzert oder eine geschäftliche Verabredung – fertig machen. Ob es jedoch die Umstände sind oder die Menschen, mit denen sie zusammentreffen, ist schwer zu beurteilen. Die Frauen schienen sich darüber auch nicht im klaren zu sein. Jede sagte, daß sie sich in der jeweiligen Umgebung wohl fühlte – oder glaubte das zumindest. Keine einzige kam sich in der Situation selbst oder von den anderen Anwesenden bedroht vor, aber jede mußte eingestehen, daß sie sich wegen Völlegefühl, Blähungen, Durchfall oder Bauchschmerzen ausgesprochen unwohl fühlte. Drei der Befragten berichteten sogar von so schlimmen Symptomen, daß sie an manchen Veranstaltungen gar nicht teilnehmen konnten.

Um herauszufinden, worauf Ihre Beschwerden bei gesellschaftlichen Anlässen zurückzuführen sind, sollten Sie im Tagesjournal vermerken, was Sie davon halten. Gehen Sie nur ungern? Sind Sie nervös, ob Sie einen guten Eindruck machen und sich richtig verhalten werden? Unsicher, ob Sie passend angezogen sind? Besorgt, ob Sie beim Plaudern den richtigen Ton treffen? Haben Sie schon einmal eine Veranstaltung wirklich durcheinander gebracht, vielleicht Wein übers Tischtuch geschüttet oder einen Kellner mit einem Tablett voller Horsd'œuvres angerempelt?

Knabbern Sie etwas, bevor Sie ausgehen? Eine Frau kam dem folgenden Symptomauslöser auf die Spur: Vor Partys trank sie immer ein Glas Milch, um ihren Magen auf alkoholische Getränke «vorzubereiten». Sie fand heraus, daß sie, genau wie 30 Prozent aller anderen Menschen mit einem Reizkolon, unter anderem auch keinen Milchzucker vertrug. Die Milch verursachte ihre Beschwerden. Ein paar Kräcker mit Käse hätten die gleichen Folgen gehabt.

● Der Ort

Auch ein bestimmter Ort kann Symptome auslösen, besonders wenn damit starke Gemütsbewegungen verbunden sind. Allein schon der Gang ins Büro, insbesondere wenn Sie sich Sorgen um Ihren Arbeitsplatz machen oder mit Ihrer Arbeit unzufrieden sind, kann Ihren Darm in übertriebene Aktivität versetzen. Das gleiche kann passieren, wenn Sie einen Krankenhausbesuch machen, zum Flughafen, wieder zur Schule oder auf die Universität gehen.

Notieren Sie im Tagesjournal nicht nur, was Sie wann gegessen haben und wie Ihre Stimmung dabei war, sondern auch, was Sie dabei empfanden, einen bestimmten Ort zu besuchen oder auch nur daran zu denken, ihn aufzusuchen. Versuchen Sie, Kindheitserlebnisse auszugraben, die diese Gefühle möglicherweise beeinflussen. Spüren Sie auch vagen Erinnerungsbruchstücken nach. Fragen Sie Geschwister, Eltern oder andere Verwandte und Freunde: Eventuell weiß einer von ihnen noch, wie traumatisch der Aufenthalt im Krankenhaus in Ihren ersten Lebensjahren für Sie war, den Sie jedoch aus Ihrem Gedächtnis verbannt haben; oder vielleicht können Verwandte auch helfen, die Erinnerung an Ihre Beschämung wieder aufzufrischen, weil Sie als Sechsjährige auf der Bühne das vorzutragende Klavierstück vergessen hatten.

Auch andere Orte können für Symptome verantwortlich sein. Der Lärm in einer Bar, plus Alkohol, verbunden mit der Nervosität darüber, ob Sie jemanden kennenlernen werden, kann die Cocktailstunde in einen Alptraum verwandeln. Kommt die Anspannung vom Geräuschpegel der Musik? Vom Stress? Vom Alkohol? Es könnte jeder einzelne dieser Faktoren, aber auch eine Kombination von allen dreien sein.

Die sechsundzwanzigjährige Sandi ist Spezialistin für Zeitstudien. Sie reist im ganzen Land umher, hält Vorträge und gibt Seminare über ihr Lieblingsthema. «Ich reise für mein Leben gern; meine Arbeit gefällt mir; ich halte unheimlich gern Vorträge», sagte sie. «Warum habe ich dann so fürchterliche Bauchschmerzen und Durchfall, bevor ich dran bin?»

Als sie mit ihren Aufzeichnungen anfing, entdeckte sie, daß sie eigentlich nur dann Symptome hatte, wenn sie Ganztagsseminare oder Vorträge am Abend hielt. Wenn die Veranstaltungen sich auf den Morgen beschränkten, war alles in Ordnung. Worin bestand der Unterschied? Es war ihre Ernährung. Sie trank nur nachmittags und abends Kaffee. Koffein ist bei vielen Menschen mit einem Reizdarm problematisch und wirkt – genau wie Nikotin – abführend. Außerdem war ihr Ermüdungsfaktor dann ein anderer. Bei Morgenveranstaltungen hatte sie vorher acht Stunden geschlafen. Ihre abendlichen Vorträge folgten jedoch auf einen achtstündigen Arbeitstag. Und wenn sie den ganzen Tag gearbeitet hatte, war sie verständlicherweise müde.

Sandi verzichtete danach vollkommen auf Kaffee, einschließlich anderer koffeinhaltiger Dinge wie Colagetränke und Schokolade, und nahm sich an Tagen mit Abendvorträgen vorher frei. Ganztagsseminare verkürzte sie, so daß sie sich zwischendurch hinlegen konnte. Zu ihrer Überraschung verschwanden ihre Beschwerden fast vollständig; sofern sie noch Schwierigkeiten hatte, waren sie viel milder als vorher.

● **Die Vergangenheit**

Dieser Stressfaktor ist viel mühsamer aufzuspüren, weil die meisten von uns in bezug auf die Vergangenheit unter Gedächtnislücken leiden. Entweder halten wir Ereignisse für viel schlimmer oder für viel angenehmer, als sie wirklich waren. Eine Frau erinnert sich beispielsweise gern an das Abendessen in ihrer Kindheit:

«Wir saßen alle zusammen um den großen Tisch und unterhielten uns über alles mögliche. Es war faszinierend», erzählte sie.

Ihre drei Jahre jüngere Schwester war ganz erstaunt über diese Beschreibung: «Ich saß am gleichen Tisch», berichtete sie. «Es war überhaupt nicht faszinierend. Vater beherrschte die ganze Unterhaltung, und es wurde von uns erwartet, daß wir ganz verzückt zuhörten. Wir durften nichts sagen, es sei denn, es war etwas von ‹allgemeinem Interesse›. Wieviel Themen von ‹allgemeinem Interesse› kann eine Neunjährige schon anbieten?» Seltsamerweise erinnerte sich die ältere Schwester überhaupt nicht daran, während die jüngere außer der genauen Tischordnung auch noch die Form jedes einzelnen Serviettenhalters im Gedächtnis behalten hatte.

Viele Menschen mit Reizdarmsyndrom finden, daß das Familienabendessen eine quälende Pflichtübung in angespannter Atmosphäre gewesen war. Missetaten wurden vor allen anderen bloßgelegt, unter die Lupe genommen und bestraft.

«Ich haßte das Abendessen», gestand ein Mann mit Reizkolon in der Pause von «The Dining Room», einem Drama von A. R. Gurney jr. (In dem Stück geht es um die Interaktionen zwischen verschiedenen Familien beim traditionellen Abendessen.) «Mein Bauch litt Qualen», berichtete er. «Ich war so nervös, daß ich nichts essen konnte; und je mehr ich mit meinem Essen herumspielte, um so mehr wurde ich ausgeschimpft. Auch wenn meine Eltern mich und meine Schwestern mal nicht anschrien, hatte ich doch immer Angst davor. Ich weiß nicht, was schlimmer war: das Schreien oder meine Angst, daß es gleich losging.»

Dr. Drossman zufolge ist das einer der Gründe, weshalb es so schwierig ist, die Auslöser des Reizdarmsyndroms aufzuspüren. Ein Großteil der Recherchen findet in Krankenhäusern und im Labor statt – frei von den alltäglichen emotionalen Belastungen. «Außerdem», so sagt er, «sind die Wirkungen eines *symbolischen* Reizes (Phantasie oder Angst) schwer zu messen. Sie können jedoch tiefe physiologische Auswirkungen haben, die auf frühe Erfahrungen oder kulturelle Erwartungshaltungen zurückzuführen sind (z. B. Verwünschungen oder eine Phobie).»[3]

● Die Persönlichkeit

Gibt es die typische «Reizdarm-Persönlichkeit»? Diese Frage wurde von den interviewten Ärzten und Psychologen ausnahmslos verneint. Es gibt allerdings Hinweise darauf, daß Menschen mit Reizkolon als Kinder mehr Aufmerksamkeit erhielten, wenn sie krank waren, und daß sie stärker krankheitsorientiert sind als andere. Aber was bedeutet «stärker»? Und wann ist «stärker» zuviel? Das ist schwer zu sagen.

Jeder Mensch reagiert anders auf Krankheiten, was auf viele Faktoren zurückzuführen ist. Dazu zählen das Beispiel der Eltern, die Persönlichkeit, die Erwartungen der Altersgenossen, die gesellschaftliche Toleranz, aber auch die jeweiligen Umstände. Ein Teenager z. B., der mit Kranksein die Aufmerksamkeit der Eltern gewinnt und das gleiche Verhalten in der Fußballmannschaft ausprobiert, merkt vielleicht, daß die Akzeptanz durch die Kameraden davon abhängt, ob er auch «etwas aushalten» kann. Dadurch wird er schnell gesund, zumindest seinen Teamkameraden gegenüber. Zu Hause kann er sich ja weiterhin verwöhnen lassen, wenn er das will.

Eine junge Frau, die am ersten Tag ihrer Menstruation nie in die Schule ging, schleppt sich vielleicht zur Arbeit, weil nur eine kleine Anzahl von Krankentagen bezahlt wird. Das soll allerdings nicht heißen, daß die oder der einzelne die intensive Reaktion auf Unwohlsein simuliert. Es handelt sich dabei selten um ein bewußtes Verhalten, sondern um einen Teil des emotionalen Pakets, das wir im Laufe der Zeit ansammeln und mit uns herumtragen. Die meisten von uns wissen gar nicht, warum wir auf eine bestimmte Weise reagieren.

Aus diesem Grund ist es so wichtig, scheinbar Eindeutiges genau zu untersuchen, wenn wir Reizdarmauslösern auf die Spur kommen wollen. In vielen Fällen suchen wir dabei nach etwas, was unser Unterbewußtsein gut vor uns verbirgt. Um allerdings mit diesem chronischen Leiden so normal wie möglich leben und mit den Symptomen umgehen zu können, müssen Sie die Spinnweben beiseite fegen und dunkle Ekken ausleuchten.

Untersuchungen von Dr. Drossman und Mitarbeitern weisen darauf hin, daß es keine ausgesprochene Reizdarm-Persönlichkeit gibt; dennoch neigen Patienten mit dieser Störung dazu, in Zeiten erhöhten Stresses über Schmerzen zu klagen, obwohl sie «gleichzeitig emotionale Belastungen gerne herunterspielen oder verleugnen».[4] Es ist schwierig für Ärzte zu verstehen, was Symptome hervorruft, und eine angemessene Behandlung vorzuschlagen, wenn Patienten ignorieren oder minimieren, was sich in ihrem Leben abspielt.

Machen Sie sich oft Sorgen um Ihre Gesundheit? Warum? Waren Ihre Eltern übermäßig um ihre eigene Gesundheit besorgt? Oder um Ihre? Gingen Ihre Eltern oft zum Arzt? Was dachten sie ganz allgemein über medizinische Betreuung?

Wie reagieren Sie auf negative Ereignisse in Ihrem Leben? Spielen Sie solche Dinge herunter? Verleugnen Sie sie? Versuchen Sie dann, etwas positiver darzustellen, als es wirklich ist? Fühlen Sie sich so frei zuzugeben, daß negative Vorkommnisse Sie aufregen? Wenn sie Ihnen unangenehm sind, warum wohl? Konnten Ihre Eltern eingestehen, wenn ihnen etwas Unangenehmes passierte?

Freuen Sie sich auf Familientreffen, oder fürchten Sie sich davor? Leiden Sie auf Reisen häufig unter Verstopfung? Oder unter Durchfall? Haben Sie eine Abneigung gegen «fremde Toiletten»? Warum? Auf welche Situation reagieren Sie mit Verdauungsstörungen?

Niemand existiert im luftleeren Raum. Wir können uns auch nicht vor der Welt und den Zwängen, die Körper und Geist jedes einzelnen Menschen beeinflussen, verschanzen. Psychische, soziale und biologische Einwirkungen sind untrennbar miteinander verbunden. Es gilt, sie zu erkennen und bloßzulegen, damit Ihre gesundheitlichen Probleme behandelt und unter Kontrolle gebracht werden können. Was wirkt bei *Ihnen* als Auslöser, und was können Sie dagegen tun?

IV.
BEHANDLUNG

8.
ANPASSUNG DER
LEBENSWEISE

Die folgenden Kapitel sind dem Umgang mit den Symptomen des Reizdarmsyndroms gewidmet. Denken Sie aber immer daran, daß wir Sie nur bei der Suche nach Linderung unterstützen, nicht aber Ihre Beschwerden ganz zum Verschwinden bringen können. Meine Absicht besteht also darin, Ihnen bei der Reduzierung des Unwohlseins und der lästigen Begleiterscheinungen Ihres Reizkolons behilflich zu sein. Sie können dann lernen, sich so wohl wie möglich zu fühlen, und Ihr Leben genießen.

Der Versuch, Ihre Lebensweise zu ändern, wird sicherlich von Erfolgen und Mißerfolgen begleitet sein. Zu Beginn könnten die Mißerfolge überwiegen, denn ein gewisser Lebensstil entwickelt sich über Jahre hinweg, Schritt für Schritt. Änderungen müssen deshalb auf die gleiche Weise angegangen werden: langsam, wohlüberlegt und mit Beharrlichkeit.

Es mag schwierig für Sie sein, überhaupt zu erkennen, wo neue Verhaltensweisen nötig sind. Die meisten von uns sind – ohne es zu merken – regelrecht stressüchtig geworden und bemerken deshalb oft gar nicht, was wir unserem Körper damit antun. Oder wir nehmen drastische Änderungen in Angriff, ohne uns wirklich die Zeit zu nehmen, zu ergründen, was in uns vorgeht.

Neulich ließ sich ein vielbeschäftigter leitender Angestellter, der unter Stress regelrecht aufblüht und scheinbar ohne große Anstrengung verschiedene Geschäfte gleichzeitig erledigt, darauf ein, eine Woche lang freizunehmen und mit Nichtstun am Strand zu verbringen.

«Es war die schlimmste Woche, die ich je erlebt habe», stöhnte er. «Meine Frau genoß die Ruhe. Sie las, strickte und machte Spaziergänge am Strand. Ich dagegen ging die Wände hoch. Ich war körperlich und geistig total ausgelaugt. Mein Reizdarm war schlimmer als je bei der Arbeit.»

Freizeitbeschäftigungen, die dem einen Spaß machen, gehen dem anderen auf die Nerven. Deshalb ist es so wichtig, sich die Zeit zu nehmen, um herauszufinden, was Ihnen guttut und was Sie unter Spannung setzt. Sie müssen wissen, wie beides sich anfühlt.

Erwarten Sie nicht, daß Ihnen alles über Nacht gelingt. Gehen Sie nicht zu hart mit sich ins Gericht, falls Sie in alte Gewohnheiten zurückfallen, die deshalb so hartnäckig sind, weil sie uns schon so lange begleiten. Und ehrlich gesagt, ob es nun gute oder schlechte Angewohnheiten sind, im Laufe der Zeit sind sie angenehme Lebensbegleiter geworden.

Fangen Sie klein an

Rennen kann nur, wer zuerst krabbeln und dann laufen gelernt hat. Setzen Sie sich kleine Ziele, und gönnen Sie sich eine Belohnung, wenn Sie eine Etappe erreicht haben. Es ist zwar schön, Erfolgsgeschichten mit andern zu teilen, aber denken Sie daran, daß alle Menschen verschieden sind. Was Ihren Freund dazu veranlaßt, Änderungen einzuführen, mag bei Ihnen zwecklos sein. Das ist wie bei einer Diät: Manche Menschen können sie am besten in einer Gruppe einhalten, die sich gegenseitig unterstützt, während andere besser allein an sich arbeiten. Am wichtigsten ist es, die Methode zu finden, die bei Ihnen funktioniert; das System selbst spielt dabei nur eine untergeordnete Rolle.

Da Reizdarmsymptome durch seelische und körperliche Belastungen ausgelöst werden, müssen Sie natürlich Wege finden, Stress abzubauen, damit er sich nicht so intensiv auf Sie auswirkt. In einigen der nachfolgenden Kapitel habe ich verschiedene Stressreduktionsmethoden im Detail beschrieben, die mir oder anderen halfen, mit stressigen und emotional geladenen Situationen umzugehen. Sie können sie übernehmen, wie sie sind, oder Ihrem Geschmack und eigenen Ideen anpassen. Sie sind lediglich als Anhaltspunkt gedacht, eine Anleitung, um Ihnen die Richtung zu weisen.

Feste Vorsätze

Der erste Schritt zur Änderung Ihrer Lebensweise muß ein fester Vorsatz sein. Was dem einzelnen letztendlich den Anstoß gibt, sich zu sagen: «Heute geht's los!», ist individuell verschieden. Eine Raucherin hatte plötzlich bemerkt, wie gelb ihre Finger geworden waren, und beschloß deshalb, das Rauchen aufzugeben. Einer Frau, die bisher erfolglos versucht hatte, ein paar Pfunde zu verlieren, gaben Fotos vom letzten Familientreffen den erneuten Impuls. Bei mir war es eine Schmerzattacke mit Krämpfen und Durchfall. Ich wußte, wodurch sie ausgelöst worden war: Ich hatte mich mal wieder gegen bestimmte Leute nicht durchgesetzt.

Sie selbst müssen den Beschluß fassen, Ihr Leben zu verändern. Lebensgefährten können einem das nicht abnehmen; auch nicht die beste Freundin oder dieses Buch. Der Wunsch muß von Ihnen kommen; nur dann ist es auch Ihr Erfolg.

Aufzeichnungen über Fortschritte

Aus irgendeinem Grund ist es ein Ansporn, sich Fortschritte (oder Versagen) sehr bildlich vorzustellen. Natürlich sollen Sie nicht so viel Zeit mit dem Entwerfen wunderschöner Tabellen verschwenden, daß Ihnen keine Zeit mehr für sportliche Aktivitäten bleibt; aber es wird Ihnen helfen durchzuhalten, wenn Sie hinterher z. B. Ihre Zeit und die zurückgelegte Strecke in ein Diagramm eintragen.

Sie können auch die Zeitdauer aufschreiben, die Sie mit Entspannungsübungen verbracht haben. Es auf Papier festzuhalten, macht die Sache «amtlich» und gibt eher den Anreiz, es am nächsten Tag wieder zu tun.

Aber achten Sie darauf, daß Sie von Ihren Diagrammen und Tabellen nicht so fasziniert sind, daß Sie neuen Stress aufbauen, weil Sie sich selbst übertreffen wollen. Falls Sie in Ihren Essens- und Arbeitsgewohnheiten zu «Suchtverhalten» und zur Perfektion neigen, müssen Sie sich davor hüten, diese Verhaltensmuster auf genau die Aktivitäten zu übertragen, die für Entspannung sorgen sollen.

Statt einer Tabelle können Sie auch folgendes ausprobieren: Legen Sie jeden Morgen Pfennige auf die Fensterbank oder Ihren Schreibtisch, und jedesmal, wenn Sie sich ein paar Minuten Zeit für Entspannungsübungen oder eine Pause nehmen, schieben Sie einen der Pfennige nach links. Oder Sie «kaufen» sich mit einem Fünfziger, den Sie in ein Glas oder in eine Schachtel stecken, jedesmal fünf Minuten Pause. Dann haben Sie bald ein Glas voller Fünfziger, mit denen Sie sich ein besonderes Entspannungsgeschenk leisten können.

Führen Sie ein Tagebuch. Wenn Sie nicht gerne schreiben, teilen Sie eine Seite in zwei Hälften. Links schreiben Sie: «Was ich für mich getan habe» und rechts: «Was ich dabei empfand.» Viele hetzen durch den Tag und erfüllen ihre Pflichten gegenüber anderen. Dann bemerken sie, daß für sie selbst gar keine Zeit übrig geblieben ist. Wenn Sie unter einem Reizdarmsyndrom leiden, ist es besonders wichtig, daß Sie sich wohl fühlen, denn wenn das nicht der Fall ist, wird's schmerzhaft.

Positives Denken

Im Abschnitt über die Behandlung werden Sie in diesem Buch viel von positiven Gedanken lesen, denn ich stimme mit Norman Vincent Peale, Norman Cousins und vielen anderen darin überein, daß sie wichtig sind und eine enorme Ausstrahlungskraft haben.

Es ist nicht schwer, deprimiert zu sein, wenn Sie unter den Begleiterscheinungen eines Reizdarmsyndroms, wie z.B. Bauchschmerzen und Unwohlsein, zu leiden haben. Leider werden auch positive Gedanken Sie nicht von Ihrem Reizkolon befreien. Aber Sie *können* damit erreichen, daß Sie sich besser fühlen, weil Sie sich nämlich auf die Zeit konzentrieren, in der es Ihnen gutgeht, anstatt darauf, wie schlecht es Ihnen jetzt gerade ergeht.

Norman Cousins beschreibt in seinem Buch «Der Arzt in uns selbst»*, wie er mit Hilfe seines Arztes die natürlichen Heilkräfte seines Körpers mobilisieren konnte, um eine gefährliche Krankheit zu besiegen. Er ist davon überzeugt, daß «der menschliche Geist Macht über den Körper gewinnen, sich Ziele setzen und irgendwie auch sein Potential erkennen und vorankommen kann»[1].

Als Kind haben Sie, wenn Sie Bauchweh hatten und sich nicht wohl fühlten, vielleicht gejammert und dann die besondere Aufmerksamkeit Ihrer Eltern erhalten. Das kann unbewußt Ihre Schmerzen verstärkt haben. Aber die Kindheit liegt jetzt hinter Ihnen, und Sie können die Vergangenheit nicht ändern. Woran Sie jedoch arbeiten können, ist die Gegenwart.

Es ist an der Zeit, alte Gewohnheiten endlich abzulegen. Jedesmal, wenn Sie merken, daß Unwohlsein Ihre Gedanken beherrscht, halten Sie inne und stellen Sie sich vor, daß es Ihnen gutgeht – nein, nicht nur gut, sondern großartig! Verschieben Sie es nicht um eine einzige Minute. Nehmen Sie sich vor, mit niemandem mehr außer mit Ihrem Arzt beim nächsten Arzttermin über Ihre Krankheit oder Ihre Beschwerden zu reden. Bitten Sie Ihre Familie, Freundinnen, Freunde und Verwandte, nicht mehr zu fragen, wie es Ihnen geht, obwohl Sie natürlich wissen und begrüßen, daß sie sich für Ihr Wohlbefinden interessieren.

Dr. Schuster empfiehlt, daß Sie, statt sich auf Ihre Leiden zu konzentrieren, daran denken und sich dafür belohnen sollten, daß Sie gesund sind. Jedesmal, wenn Sie sich dabei ertappen, über Ihre Symptome nachzudenken, lenken Sie Ihre Gedanken in eine andere Richtung und

* Reinbek bei Hamburg 1984

loben Sie sich dafür. Die Macht dazu liegt in Ihrer Hand. Sie können immer nur über eine Sache gleichzeitig reflektieren; wenn Sie sich also einen wunderschönen Frühlingstag vorstellen – oder eine verspielte Katze oder was immer ein Lächeln auf *Ihr* Gesicht zaubert –, können Sie nicht zur selben Zeit auch noch an Ihren schmerzenden Darm denken.

«Betrachten Sie Ihren Reizdarm wie ein körperliches Handicap, das Sie überwinden wollen», sagt Dr. Schuster. «Statt der Krankheit nachzugeben, machen Sie sich lieber Mut, Ihr Bestes zu leisten, genau wie bei einer Sehbehinderung, einem Hörproblem oder anderen körperlichen Behinderungen.»[2]

Prioritäten

Beim Verändern Ihrer Lebensweise müssen Sie stets Ihre Prioritäten im Auge behalten. Sich Änderungen vorzunehmen, nur weil es von medizinischer Seite empfohlen wird, funktioniert nicht, zumindest nicht auf Dauer. Zum einen fehlt Ihnen dann nämlich die nötige Motivation; zum andern könnte es – wenn Sie nicht vollen Herzens dahinterstehen – zu noch mehr Stress führen als zuvor, wodurch sich dann wieder die Symptome verschlimmern könnten.

Stress in einer bestimmten Situation läßt sich oft mindern. Mögliche Auswege sind: ausweichendes Verhalten, Änderung der Umstände oder auch ein Umprogrammieren der eigenen Reaktion darauf. Keine dieser Methoden ist einfach. Jede verlangt Disziplin und den Willen zum Durchhalten. Die Lösung in einer mißlichen Lage könnte so gravierend sein wie die Beendigung einer spannungsgeladenen Beziehung oder so geringfügig wie die Entscheidung, künftig für die Fahrt zur Arbeit die längere, aber schönere Strecke zu wählen. Manchmal ist auch geistlicher oder psychologischer Beistand vonnöten, um eine Strategie auszuarbeiten, die auch verwirklicht werden kann.

Wenn Sie Geistliche, Psychiater, Psychologen oder ähnliche Berufsangehörige um Rat bitten, erwarten Sie nicht, direkt gesagt zu bekommen, was Sie tun sollen. Es geht nämlich um Ihr Leben, und Sie müssen Ihre Entscheidungen selbst treffen. Aufgabe der professionellen Helfer ist es nur, Ihnen zuzuhören und Sie beim Ordnen Ihrer Gedanken zu unterstützen. Erwarten Sie auch keine sofortigen Antworten. Es braucht Zeit zu entdecken, was Sie überfordert.

Wenn Ihre Arbeit Ihnen Kummer macht und Sie es hassen, sich jeden Montagmorgen wieder auf den Weg zu machen, ist es möglicherweise an der Zeit, Ihre berufliche Laufbahn zu überdenken. Brauchen Sie wirklich all das Geld, das Sie verdienen, wo die Arbeit Ihnen doch offensichtlich Schmerzen verursacht? Ein Dreiundzwanzigjähriger schilderte mir genau diese Situation. Seine Arbeit lief ausgezeichnet; er hatte gerade einen beachtlichen Bonus und eine Gehaltserhöhung erhalten. Sein Chef war sehr mit ihm zufrieden.

«Aber ich vermisse die Menschen», klagte er. «Ich bin den ganzen Tag im Büro eingesperrt, schreibe Berichte oder mache Interviews per Telefon. Ich bin aber nicht dafür geschaffen.» Sein Verdauungssystem war wirklich nicht dafür geschaffen. Sein Darm reagierte auf den Druck mit Völlegefühl, Blähungen und Verstopfung – nicht gerade versteckte Hinweise.

Nachdem er drei Monate lang über seine Lage nachgedacht hatte, kam er wieder zu mir. «Ich habe meine Möglichkeiten abgewogen», sagte er. «Ich verdiene lieber weniger, wenn es mich und meinen Körper glücklicher macht. Das Leben ist zu kurz, um solche Unannehmlichkeiten einfach hinzunehmen.»

Er wechselte den Beruf und ist jetzt zufrieden, obwohl er Mühe hat, mit seinem Verdienst auszukommen. Auch das ist mit Strapazen verbunden, aber in diesem Fall macht es ihm nicht körperlich zu schaffen. Es muß die richtige Entscheidung gewesen sein, denn zur Zeit hat er keine Reizdarmsymptome. Das heißt allerdings nicht, daß er geheilt ist, denn es handelt sich ja um einen chronischen Befund. Aber dieser junge Mann veränderte sein Leben in einem wesentlichen Punkt und ist damit zufrieden. Er hat auch etwas Wichtiges dazugelernt: sich nicht passiv zu verhalten, sondern Veränderungen auf sich zu nehmen, wenn es notwendig ist.

Wir lernen nie aus

Die bedeutendste Veränderung in meinem Leben war, daß ich lernte, mich durchzusetzen und meine Zeit einzuteilen. Ich belegte einen Kurs in Selbstbehauptung und besuchte ein paar Seminare über Zeitmanagement an der hiesigen Universität. Das hatte einen tiefgreifenden Einfluß auf meinen Lebensstil und führte zur Besserung meiner Darmprobleme. Ich halte diese beiden Punkte – sich durchsetzen und die Zeit einteilen zu können – für so wichtig, daß ihnen das ganze nächste Kapitel, «Gesündere Verhaltensweisen», gewidmet ist.

Was ich in der Klasse über Selbstbehauptung und in den paar Vorträgen über Zeitmanagement hörte, war eigentlich nur die Bestätigung dessen, was ich im Unterbewußtsein bereits wußte. Allerdings hätte ich diese Informationen nie für so wichtig gehalten, als daß sie meine Lebensweise umkrempeln könnten. Heute weiß ich es besser: Sie sind so wertvoll, daß sie *mein Leben* verändert haben.

Ich habe nicht nur gelernt, was zu diesen Fähigkeiten dazugehört, sondern auch – und das ist noch wichtiger –, wie ich sie umsetzen kann. Zuerst geschah das ganz bewußt, aber bald wurden mir meine neuen Verhaltensweisen zur zweiten Natur. Sie haben mir geholfen, mein Leben unter Kontrolle zu bekommen und den Stress, der bei mir zu Schmerzattacken führte, abzubauen. Dieses Gefühl, die Übersicht zu behalten, ist äußerst wichtig, wenn Sie Belastungen in Ihrem Leben vermindern wollen. Ich bin gerne bereit, meine Erfahrungen im nächsten Kapitel mit Ihnen zu teilen.

9.
GESÜNDERE
VERHALTENSWEISEN

Nur wenige Mediziner bestreiten heute noch, daß das Reizdarmsyndrom auf körperliche Ursachen zurückzuführen ist, und zwar auf eine Abweichung im Nervensystem des Darmtrakts. Es herrscht Übereinstimmung darüber, daß Belastung durch Stress in diesem empfindlichen Bereich Krankheitsattacken mit schmerzhaften Symptomen verursachen kann, die sich als Durchfall und/oder Verstopfung, aber auch als Blähungen und Völlegefühl äußern. In neueren Studien haben Patienten mit Reizkolon häufiger Stressbelastungen vor einem Anfall erwähnt als andere Patienten oder Gesunde.[1]

Als Dr. Drossman und seine Mitarbeiter in North Carolina 566 Nicht-Patienten befragten, stellten sie fest, daß 15 Prozent unter Darmstörungen litten, die dem Bild des Reizdarmsyndroms entsprechen.[2] Trotzdem hatten 60 Prozent der Befragten niemals einen Arzt oder eine Ärztin wegen dieser Beschwerden aufgesucht.

Was veranlaßt einige Menschen dazu, ärztliche Hilfe in Anspruch zu nehmen, und andere nicht? Das Unwohlsein derer, die sich nicht zum Arztbesuch entschließen konnten, schien genauso groß zu sein wie das der anderen. Möglicherweise lag es daran, wie sie aufgewachsen sind: ob die Eltern (in der Regel die Mutter) mit ihnen zum Arzt oder der Ärztin gingen, wenn sie sich krank fühlten, oder ob «erst mal abgewartet» wurde. In bezug auf Krankheiten folgen die meisten von uns dem Beispiel der Eltern: Wenn Mutter oder Vater Unwohlsein ignorierten und Schmerzen herunterspielten, tun wir das höchstwahrscheinlich auch; falls sie aber so ziemlich jede Woche einen Arzttermin hatten und immer eine Beschwerdenliste mitnahmen, dann dürften auch wir dazu neigen, schon morgens beim Aufwachen unbewußt «Inventur» zu machen, um festzustellen, was uns denn heute fehlt.

Es hat auch viel mit den Gepflogenheiten in unserem Kulturkreis zu tun. In Indien, wo z. B. normalerweise Männer häufiger den Arzt bzw. die Ärztin aufsuchen, wird die Diagnose Reizdarm bei Männern doppelt so oft gestellt wie bei Frauen – also genau umgekehrt wie in den Vereinigten Staaten und Großbritannien.[3]

Ob wir medizinische Hilfe beanspruchen, mag auch damit zusammenhängen, wie wir mit Stress umgehen. Menschen, denen es schwerer fällt, Belastungen zu handhaben, sind vielleicht schmerzempfindlicher und gehen deshalb schneller in die Sprechstunde, damit es wieder besser wird.

Im folgenden stelle ich eine Auswahl von Methoden vor, mit denen wir Anspannung und durch Reizdarmsymptome verursachtes Unwohlsein abbauen können. In diesem Kapitel geht es jedoch zunächst nur um zwei Punkte: wie wir uns gegenüber anderen behaupten und wie wir mit unserer Zeit umgehen können. Wenn wir in diesen beiden Bereichen dazulernen, können wir negativen Stress vermindern, weil wir unser Leben besser in den Griff bekommen. Statt passiv auf Zeiteinteilungen und Termine zu reagieren, die uns von andern aufgedrängt werden, fassen wir dann unsere eigenen Beschlüsse. Wir gewinnen dadurch Selbstachtung und werden uns auch in anderen Angelegenheiten besser «respektieren».

Leider bietet ein Buch allein nicht genug Raum, um auf beide dieser äußerst wichtigen Punkte im Detail einzugehen. Aber ich werde Ihnen die Grundlagen von Durchsetzungsvermögen und Zeitmanagement vorstellen, um zu zeigen, wie sie sich bei Menschen mit Reizkolon positiv auf stressige Überforderungen auswirken.

Was ist Selbstbehauptung?

Manchen fällt es leicht, andere haben große Schwierigkeiten damit. Sich durchzusetzen heißt, die eigenen Interessen zu vertreten und damit zu verhindern, daß andere Menschen Ihnen ihre Bedürfnisse aufdrängen können. Es bedeutet, daß Sie Ihre Empfindungen offen und ehrlich zum Ausdruck bringen und die Verantwortung dafür übernehmen. Damit behaupten Sie Ihre Stellung als erwachsener Mensch, der in eigenen Angelegenheiten bewußt Entscheidungen trifft und es ablehnt, sich von anderen Schuldgefühle aufladen oder sich manipulieren zu lassen.

Warum ist das wichtig?

Es ist wichtig, sich durchsetzen zu können, weil wir uns dann wohler fühlen. Wenn wir nicht wissen, was wir wollen, oder es für uns behalten, bestimmen andere vielleicht über uns. Dann kommen wir uns ausgenutzt vor, sind frustriert und haben keine Kontrolle über unser Leben. Es setzt uns unter Stress. Wir tun vielleicht, was andere beschlossen haben, aber innerlich wehren wir uns dagegen. Und in diesem Kampf ist unser Körper nie der Gewinner. Interessanterweise gestand die Mehrheit der für dieses Buch interviewten Menschen mit Reizdarm, daß sie mit der Selbstbehauptung große Schwierigkeiten haben. Sie berichteten auch, daß die emotionale Belastung, die damit einhergeht, oft Symptome in ihrem empfindlichen Verdauungstrakt auslöste.

Wie können wir uns durchsetzen?

Wir werden mit einem natürlichen Durchsetzungsvermögen geboren. Wenn ein Baby hungrig ist, teilt es das seinen Eltern durch Schreien mit. Es zögert nicht und denkt: «Im Augenblick ist es für Mutti vielleicht nicht so günstig, mich zu füttern. Sie hat so viel zu tun.» Oder: «Ob Vati mich noch liebhat, wenn ich ihn durch mein Geschrei die ganze Nacht wach halte?»

Aber wenn wir älter werden, neigen viele von uns dazu (leider scheint es eher eine *weibliche* Eigenschaft zu sein), unsere Bedürfnisse zu unterdrücken, um zu gefallen und lieber keinen «Aufruhr» zu erregen. Deshalb behalten wir für uns, daß es uns eigentlich gar nicht paßt, bei der Reinigung vorbeizugehen, oder daß wir lieber nicht Nachbars Katzen füttern, wenn er in Urlaub fährt. Statt dessen verleugnen wir unsere eigenen Gefühle, lächeln und antworten: «Ja, gerne!» – und wundern uns hinterher, warum das wohlbekannte Rumoren in unseren Eingeweiden schon wieder losgeht. Nicht nur, daß wir uns dabei nicht wohl fühlen: Wir ärgern uns zusätzlich auch noch über uns selbst und richten diese Wut nach innen.

Der Unterschied zwischen Selbstbehauptung und Aggressivität

Sich durchzusetzen bedeutet nicht, aggressiv zu sein oder den Boß spielen zu wollen. Es heißt nur, offen und ehrlich zum Ausdruck zu bringen, wie *wir* über etwas denken und empfinden. Es handelt sich dabei um *unsere* Gefühle, auf die wir Anspruch haben. Und genauso ist es unser Recht, sie anderen mitzuteilen – nicht etwa, weil wir sie ihnen aufdrängen wollen, sondern damit die anderen wissen, was wir von einer Sache halten. Sie müssen es dann nicht erraten.

Aggressivität hingegen bedeutet zwar auch, Gefühle auszudrücken, aber sie sind in diesem Fall oft mit Sarkasmus, Feindseligkeit oder Verachtung gekoppelt. Aggressive Menschen versuchen oft, anderen Schuldgefühle aufzuladen und ihnen ihre Ideen, Wünsche oder Meinungen aufzuzwingen. Der Unterschied wird bei folgenden Äußerungen deutlich: «Warum soll ich zu der blöden Party gehen, um all diese langweiligen Leute zu treffen?» (aggressiv) und: «Nein danke, ich möchte nicht hingehen.» (sich behaupten)

Es klingt so einfach, aber für viele Menschen ist Selbstbehauptung eine schwierige Aufgabe. Wir wollen andere nicht verärgern, wenn sie ein Anliegen an uns haben und erwarten, daß wir darauf eingehen. Wir glauben, daß sie uns nicht mehr mögen, wenn wir etwas ablehnen. Deshalb sagen wir ja und finden uns in einem Komitee wieder, das uns nicht interessiert, oder wir müssen Ausreden erfinden:

«Ich wäre gern bei eurem Komitee mit dabei, aber ich bin zu der Zeit nicht zu Hause», lügen wir dann.

«Das macht nichts», antwortet unser Freund, «denn du kannst ja zu Hause vorarbeiten.»

Verzweifelt geht's dann weiter: «Ich würde schon gern mitmachen, aber wir lassen gerade das Haus von innen streichen. Wir können uns also gar nicht bei mir treffen.»

«Das ist nicht schlimm», erwidert unser Freund daraufhin. «Wir können uns ja bei mir treffen.»

Und so weiter. Unser Freund drängt, und wir erfinden Ausreden, bis wir schließlich nachgeben und zusagen. Wieviel einfacher wäre es gewesen zu antworten: «Nein, ist aber trotzdem nett, daß du an mich gedacht hast.» Sie brauchen gar keine Ausreden. Sie müssen sich nur behaupten und das einfache Wörtchen «nein» über die Lippen bringen.

Sich durchzusetzen will geübt sein

Ich will damit nicht sagen, daß es einfach ist, sich zu behaupten. Im Gegenteil: Es kann wirklich unheimlich schwer sein. Ich weiß das aus eigener Erfahrung. Jahrelang habe ich in dieser Hinsicht versagt.

Bis auf ein sechs Monate dauerndes Experiment hatte ich mein Büro immer zu Hause. Als meine fünf Kinder noch klein waren, war es praktisch, zum Arbeiten einfach in mein Büro zu gehen und trotzdem da zu sein, wenn sie mich brauchten. Das Problem dabei: Alle anderen wußten auch, daß ich zu Hause war, und glaubten deshalb, daß ich nicht «wirklich» arbeitete. Das erschwerte meine Lage noch, denn die meisten Leute nahmen sowieso an, daß es nicht weiter schlimm sei, mich zu unterbrechen; ich «schrieb ja nur».

Oft hörten meine Bekannten mir zu, wie ich über den Abgabetermin für einen Artikel am folgenden Freitag und die in der gleichen Woche eintreffenden Hausgäste jammerte, nickten verständnisvoll – und fragten mich dann, ob es mir etwas ausmache, auf ihre Kinder aufzupassen, da ich ja sowieso zu Hause sei, oder ob ich ihnen helfen könne, einen Artikel für die Klubzeitung zu schreiben.

Heute weiß ich, daß ich verärgert war – innerlich. Aber ich hätte niemals gewagt, meine Gefühle zu zeigen. Es waren ja meine Freunde und Freundinnen. Ihnen gegenüber konnte ich doch nicht nein sagen. Wozu sind Freundschaften schließlich da! Also fuhr ich die Kinder außer der Reihe hierhin und dorthin, überarbeitete Ansprachen und Zeitungsartikel und ging sogar einmal zu einer Modenschau (obwohl ich lieber die Fenster geputzt hätte!), und das alles, weil ich die Gefühle anderer nicht verletzen wollte.

Meine Prioritäten kamen immer erst an letzter Stelle. Ich war mir nicht mal sicher, ob ich überhaupt *eigene* Prioritäten hatte. Aber da ich sie selbst nicht sehr hoch einschätzte, taten die andern das natürlich auch nicht.

Ich war angespannt, wütend und frustriert, weil niemand mein Schreiben ernst zu nehmen schien. Ich ärgerte mich auch über mich selbst, weil ich mich so herumschubsen ließ. Noch lange nach solchen Zwischenfällen spielte ich die Dialoge in Gedanken immer wieder durch und überlegte mir, was ich hätte sagen sollen. Es tat weh – körperlich weh –, denn mein Darm sperrte sich. Damals waren meine Beschwerden am schlimmsten. Ich wußte nicht, was mir eigentlich fehlte, und verstand obendrein nicht, was ich mir mit meinem Mangel an Durchsetzungsvermögen antat.

Zum Glück unternahm ich zu diesem Zeitpunkt etwas. Es waren drei Dinge, die mein Selbstvertrauen, aber auch meine körperlich-seelische Gesundheit stärkten.

Erstens ging ich zu meiner Ärztin, die nach sorgfältigen Untersuchungen meine physischen Probleme als Reizdarm diagnostizierte.

Zweitens belegte ich einen Kurs über Selbstbehauptung an unserer Universität. Diese sechs Unterrichtswochen waren sicher die wertvollsten Wochen in meinem ganzen Leben. Ich lernte, wie ich mich in Worten ausdrücken und für mich selbst einsetzen kann, gewann Durchsetzungsvermögen und war stolz darauf. Wie viele andere, die sich nicht so recht behaupten können, hatte auch ich Angst davor, aggressiv zu werden. Das war allerdings nicht der Fall. Davon bin ich immer noch weit entfernt.

Viele Abendschulen, Universitäten, Kirchen, Synagogen, Frauentreffpunkte und Krankenhäuser bieten Kurse in Selbstbehauptung an. Ich kann sie nur wärmstens empfehlen. Falls es in Ihrer Nachbarschaft keine gibt, finden Sie unter den Literaturhinweisen ein paar ausgezeichnete Bücher, die Sie kaufen oder ausleihen können. Sie sollen sie aber nicht nur lesen, sondern die Empfehlungen auch umsetzen.

Der dritte Schritt meines «Erwachens» war, daß ich regelmäßig zu einem Psychologen ging. Dort lernte ich, die Frustration über meinen Mangel an Durchsetzungsfähigkeit zum Ausdruck zu bringen. Es gab endlose Gespräche und oft flossen Tränen. Der Psychologe hörte meist nur zu und nickte. Aber einmal sagte er etwas, das sich mir einprägte. Ich wurde dadurch viel sensibler gegenüber dem, was ich in der Selbstbehauptungsklasse hörte. Ich möchte Ihnen diese Informationen nicht vorenthalten.

Ich erinnere mich nicht mehr genau, wovon ich sprach, aber es hatte mit meinem Eindruck zu tun, daß ich mein Leben nicht selbst bestimmte – als ob ich immer nur reagierte und alles für andere tat, aber nichts für mich selbst. «Ich komme mir vor wie ein Selbstbedienungsladen», jammerte ich, «immer bereit und rund um die Uhr geöffnet.»

«Würden die anderen für Sie sterben?» fragte er ruhig.

Obwohl es schon Jahre her ist, erinnere ich mich noch genau, wie sehr mich diese Frage verblüffte. «Für mich sterben?» Was meinte er nur? «Natürlich nicht», antwortete ich.

«Dann sagen Sie mir, warum Sie zulassen, daß andere Ihr Leben leben?»

Ich saß für den Rest der fünfzig Minuten nur da und dachte über diese Frage nach. Ich hatte verstanden. Dadurch veränderte sich mein Leben. Nur ich *selbst* konnte mein Leben leben, und um das zu tun, mußte ich es selbst in die Hand nehmen, selbst lenken. Ich durfte mich nicht länger damit zufriedengeben, mich zurückzulehnen, andere meine Gutmütigkeit ausnutzen und mir wertvolle Zeit stehlen zu lassen. Ich allein mußte entscheiden, wieviel von mir und meiner Zeit ich mit anderen teilen wollte.

Das bedeutete natürlich auch, daß ich jetzt Risiken in Kauf nehmen und Vorwürfe einstecken mußte, wenn etwas schiefging. Ich konnte nicht mehr sagen: «Ich bin heute nicht zum Arbeiten gekommen. Ich mußte Martha helfen.» Der wichtigste Unterschied war, daß es *meine* Entscheidung war, wenn ich nicht arbeitete, denn niemand hielt mir die Pistole vor die Brust, um mich davon abzuhalten, mich an den Computer zu setzen. Wenn ich jemandem meine Hilfe anbot oder mich zu etwas überreden ließ, dann war ich auch dafür verantwortlich, die Sache zu erledigen.

Es funktionierte. Ich fühlte mich nicht mehr unter Druck, meine Zeit so zu verbringen, wie es andern recht war. Ich tat, was ich tun wollte, und die Entscheidung darüber selbst zu treffen tat mir wohl.

Natürlich erledigen wir alle gewisse Pflichten, die uns eigentlich keinen Spaß machen. Wir müssen an Konferenzen teilnehmen oder Aufgaben für das Gemeinwohl übernehmen, obwohl wir viel lieber zu Hause bleiben und ein gutes Buch lesen würden; oder wir schauen uns eine Sport- oder andere Fernsehsendung an, nur weil unsere Lieben das gerne gemeinsam mit uns sehen möchten.

Aber wenn Sie sich behaupten, können Sie an Aufgaben mitarbeiten und sich für Organisationen einsetzen, die nicht Ihre Freundin, sondern die *Sie sich selbst* ausgesucht haben. Dann können Sie ohne Herzklopfen sagen: «Nein, ich möchte keinen Artikel für die Zeitung schreiben, aber ich helfe gerne bei der Dekoration.» Selbst wenn Sie jetzt den Partner oder die Freundin zu Veranstaltungen begleiten, die Sie albern oder langweilig finden, können Sie sich trotzdem freuen, dabei zu sein, denn Sie haben sich selbst dazu entschlossen.

Auch Weglaufen kann Selbstbehauptung sein

Sich durchzusetzen bedeutet jedoch nicht nur, offen sagen zu können, was Sie wollen, sondern auch, es *ablehnen* zu können, bestimmte Dinge zu tun. Manchmal ist es einfach besser wegzulaufen, statt sich herumzustreiten.

Vor kurzem hatte ich z. B. einen Kampf mit der Firma vom Kabelfernsehen. Drei Wochen lang hatten wir keinen Empfang. Obwohl vier verschiedene Leute zur Reparatur geschickt wurden, konnte keiner den Schaden beheben. Jeder einzelne versicherte mir jedoch, daß die Tage, an denen wir das Kabelprogramm nicht empfangen konnten, von der Rechnung abgezogen würden. Die folgende Abrechnung war dann aber genauso hoch wie immer. Dann endlich hatte ein fünfter Handwerker den Schaden entdeckt: Unser Rasenmäher hatte das Kabel durchtrennt.

Ich bin mir sicher, daß Sie alle schon einmal ähnliche Probleme hatten. Nach vier Anrufen hatte ich endlich den zuständigen Mann am Apparat. Er sagte, er würde die Angelegenheit überprüfen und zurückrufen. Nach vier weiteren Anrufen erklärte er mir, er habe herausgefunden, was schiefgelaufen war. Er versprach, die 36 Dollar von der nächsten Rechnung abzuziehen.

Mein Verdauungstrakt, der sich gemeinsam mit mir beschwert hatte, beruhigte sich schließlich – bis zur nächsten Abrechnung. Nur 18 Dollar waren gutgeschrieben worden. Ich war vielleicht wütend! Ich fühlte mich gestresst und hatte Schmerzen. Dann erinnerte ich mich daran, daß Selbstbehauptung mir die Kontrolle über meine Entscheidungen erlaubt. Ob nun richtig oder falsch, die 18 Dollar waren es mir nicht wert, mich weiterhin herumzustreiten. Mein Wohlbefinden schätze ich viel höher ein. Härtere Naturen hätten eventuell weitergekämpft, aber für mich war das im Moment nicht so wichtig. Aber: *Ich* habe diese Entscheidung getroffen. Ich hatte die Übersicht über meine Lage.

Durchsetzungsvermögen und Reizdarmsyndrom

Der Wille zur Selbstbehauptung gibt Ihnen mehr Kontrolle über Ihr Leben. Sie kommen sich nicht so passiv vor, auch wenn die Dinge nicht ganz so laufen, wie Sie das gerne hätten. Aber wenn Sie Ihre Meinung geäußert haben, können Sie sich doch wenigstens dem Gefühl hingeben, Ihren Standpunkt verdeutlicht zu haben. Sie haben sich Gehör verschafft, Sie zählen. Ihr Selbstbewußtsein wird steigen, und die Anspannung, die mit dem Ausgenutztwerden einhergeht, wird weniger. Wenn Ihre nervliche Belastung dann abnimmt, können Sie sich besser entspannen, und Ihre Verdauungsorgane müßten sich dann ebenfalls beruhigen.

Das heißt natürlich nicht, daß Sie nie wieder unter Reizdarmsymptomen leiden werden. Es handelt sich ja um ein chronisches Gesundheitsproblem, das von Zeit zu Zeit wieder auflebt. Aber die Beschwerden sollten langsam weniger und – so ist zu hoffen – auch schwächer werden.

Zeitmanagement mindert Stress

Kennen Sie das weiße Kaninchen aus «Alice im Wunderland»? Das Ärmste kam immer zu spät. Kein Wunder also, daß es so erschöpft war. Die meisten von uns reagieren auf Termine mit Anspannung, vielleicht weil es in der menschlichen Natur liegt, alles bis zuletzt aufzuschieben. Denken Sie einmal zurück an die Schule oder an Ihre Ausbildung und all die Arbeiten, die da zu schreiben waren. Unabhängig davon, wie früh Professorinnen oder Professoren sie ankündigten, irgendwie schien der Termin immer meilenweit entfernt zu liegen – etwa so weit weg, wie für Teenager die mittleren Lebensjahre. Dann war er ganz plötzlich da. Die ganze Nacht brannte das Licht, und unsere Finger schmerzten schon vom Tippen, weil sie immer wieder zwischen die

Tasten rutschten. Die Verspannung wuchs, und Migräne, Rücken- und Bauchschmerzen hatten Hochsaison.

Viele von uns müssen mit Terminen leben. Manchmal setzen wir sie uns sogar selbst. Jedenfalls sind sie immer mit Stress verbunden. Zeiteinteilung ist keine Schulweisheit, sondern eine Fähigkeit, die jedem hilft zu überleben. Menschen mit einem Reizdarm profitieren davon in besonderem Maße. Ziel dabei ist nicht, Zeitmanagement zur Manie werden zu lassen und jeden Augenblick voll zu verplanen. Das würde nämlich nur *zusätzlichen* Druck schaffen. Es kommt darauf an, die eigenen Angelegenheiten selbst zu planen. Wir lernen dadurch, den Überblick über unseren Tagesablauf zu behalten und Prioritäten zu setzen.

Jedem Menschen steht pro Woche die gleiche Zeit zur Verfügung: 168 Stunden. Wir können durch bewußte Entscheidungen über diese Zeit bestimmen. Den Stellenwert gewisser Aufgaben und den entsprechenden Zeitaufwand für ihre Erledigung festzulegen gibt uns Kontrolle über unser Leben, wodurch unsere Anspannung abnimmt. Inzwischen wissen wir ja alle, wie negativ die Auswirkungen von Stress sind.

Als ich beschloß, hauptberuflich zu schreiben, hatte ich fünf Kinder unter neun Jahren. Ich fragte mich, wie ich jemals die Zeit dazu *finden* könnte. Gefunden habe ich sie nie. Aber ich nahm sie mir. Ich nahm die Zeit, die ich vorher anderweitig verbracht hatte, und widmete sie dem Schreiben. Es bedeutete, daß ich meine Prioritäten unter die Lupe nehmen und ändern mußte; es bedeutete, daß ich einiges von dem, was ich früher getan hatte, streichen mußte; es bedeutet heute, daß ich meiner Familie meine Absichten mitteilen muß und nicht erwarten kann, daß sie meine Gedanken lesen. In einigen Fällen waren meine Mitmenschen sogar gekränkt, weil ich nicht mehr gewillt oder imstande war, auf Abruf bereitzustehen.

Notizen helfen

Listen aufzustellen – wenn Sie nicht gerade Zeit darauf verschwenden, sie abzuschreiben, nur damit sie ordentlicher aussehen – spart Zeit und mindert die Mühe, sich immer an alles erinnern zu müssen. Albert Einstein sagte einmal, daß *er* sein Gedächtnis nie mit Unwichtigem belaste; also warum sollten Sie das tun? Listen helfen außerdem dabei, Verantwortung auf alle Familienmitglieder zu verteilen. Wenn Sie z. B. eine Einkaufsliste am Kühlschrank hängen haben, wird bald jeder gemerkt haben, daß Dinge, die nicht aufgeschrieben sind, auch nicht gekauft werden.

Immer einen Terminkalender dabeizuhaben kann ebenfalls Zeit ersparen, denn Sie wissen genau, wo Sie wann sein sollen. Wenn Sie Ihren Terminplan vor sich liegen haben, vermeiden Sie sicher, zu viele Verabredungen zu dicht hintereinander zu treffen. Freuen Sie sich an den Leerzeilen zwischen einzelnen Terminen. Kalkulieren Sie genügend Zeit ein für Verkehrsstaus und unerwartete Anrufe.

Die Art des Terminkalenders ist Geschmackssache. Ich verbrachte einen halben Tag in einem Schreibwarengeschäft, um genau den richtigen Kalender für mich zu finden. Schließlich nahm ich dann zwei. Bei uns gibt es einmal «DAS BUCH», das die Übersicht über eine ganze Woche erlaubt; früher hatte ich einen Monatskalender, aber ich war immer ganz überwältigt, wenn ich mich jeden Morgen mit so vielen Terminen auf einmal konfrontiert sah.

Jedes unserer sieben Familienmitglieder trägt in »dem Buch« sein Kommen und Gehen ein. Was nicht drinsteht, findet auch nicht statt. Außerdem sind darin Geburtstage vermerkt (mit Altersangabe, damit ich die «wichtigen» nicht versäume), Geschäftsreisen, Ferien, gesellschaftliche Verpflichtungen, sportliche Ereignisse, Arzttermine (schreiben Sie den Namen des Kindes daneben, damit Sie nicht – wie mir das einmal passierte – mit dem falschen hingehen) und meine eigenen Termine.

In meiner Handtasche trage ich außerdem einen kleinen Kalender mit mir herum, in dem zusätzliche Adressen und Telefonnummern verzeichnet sind. Falls Sie, wie ich, zwei Terminkalender haben, ist es wichtig, sie jeden Morgen aufeinander abzustimmen, damit beide vollständig sind. Einen Kalender immer griffbereit zu haben verschafft Ihnen einen psychologischen Vorteil gegenüber anderen, die meist keinen mit sich führen; es hilft außerdem bei der Vereinbarung von neuen Terminen.

Überholte Prioritäten

Genau wie unser Körper unterliegen auch unsere Prioritäten ständig Veränderungen. Manche Menschen tun jedoch, als seien sie in Zement gegossen. Sie setzen sich selbst unnötig unter Druck, weil sie versuchen, ihr Leben in ein altes Schema zu pressen, dem sie längst entwachsen sind. Das ist, als ob Sie Ihren Fuß mit Größe 40 in einen Schuh der Größe 38 zwingen wollen. Es kann Ihnen zwar gelingen – aber es wird sehr weh tun.

Ein Mann klagte mir gegenüber darüber, daß er sich von seiner Frau stets gedrängt fühlte: Sie bestehe nämlich darauf, daß er sich sofort nach der Arbeit zum Abendessen hinsetze.

«Haben Sie mit ihr darüber gesprochen?» fragte ich.

«Nein», erwiderte er. «Das sollte sie doch wissen.»

Viele Menschen sind der Auffassung, daß unsere Lieben, die uns ja kennen, auch wissen sollten, was wir von bestimmten Dingen halten. Ich kann allerdings nicht sehr gut Gedanken lesen. Und Sie?

Ich schlug ihm vor, sich über seine Ansichten hinsichtlich des Abendessens mit seiner Frau zu unterhalten. Um es gelinde auszudrücken: Sie war perplex.

«Aber du wolltest doch *immer* das Abendessen sofort serviert haben», erwiderte sie. «Du warst jedesmal verärgert, wenn es noch nicht fertig war.»

Er schaute sie erstaunt an. «Aber das war doch vor zehn Jahren, als ich in die Abendschule ging. Da mußte ich gleich essen, weil ich sonst zu spät gekommen wäre.»

Seltsam? Schon, aber die Geschichte ist wahr. Sie hatte ihre Prioritäten nie geändert, und er hatte nie mit seiner Frau darüber gesprochen, daß es an der Zeit war, sie neu zu überdenken. Inzwischen ist das Abendessen bei dieser Familie viel entspannter, weil keiner von beiden sich mehr gedrängt fühlt. Er sagt, daß ihn sein Reizdarm jetzt seltener plagt als früher.

Ich mußte meine Schwerpunkte neu ordnen, als meine Kinder sich nach und nach in Teenager verwandelten; bis auf eins sind sie jetzt in den Zwanzigern. Traditionen, die wir alle geliebt und miteinander geteilt hatten – Weihnachtsplätzchen backen, Strandpicknick am Nationalfeiertag, Geburtstagskuchen zum Frühstück –, all das wurde mit dem Heranwachsen der Kinder schwieriger, weil sie eigene Bedürfnisse und Prioritäten entwickelten. Plätzchen backen wurde zur Bürde, weil wir alle sowieso schon überlastet waren; am 4. Juli fühlten sich die Kinder zwischen ihrer Loyalität zur Familie und dem Wunsch, mit Freundinnen und Freunden zusammen zu sein, hin- und hergerissen; niemand wollte mehr Kuchen zum Frühstück, weil wir alle auf unser Gewicht achteten und zu unterschiedlichen Zeiten aufstanden.

Aber dadurch, daß jeder von uns sich behauptete und offen seine Gedanken äußern konnte, ließen wir einst geliebte Traditionen, die nicht länger funktionierten, so langsam hinter uns. (Wenn Sie sich besser behaupten lernen, werden Sie feststellen müssen, daß der Rest der Familie gleichzieht.) Die verbliebenen Bräuche und einige neu hinzugekommene sind dadurch um so wertvoller geworden. Indem jeder von uns auf die eigene Zeit achtet und die Dinge tut, die ihm oder ihr wichtig sind, fühlen sich alle weniger überfordert, und wir haben Spaß an den Dingen, die wir immer noch gemeinsam tun. Dazu gehören gekürzte Familienferien, auf die wir uns alle freuen, Abendessen im Familienkreis zu besonderen Anlässen und witzige Geschenke.

Überprüfen auch Sie Ihre ganz persönlichen Prioritäten. Staubsaugen Sie immer noch jeden Tag, obwohl Ihr langhaariger Schäferhund schon längst im Hundehimmel ist? Schicken Sie immer noch Weihnachtskarten an Leute, an die Sie sich kaum noch erinnern? Stehen Sie immer noch auf der Mitgliederliste von mehr Organisationen, als Ihnen lieb ist? Wieviel Zeit verbringen Sie täglich am Telefon oder vor dem Fernseher? Auch bei Ihnen könnten das die «schrecklichen Zwei» sein; checken Sie einmal Ihr Tagesjournal: Wie viele Stunden am Tag opfern Sie dem TV und dem Telefon? Wie viele in der Woche? Diese beiden Zeitdiebe könnten der Hauptgrund dafür sein, daß Sie stets zu spät dran sind.

Denken Sie auch daran, daß Sie nicht alles selbst machen müssen. Die Familie kann helfen, oder Sie können jemanden für bestimmte Aufgaben einstellen. Wenn Ihnen das Geld dazu fehlt, versuchen Sie, Dienstleistungen zu tauschen. Vielleicht hassen Sie das Saubermachen, arbeiten aber gerne im Garten und können jemanden finden, dem es umgekehrt geht.

Es muß auch nicht alles perfekt sein. Zum einen ist das unmöglich, zum andern würden Sie damit allen andern auf die Nerven gehen. Und Sie schaffen sich selbst dadurch nur Stress und Frustration. Viele Aufgaben müssen einfach erledigt werden; aber wie gesagt, es braucht nicht alles tipptopp zu sein.

Streichen Sie aus Ihrem Programm, was nicht so häufig oder überhaupt nicht gemacht werden muß. Sparen Sie sich Ihre wertvolle Zeit und Energie für die Dinge auf, die unumgänglich sind oder Ihnen Spaß machen.

Ordnung ist das halbe Leben

Wo heben Sie den Impfnachweis für den Hund auf? Wie alt sind die ungelesenen Zeitschriften da in der Ecke? Könnten Sie im Dunkeln eine Taschenlampe finden, die funktioniert? Liegen Ihre Kleidungsstücke alle unsortiert auf einem Stuhl im Schlafzimmer?

Unordnung (die wir inzwischen vielleicht sogar mögen, weil es unsere eigene ist) kann strapaziös sein. Besonders problematisch ist die Sache, wenn zwei Menschen mit unterschiedlichen Gewohnheiten zusammenziehen. Ich spreche hier aus eigener Erfahrung.

Bei mir auf dem Nachttisch stapeln sich – wie die Felsblöcke von Stonehenge – Berge von Büchern und Zeitschriften mit Papierfetzen als Lesezeichen. Der meines Mannes hingegen wirkt wie aus «Schöner wohnen». Mein Schreibtisch sieht «benutzt» aus; Bücher und Artikel, Bleistifte und Kugelschreiber bilden eine fünf Zentimeter dicke Schicht. Auf seinem findet sich nur ein Becher mit gespitzten Bleistiften und ein Notizblock.

Glücklicherweise leben wir schon so lange zusammen, daß er beim Anblick meines Durcheinanders nur noch leise murrt. Aber es gab Zeiten, da konnte ich mich nicht schnell genug um einen Brief vom Finanzamt oder einen Kontoauszug kümmern, um seinem Zähneknirschen zuvorzukommen. Bevor ich bei mir farbige Ordner einführte (rot für medizinische Artikel, blau für Allgemeines, grün für Geldsachen usw.), kam es vor, daß ich Rechnungen zusammen mit Manuskripten ablegte, wo sie dann monatelang herumlagen; die Artikel blieben unveröffentlicht und die Rechnungen unbezahlt.

Unordnung hat die Tendenz, sich wie die Drahtbügel aus der Reinigung zu multiplizieren; das kann zu Frustration und zusätzlichem Stress führen. Ein bißchen Organisation hilft, die Übersicht zu behalten. Sie müssen ja nicht gleich zum Rationalisierungsexperten mit Stoppuhr und Notizblock in der Hand werden, um Ordnung zu halten. Es tut nicht einmal weh und macht sogar Spaß, genau zu wissen, wo sich alles befindet, weil es nämlich an seinem Platz ist.

Ohne Sie gleich zum Ordnungsfanatiker bekehren zu wollen, finden Sie hier ein paar hilfreiche Tips, Frustration wegen Unordnung abzubauen:

● Wenn Sie ein Durcheinander entdecken (oder darauf hingewiesen werden), haben Sie vier Möglichkeiten:
  1. alles zu lassen, wo es ist;
  2. die Sachen woanders hinzuräumen;
  3. sie zu verstecken, damit es niemand sieht;
  4. sie wegzuwerfen.

● Halten Sie sich mit dem Sammeln zurück. Mehr Gegenstände bedeuten, mehr aufräumen und mehr aufbewahren zu müssen. Heben Sie Sammlungen hinter Glas auf, dann können Sie sich an ihnen erfreuen, ohne sie ständig abstauben zu müssen. Wenn Sie verschiedene Dinge sammeln, tauschen Sie die Ausstellungsstücke hin und wieder aus, und zeigen Sie immer nur eine Gruppe.

● Setzen Sie die ganze Familie ein, um Unordnung in den Griff zu bekommen. Falls Sie kleine Kinder haben, stellen Sie ihnen Körbe und offene Regale für ihre Sachen zur Verfügung. Befestigen Sie Haken tiefer, damit die Kinder sie erreichen können.

● Wenn Sie selbst der oder die Unordentliche sind, überlegen Sie sich, warum. Versuchen Sie, der Verantwortung auszuweichen? Sich an Ihrer Mutter zu rächen? Oder nehmen Sie sich nur nicht die Zeit, Ihre Sachen wieder wegzuräumen?

● Kaufen Sie Reservesets. Besorgen Sie eine zusätzliche Schere, extra Klebestreifen und Büroklammern für jedes Zimmer, in dem sie gebraucht werden.

● Denken Sie in großen Dimensionen. Werfen Sie diese kleinen niedlichen Papierkörbe raus und kaufen Sie große. Das verleitet dazu, mehr wegzuwerfen; auch kleine Notizblöcke am Telefon ersetzen Sie besser durch große.

● Verschenken Sie Küchengeräte, wie z. B. die Hot-Dog-Maschine oder den Sandwich-Grill usw., die Sie nur sehr selten benutzen, es sei denn, Sie haben viel Platz dafür.

● Räumen Sie Kleidungsstücke, die Sie nicht mehr tragen oder die nicht mehr passen, aus Ihrem Schrank. Wenn Sie sich eine neue Bluse oder neue Schuhe kaufen, rangieren Sie die alten aus. Dann brauchen Sie auch keine neuen Kleiderbügel zu kaufen oder mehr Schrankraum zu schaffen.

● Stellen Sie in jedem Zimmer eine große Schachtel oder eine Krimskramsschublade bereit, dann können Sie Abstellflächen schnell abräumen. Natürlich müssen Sie diese Schätze dann irgendwann trotzdem aufräumen, aber mit etwas Glück können Sie sich dann dazu überwinden, mindestens 20 Prozent der Sammlung wegzuwerfen.

● Sortieren Sie Ihre Post gleich über einem großen Papierkorb. Werfen Sie Werbung sofort weg, es sei denn, Sie sind sich absolut sicher, daß Sie etwas davon brauchen können. Legen Sie Rechnungen in eine Rechnungsschachtel, und vereinbaren Sie einen bestimmten Platz für die Post der restlichen Familie.

Organisation im Haus und im Leben macht alles ein bißchen einfacher. Dadurch sollte sich einiges an Anspannung abbauen lassen. Sie sehen sich dann nicht plötzlich mit zwei Verabredungen zur gleichen Zeit konfrontiert; Sie wissen, wo der Autoschlüssel hängt; Sie haben für eine schnelle Mahlzeit immer alles im Haus. Sie behalten die Übersicht und reduzieren Stress und Reizdarmsymptome gleichzeitig.

Wenn Sie dann etwas ordnungsliebender geworden sind, werden Sie Mittel und Wege finden, auch Wartezeiten auszufüllen. Manche Menschen nutzen solche Momente für Entspannungsübungen. In Kapitel 13 finden Sie einige der Entspannungsmethoden beschrieben. Andere Leute bringen sich eine Zeitschrift, Briefpapier oder eine Handarbeit mit; dann wird Sie die längere Wartezeit beim Arztbesuch, in der Autowerkstatt, beim Friseur oder in der Schule nicht so ärgern.

Ein Kinderarzt übte sich in Zeitmanagement, als er erkannte, daß er sich bei der Heimfahrt während des Hauptverkehrs ungesunden Strapazen aussetzte.

«Wenn ich die Praxis um 17.30 Uhr verließ», berichtete er, «dann ging der Verkehr nur schrittweise vorwärts. Ich kam erst um 18.30 Uhr nach Hause und war dann müde, reizbar und angespannt. Ich beschloß also, bis 18 Uhr in der Praxis zu bleiben. In der zusätzlichen halben Stunde konnte ich ohne Zeitdruck zusätzliche Patienten empfangen, Anrufe erledigen und meinen Schreibtisch aufräumen. Außerdem hatte zu meiner Überraschung der Verkehr um diese Zeit stark nachgelassen, so daß ich dennoch um 18.30 Uhr zu Hause war – aber ohne mich durch den dicksten, oft unberechenbaren Verkehr quälen zu müssen. Meine Anspannung wurde auch dadurch weniger, daß ich noch den Papierkram und Telefongespräche erledigen konnte und daher am nächsten Tag frisch anfing.»

Es gibt Hunderte von Möglichkeiten, Ihr Leben in den Griff zu bekommen; Sie können mit Zeitmanagement, Ordnung, Stressmanagement oder guten Vorsätzen beginnen. Erst müssen Sie jedoch einmal darüber nachdenken. Wie bei jeder Neuerung kostet auch das Zeit und Mühe. Anfangs kommt es Ihnen vielleicht ein bißchen komisch vor, die Kontrolle über Ihre eigenen Belange zu haben, aber Sie werden sich allein schon deswegen wohler fühlen – und sich schnell daran gewöhnt haben.

Es gibt viele Bücher, die Ihnen helfen können, mehr über Selbstbehauptung und Zeitmanagement herauszufinden. Sie sind in der Bücherei oder im Buchhandel erhältlich. Lassen Sie sich beraten.

10.
KOMMUNIKATION

Die meisten von uns haben im Alter von etwa 14 Monaten angefangen zu sprechen. Wenn es aber um echte Kommunikation geht, sind viele von uns immer noch wie Kinder: Wir geben Laute von uns und erwarten, daß andere sie genauestens interpretieren können.

Wie oft haben Sie schon gedacht: «Du hättest doch wissen können, was ich davon halte!» Wie oft haben Sie es selbst schon ausgesprochen?

Aber nur wenige Menschen bekennen sich zum Gedankenlesen. Die meisten von uns müssen direkt angesprochen werden, und zwar nicht nur in Worten und Tonfall, sondern auch symbolisch, also z. B. durch Körpersprache wie Berührung, Gesten, Blickkontakt und physische Nähe bzw. Abstand. Diese nonverbale Kommunikation spricht viel deutlicher als Worte.

Denken Sie einmal an einen Mann, der murmelt: «Vertrau mir» und dabei Ihrem Blick ausweicht und sein Gewicht unbehaglich von einem Fuß auf den andern verlagert, oder an eine Frau, die sagt, daß sie sich sehr für das interessiert, was Sie erzählen – und dabei auf die Uhr schaut, mit ihrem Haar spielt und sich im Raum umschaut, um zu sehen, wer sonst noch anwesend ist. Was drücken diese Menschen durch ihr Verhalten aus? Welche Aussagekraft haben ihre Worte?

Versteckte Mitteilungen schaffen Spannung

Ohne angemessenes Feedback haben Sprecher – ob Eltern, Lebensgefährten, Lehrerinnen oder Chefs – keine Ahnung, ob die Nachricht so ankommt, wie sie gemeint ist. Manchmal kann ein Kommunikationsirrtum katastrophale Folgen haben, so wie in dem Fall, als der Sergeant zum Gefreiten sagte, er solle das Pferd des Captains beschlagen – und der hat es erschlagen.

Wenn Sie einen ganzen Tag damit verschwenden, den falschen Auftrag auszuführen, weil Sie die Anweisungen Ihres Vorgesetzten mißverstanden haben, wenn Ihr Teenager zum Abendessen nicht zu Hause ist und glaubt, er habe Ihnen von der Einladung erzählt, oder wenn Sie eine Stunde zu früh zu einem Termin kommen, weil Sie sich verhört haben, dann sind Sie bestimmt frustriert, verärgert und nervös.

Anspannung kann sich auch verstärken, wenn Gesprächspartner oder -partnerinnen bei Ihren Erklärungen verständnisvoll nicken, als ob alles klar sei, aber dann, wenn Sie um Wiederholung der Anweisungen bitten, alles verwechseln. Ärger steigt ebenfalls hoch, wenn Sie mit jemandem reden und am leeren Gesichtsausdruck oder an den umherschweifenden Augen ablesen können, daß die Person gar nicht zuhört.

Sie können in solchen Situationen natürlich weiterhin den Mund halten und sich immer unbehaglicher fühlen – was möglicherweise Beschwerden nach sich zieht. Sie können aber auch umsetzen, was Sie über Selbstbehauptung gelernt haben, und Ihrem Gegenüber sagen, daß es Sie ärgert, wenn er oder sie nicht zuhört. Sie können aber auch einmal bewußt darauf achten, was Sie selbst sagen, denn vielleicht ist Ihre Geschichte durch überflüssige Details ein bißchen zu lang geworden. Wenn es häufig vorkommt, daß andere ihre Aufmerksamkeit abwandern lassen, während Sie reden, oder wenn Sie zu oft unterbrochen werden, fragen Sie einen vertrauten Mitmenschen, ob Sie etwa zu leicht ins Schwatzen geraten. Es ist oft schwer, sich selbst objektiv wahrzunehmen. (Wenn Sie eine Frau sind, bedenken Sie jedoch, was in vielen Untersuchungen nachgewiesen wurde: Männer unterbrechen Frauen häufiger als ihre eigenen Geschlechtsgenossen.)

Kommunikation hat zwei Richtungen

Ein einseitiger Dialog oder ein Monolog ist keine Kommunikation. Echte Kommunikation ist ein Prozeß, eine Interaktion zwischen Sprechern und Zuhörern. Vom Hörenden wird ein verbaler oder durch Gestik ausgedrückter Hinweis erwartet, daß die Mitteilung angekommen ist. Ein gelegentliches «hm» oder Kopfnicken genügen. Der Sprecher oder die Sprecherin muß durch Feedback bestätigen, daß die ausgesandte Nachricht der aufgenommenen entspricht.

Wenn jemand mit Ihnen spricht, schenken Sie ihm oder ihr ebenfalls Ihre volle Aufmerksamkeit. Zuhören ist eine Fähigkeit, an der wir alle noch arbeiten müssen. Üben Sie, Bestätigungen Ihrer Aufmerksamkeit zu geben, z. B.: «Sie glauben also, wir sollten das Projekt neu überarbeiten, weil...», oder: «Ich weiß schon, daß du erst später nach Hause kommen möchtest, und ich verstehe auch deine Gründe. Aber hör dir auch mal meine an...»

Wie vieles andere wird auch unsere Kommunikation durch Übung verbessert. Eheberater berichten, daß die meisten Paare zu ihnen kommen, weil sie Probleme mit Sexualität, Geld und / oder Kommunikation haben. Von diesen drei Themenkreisen ist wahrscheinlich der letzte am wichtigsten, denn wenn ein Paar sich verständigen kann und beide wirklich hören, was der andere sagt, dann können sie meist auch über die Themen Sexualität und Geld sprechen.

Untersuchungen über Stress am Arbeitsplatz weisen ebenfalls als Hauptproblem mangelnde Kommunikation zwischen Management und ihren Mitarbeitern aus.

Unklare Mitteilungen

Jede Kommunikation hat zwei Bedeutungsebenen: das, was gemeint ist, und das, was ausgesprochen wird. Wir können z. B. sagen: «Das hast du großartig gemacht!» oder: «Aber gerne!» Beides klingt positiv. Aber sarkastisch gesprochen oder mit entsprechender Körpersprache können beide Aussagen negativ gemeint sein.

Unklare Mitteilungen zu empfangen kann sehr verwirrend und frustrierend sein. Die Bedeutung ist verzerrt, und der Versuch, herauszufinden, was eigentlich gemeint ist, kann Anspannung verursachen.

Wenn Sie sich selbst bei solchen unklaren Äußerungen erwischen, überlegen Sie sich schnell, was Sie wirklich meinen, und sagen Sie es aufrichtig. Wenn Sie aber Empfänger sind, üben Sie Selbstbehauptung (siehe Kapitel 9) und sagen Sie Ihrem Gegenüber, daß Sie nicht verstehen, was er oder sie damit sagen will.

Falls Sie für einen Chef arbeiten müssen, der unklare Anweisungen gibt, nehmen Sie die durch das Rätselraten unvermeidlich entstehenden Spannungen nicht einfach hin. Bitten Sie um eine Unterredung, bei der Sie sich selbstsicher und gelassen eine «Übersetzung» erbitten. Möglich, daß Chef oder Chefin sich der Unklarheiten der Anweisungen gar nicht bewußt waren.

«Familiensprache»

Die meisten Familien entwickeln im Laufe der Zeit ihre ganz private Interaktion mit «Insider-Witzen» oder eigenen «Codes». Manchmal haben die einzelnen Familienmitglieder Spitznamen, die nur im Familienkreis benutzt werden. Da eine Familie viele gemeinsame Erfahrungen hat, wird auch oft in Abkürzungen gesprochen. Wenn dann die Schwiegereltern oder andere Besucher kommen, fühlen sie sich oft ausgeschlossen, weil sie die Umgangssprache nicht gleich verstehen. Das kann zu Spannungen führen.

Jede Familie ist einmalig, daher gibt es keine allgemeingültigen Regeln für die Kommunikation. In den meisten Familien erfaßt allerdings jedes einzelne Mitglied schnell die «Verbindungspunkte», die zwischen allen bestehen. Das ist der Grund dafür, daß Geschwister einander auf eine Art und Weise nerven können wie niemand sonst. Sie kennen die Ängste und Schwachpunkte der anderen genau.

Oft rührt die Anspannung bei Familientreffen daher, daß die anderen wissen, wo wir verletzlich sind. Während die Vertraulichkeit im Familienkreis ein besonderes Sicherheitsgefühl vermitteln kann, wissen wir ebenso genau, daß zusammen mit Omas bestem Tischtuch auch Eigenheiten und Schwächen auf dem Familientisch ausgebreitet werden können.

Familienprobleme als Stressfaktor

Weil Familien eng miteinander verbunden sind, kann das, was ein Mitglied betrifft, auch große Anspannung bei den anderen auslösen. Unstimmigkeiten über den Lebensstil, eine chronische Krankheit, ein Todesfall, Scheidung oder ein Familienzusammenschluß durch Heirat können die Dynamik innerhalb der Familie verschieben und damit zu Stress führen. Tatsache ist, daß die ersten zwölf Ereignisse, die in der Bewertungsskala von Holmes und Rahe aufgelistet sind (siehe Kapitel 4), Veränderungen in der familiären Rollenverteilung nach sich ziehen.

Kommunikationsgeschick kann sehr hilfreich beim Abbau von Spannungen sein, die auf Veränderungen im Familienleben zurückzuführen sind. Diese und andere Fähigkeiten, über die Sie in diesem Buch bereits gelesen haben – Selbstbehauptung, Zeitmanagement, Entspannung und sportliche Betätigung –, können ebenfalls dazu beitragen, in der Familie eine harmonischere Atmosphäre zu schaffen. Bei offenem und ehrlichem Umgang miteinander sollte es Ihnen gelingen, Spannungszustände zu Hause abzubauen – ein Ziel, das zwar immer willkommen ist, von dem aber Menschen mit einem Reizkolon besonders profitieren.

Kirchen und Synagogen, Abendschulen, die psychotherapeutischen Berufsgruppen und Sozialorganisationen führen Workshops für Familien durch, die sich mit Problemen befassen wie Entscheidungsfindung, faire Auseinandersetzung, Familientreffen, Verbesserung der Kommunikation und der Fähigkeit zuzuhören. Es gibt auch in Bibliotheken und Buchhandlungen viele gute Bücher zu diesen Themenkreisen.

Freunde

Eine Freundschaft ist etwas Besonderes. Eine echte Freundin bzw. ein Freund (genauso schwer zu finden wie Diogenes' tugendhafter Mann) akzeptiert Sie mit all Ihren Schwächen. Bei ihr oder ihm können Sie Ihre Probleme und Ängste abladen und sich darauf verlassen, daß sie nicht ausgeplaudert werden. Zuverlässige Freunde können Ehepartner oder Lebensgefährten sein – es ist sogar besonders schön, wenn die geliebte Person auch gleichzeitig Freund oder Freundin ist. Es können auch Kollegen, frühere Klassenkameradinnen, Nachbarn oder aber Menschen sein, die Sie nur so einmal getroffen haben. Das Geschlecht spielt dabei keine Rolle, auch nicht die sexuelle Orientierung. Was hingegen zählt, ist, daß Freunde füreinander da sind.

Träume, Sorgen und Ideen miteinander zu teilen, birgt, genau wie die Liebe, immer ein gewisses Risiko in sich. Loyalität und Vertrauen können nämlich mißbraucht oder gebrochen werden. Es ist auch denkbar, daß sich eine Freundschaft auseinanderentwickelt. Oder es kann vorkommen, daß sich die Freunde wie Liebende streiten und später wieder versöhnen. Wie auch immer, ein Freund oder eine Freundin als Gesprächspartner ist eine gute Vorbeugung gegen Stress. Sie laden dabei wirklich Spannungen ab.

«Wenn mein Freund und ich über andere hergezogen haben, geht es mir hinterher immer besser», sagte z. B. eine Sekretärin. «Er ist Buchhalter bei einer anderen Firma. Aber wenn wir beisammen sind, haben wir die gleiche Wellenlänge. Ich mag ihn – als Freund –, und wir reden über Dinge miteinander, die sonst niemand weiß. *Ich* weiß, daß er nicht genug Selbstvertrauen hat; andere glauben, er hat mehr als genug. *Er* weiß, daß ich ausgesprochen schüchtern bin. Wenn ich mal einen schlechten Tag hatte, fühle ich mich wieder wohler, wenn ich ihm davon erzählen kann. Er bringt mich immer zum Lachen. Wenn mir etwas Schönes passiert, ist es erst richtig schön, wenn er es auch weiß. Er hilft mir, mich zu entspannen, mit mir zufrieden zu sein und zu lachen. Wir lachen viel, wenn wir beisammen sind.»

Obwohl es meines Wissens keine Untersuchungen über den Zusammenhang zwischen engen Freundschaften (mit Ehepartnern oder Freunden) und der Häufigkeit und Intensität von Reizdarmattacken gibt, kann ich mir gut vorstellen, daß sich solche Beziehungen positiv auf den Krankheitsverlauf auswirken. Menschen mit Reizkolon leiden auch oft unter Depressionen und klagen über die Strapazen, die mit alltäglichen Sorgen, Familienbeziehungen, Problemen am Arbeitsplatz und zahllosen anderen Belastungen verbunden sind, die andere vielleicht gar nicht so schwer nehmen.

Intime Gedanken mit einer Freundin oder einem Freund zu teilen sollte diesen Stress vermindern – vorausgesetzt, die Freundschaft wird nicht mit aufgebauschten Sorgen überfordert. Diese Schlußfolgerung beruht nicht auf Recherchen, sondern auf meiner persönlichen Erfahrung sowie auf Äußerungen in über hundert Interviews.

Einige dieser Menschen hielten ihren Hund oder ihre Katze für ihren «besten Freund». Sie erzählten, daß die Haustiere loyal seien, zuhörten und durch Lecken oder Entlangstreichen an den Beinen Zuspruch gaben. Das ist wirklich nicht so ungewöhnlich. Zahllose Studien haben gezeigt, daß der Blutdruck sinkt, wenn jemand ein Tier streichelt oder sich mit ihm unterhält. Die meisten von uns sprechen mit Hund oder Katze, als ob sie Freunde wären. Aber – sind sie das nicht eigentlich auch?

Kollegen und Kolleginnen sind auch Menschen

Ein problematischer Bereich für Menschen mit einem Reizdarmsyndrom ist die Belastung am Arbeitsplatz. Das kann direkt mit den Aufgaben zusammenhängen: Sie können zu sehr oder zu wenig strukturiert sein, Sie über- oder unterfordern; ein zu lauter und überfüllter Büroraum ist vielleicht einfach keine geeignete Umgebung für die Art Ihrer Arbeit. Es ist aber auch möglich, daß Stress auf Probleme mit der Interaktion zwischen Kollegen und Kolleginnen zurückzuführen ist.

Um Stressfaktoren in der Bürowelt und mit der Arbeit selbst zu beheben, sind zwar noch andere Schritte nötig, aber eine bessere Kommunikation kann die Schwierigkeiten mit Arbeitskollegen bereits reduzieren. Oft arbeiten wir jahrelang Seite an Seite mit Leuten, ohne etwas über sie persönlich zu wissen – ohne sie als Menschen mit ihren eigenen Träumen, Sorgen und Vorstellungen zu kennen. Sie wollen wohl kaum die Lebensgeschichte jedes einzelnen kennenlernen, aber es kann eben doch Spannungen abbauen, wenn Sie Kolleginnen oder Kollegen etwas von Ihrem privaten Selbst zeigen; dann wird sicherlich auch Ihr Gegenüber etwas persönlicher reagieren.

Natürlich wollen wir Bekannten am Arbeitsplatz nicht die gleichen Intimitäten anvertrauen wie der besten Freundin bzw. dem Freund. Auch andere Dinge, die dort nicht die Runde machen sollten, behalten wir besser für uns. Es ist jedoch leichter, die schlechte Laune einer Mitarbeiterin zu ertragen, wenn wir wissen, daß sie gerade ihre Mutter ins

Krankenhaus bringen mußte oder daß ihr Auto zu Schrott gefahren wurde. Wenn wir gerade erfahren haben, daß bei der Kollegin zu Hause ernsthafte Probleme aufgetreten sind, können Arbeitsbelastungen kurzfristig gemeinsam getragen werden.

Arbeitskolleginnen und -kollegen als Individuen zu begreifen, ihnen gegenüber offener zu sein und sie wissen zu lassen, daß auch Sie verletzlich sind, macht die Arbeitswelt menschlicher und schafft Wärme, Humor und Mitgefühl. Das wiederum baut Spannungen ab, sogar in einer kommerziell orientierten und daher stressigen Umgebung, in der Zeit Geld ist und Geschäftliches absolute Priorität hat.

Professionelle Hilfe

Manche Menschen können sich nicht dazu überwinden, über persönliche Belange mit anderen offen zu reden. «Ich bin nicht so aufgewachsen», meinte eine Frau. «Ich wünschte, ich könnte es, aber es geht einfach nicht.»

Eine andere Frau erwähnte, daß sie seit dem Vertrauensbruch einer Freundin, die ausgeplaudert hatte, was nicht für andere Ohren bestimmt war, sich niemandem mehr anvertrauen konnte. Seitdem behielt sie, wie so viele Menschen, alles für sich. Das belastete sie natürlich sehr.

Wenn Sie Schwierigkeiten haben, mit jemandem darüber zu reden, was Sie beschäftigt, stauen Sie es nicht in sich auf. Es gibt eine Anzahl von Berufsgruppen, die darin geübt sind, Bekenntnisse anzuhören. Sie können Ihnen bei Entscheidungen Hilfestellung leisten oder sind allein schon deshalb hilfreich, weil Sie sich einmal aussprechen können.

Manche Menschen fühlen sich sofort wohler, wenn sie mit einem Vertreter ihrer Kirche sprechen können. Wem das nicht hilft oder wer keiner Religion angehört, findet vielleicht ein williges Ohr bei einer Krankenschwester, bei den sozialen, psychologischen, psychiatrischen oder anderen therapeutischen Berufen. Diese Expertinnen und Experten helfen Ihnen beim Nachdenken und machen möglicherweise Vorschläge, wie Sie Ihre gegenwärtige Lage verbessern können.

Sie sind nie ganz allein. Es gibt viele Menschen, die helfen wollen und können. Aber Sie müssen den ersten Schritt tun und andere wissen lassen, daß Sie Unterstützung brauchen. Zeigen Sie keinen falschen Stolz. Wir alle sind irgendwann im Leben einmal deprimiert, glauben, daß wir nicht alles bewältigen können, was auf uns lastet, und brauchen eine Schulter zum Anlehnen.

Gespräche helfen

Es ist ganz normal, nervös zu werden, wenn zu viele Ereignisse auf einmal auf uns einstürmen und uns überwältigen. Viele unserer erlernten Reaktionen sind bei den raschen Veränderungen in der heutigen Welt nicht mehr angemessen. Alles scheint sich gewandelt zu haben. Vor der neuen Technologie kommen wir uns dumm vor, weil wir nicht einmal einen einfachen Videorecorder bedienen können, während unser Siebenjähriger spielend damit zurechtkommt. Die Karteikarten in der Bibliothek werden durch Computer ersetzt; eheliche Arrangements und das Großziehen von Kindern bieten verschiedene Gestaltungsmöglichkeiten; für Verhalten und Moral gibt es keine absoluten Werte mehr. Wir müssen lernen, uns anzupassen und uns in dieser neuen Welt zurechtzufinden.

Wie so vieles andere auch läßt sich die effektive Kommunikation, also die Fähigkeit zur Kontaktaufnahme, mit Training verbessern. Positive Ergebnisse zeigen sich sofort, nicht zuletzt durch verminderten Stress. Sollten Sie daran Zweifel haben, erinnern Sie sich nur einmal an die aufleuchtenden Augen einer Touristin, wenn sie jemandem begegnet, der ihre Sprache spricht.

Also warten Sie nicht länger. Fangen Sie noch heute an, Ihr Kommunikationstalent weiterzuentwickeln, und zeigen Sie anderen Ihr Interesse. Steigen Sie ein, es ist noch Platz. Wir sitzen alle gemeinsam in diesem Boot.

11.
SELBSTGESPRÄCHE

Ich dachte immer, ich sei ein bißchen verrückt, weil ich Selbstgespräche führe. Schließlich hatten meine Lehrerinnen immer gesagt: «Nur Kranke reden mit sich selber!» Oder: «Wer mit sich selbst spricht, redet mit einem Dummkopf!»

Das war falsch. Als ich über Möglichkeiten nachdachte, wie ich belastenden Stress abbauen könnte, begann ich unbewußt und oft sogar laut, Selbstgespräche zu führen. Ich bemerkte, daß mir das half. Warum auch nicht? Denn wer kannte mich schließlich besser als ich selbst? Wer konnte besser wissen als ich, was ich empfand?

Wenn ich mich dabei erwischte, daß ich Aufgaben hinausschob und ganz verspannt war, weil ich daran zweifelte, einen Artikel zustande zu bringen, wurde ich zu meiner eigenen «Cheerleaderin» und spornte mich an. Ich unterbrach negative Gedanken wie: «Etwas in der Art habe ich noch nie im Leben geschrieben», und suggerierte mir statt dessen: «Natürlich kannst du das. Wenn du's nicht kannst, kann's niemand!» Ich dachte an all die anderen Aufträge, die ich bereits zufriedenstellend erledigt hatte. Dann spürte ich, wie ich langsam wieder die Kontrolle übernahm.

Wenn ich mich erneut gehetzt und unter Druck gesetzt fühlte und das erste, wohlbekannte Zwicken im Darm verspürte, spielte ich Verkehrspolizistin und stoppte ab: «Also: Warum die Eile? Es geht auch langsamer. Du kannst mehr leisten, wenn du's leicht nimmst. Du hast genug Zeit.» Ich hielt inne und überlegte. Ja, das schien durchaus sinnvoll. Ich machte langsamer und konnte wirklich mehr bewältigen, denn mein Körper stand nicht mehr unter dem Druck, zehn Dinge gleichzeitig tun zu müssen. Ich konnte mich entspannen und konzentrieren. Alles war plötzlich wieder harmonischer. Und besser noch: Ich fühlte mich gleich wohler.

Einige Experten, die anderen Leuten gegenüber wahrscheinlich nicht geradeheraus zugeben wollen, daß Selbstgespräche okay sind, nennen es lieber «Verbalisierung». Es spielt jedoch gar keine Rolle, wie wir es nennen. Wichtig ist, daß wir es tun und uns selbst beobachten.

Was kann schlimmstenfalls passieren?

Oft schaffen wir uns unnötigen Stress durch «Pyramidendenken»: Wir stapeln eine Vorstellung auf die andere, bis wir von unserem wackeligen Gedankengebäude ganz überwältigt sind.

Das geht etwa so: «Ich muß diesen Vorschlag für meinen Chef ausarbeiten, und ich weiß gar nicht, wo ich anfangen soll. Aber selbst wenn ich ihn schreibe, ist er bestimmt nicht gut. Und sogar wenn er gut wird, ist er bestimmt nicht attraktiv genug, um den Kunden zu gewinnen. Und woher soll ich die Informationen kriegen?» usw. Sie sehen, wie sich das auftürmt. Meist setzen wir uns mit der Angst zu versagen selbst so unter Druck, daß wir es hinausschieben und hinausschieben und deshalb nie etwas zustande bringen. Durch den Leistungsdruck, den wir uns dadurch selbst schaffen, bewahrheiten sich schließlich unsere schlimmsten Befürchtungen und Ängste – ein Teufelskreis.

Wir machen uns vielleicht auch Sorgen um unser Aussehen – ob unser Kleid oder Anzug dem Anlaß entspricht. «Ich möchte nicht zu elegant angezogen sein, aber natürlich auch nicht zu leger. Alle werden mich anschauen. Das macht mich so unsicher...»

Wenn wir uns wegen unserer äußeren Erscheinung verrückt machen, bauen wir so viel Spannung auf, daß wir uns entweder ganz unwohl fühlen und nicht teilnehmen oder aber hingehen und unter so viel Druck stehen, daß es uns keinen Spaß macht.

Tatsache ist, daß es wahrscheinlich kaum jemandem auffällt, was Sie tragen – es sei denn, Sie scheinen sich im Anlaß geirrt zu haben und kommen in Shorts zu einer förmlichen Cocktailparty oder im langen, paillettenbestickten Kleid zu einem geschäftlichen Seminar. Falls jemand Ihre Kleidung wahrnimmt und sie sich von dem unterscheidet, was sie oder er selbst trägt, dann wohl nur, um die Schlußfolgerung zu ziehen, daß die *eigene* Wahl falsch war, aber keinesfalls die Ihre. Sie sind nämlich bestimmt nicht die einzige Person im Raum mit mangelndem Selbstvertrauen.

Den wenigsten Menschen fällt es leicht, vor einer großen Gruppe sprechen zu müssen. Obwohl mir persönlich öffentliche Ansprachen Spaß machen, hatte ich vorher jedesmal Lampenfieber und Schmerzen. Es leitete bei mir nicht einfach Reizdarmsymptome ein, sondern ich bekam schwere Krämpfe, fühlte mich aufgebläht und hatte entsetzlichen Durchfall. Jedesmal fragte ich mich dann: «Warum tue ich mir das bloß an? Warum habe ich ja gesagt, als sie mich darum baten?»

Dann lernte ich, Selbstgespräche zu führen.

«Was kann denn schlimmstenfalls passieren?» fragte ich mich.

«Hm. Ich könnte vergessen, was ich sagen wollte.»

«Glaubst du das wirklich?» forschte ich weiter.

«Eigentlich nicht. Das Thema ist mir ziemlich vertraut.»

«Also was kann dann schlimmstenfalls passieren?»

«Daß meine Zuhörer sich langweilen.»

«Und was dann?» fragte ich mich. «Was kann dann passieren?»

Schließlich mußte ich mir eingestehen: Es war sehr unwahrscheinlich, daß meine Zuhörer mich mit dem übriggebliebenen Schokoladenpudding bewerfen würden. Und selbst wenn sie das taten – ich war zu drei Vierteln vom Sprechpult verdeckt. Es war wohl auch kaum damit zu rechnen, daß irgend jemand im Publikum mich ausbuhen würde. Das Schlimmste, was passieren konnte, war eigentlich, daß einige aufstanden und hinausgingen. Und damit konnte ich leben.

Als ich meinen inneren Dialog beendet hatte, fiel mir auf, daß meine Därme sich beruhigt hatten; die Schmerzen waren verflogen, und ich atmete wieder gleichmäßiger. Ohne einen Zuhörer zu haben, hatte ich mich aus einem Spannungszustand herausgeredet und aus eigener Kraft wieder beruhigt.

Sich «hindurchreden»

Können Sie sich an einen der Filme erinnern, in dem der Pilot ohnmächtig wird? Zurück bleibt ein junges, unschuldiges Ding, das noch nie im Leben ein Flugzeug bedient hat. Sie soll jetzt die Landung durchführen. Irgendwie schafft sie es, den Sprechfunk zu bedienen, und der gutaussehende junge Mann im Control-Tower «redet sie herunter».

«Ein bißchen mehr nach links», sagt er. «Ein bißchen höher. Gut so.»

«Ich weiß nicht, ob ich das kann…», wimmert sie.

«Du machst es schon richtig. Ganz prima», ermuntert er sie. Der springende Punkt ist: Das Mädchen bringt das Flugzeug sicher auf die Erde, weil *er* sie davon überzeugt hat, daß sie es kann.

Das gleiche können Sie für sich selbst tun. Na ja, wohl nicht gerade ein Flugzeug landen, aber mit etwas Übung sollte es Ihnen schon gelingen, sich selbst aus einem Spannungszustand herauszureden, um in einem ruhigeren Zustand zu landen. Sie wissen ja bereits, wie Selbstgespräche geführt werden. Denken Sie einmal darüber nach.

Sie lernen Golf spielen. Der erste Ball liegt zum Abschlag bereit. Was sagen Sie sich? «Check den Griff, Kopf runter, linker Ellbogen gerade…» Mit etwas Übung werden Sie das alles bald automatisch tun.

Wir lernen durch Verbalisierung, reden uns durch jeden Lernschritt hindurch, bis alles ganz automatisch geht. Dabei spielt es keine Rolle, ob wir einen Kuchen backen, Wasserski fahren lernen, ein neues Computerprogramm ausprobieren oder Entspannung trainieren. Der Ablauf ist immer der gleiche:

1. Sie wollen etwas;
2. Sie lernen die mechanischen Abläufe;
3. Sie sind davon überzeugt, daß Sie es können;
4. Sie üben;
5. Sie üben, bis Sie es beherrschen.

Trösten Sie sich

Vier meiner fünf Kinder sind inzwischen im Studentenalter. Dem Gesetz nach sind sie erwachsen. Sie können wählen; sie dürfen Alkohol trinken; ihre Unterschrift ist rechtsgültig. Aber wenn eines meiner fünf Kinder krank wird – mit hohem Fieber, Grippe oder anderen Beschwerden –, haben sie mich gerne um sich.

Ich kann das gut verstehen. Erst kürzlich wurde ich auf einer Reise ziemlich krank. Ich hätte auch gerne meine Mutter bei mir gehabt! Krankenpfleger, die im Krieg gedient haben, berichten, daß die meisten der im Kampf schwer verletzten Männer nach der Mutter riefen, unabhängig davon, wie macho oder mutig sie gewesen waren.

Wir alle wollen manchmal verständnisvoll in den Arm genommen werden. Das Alter spielt dabei keine Rolle. Mit etwas Glück haben wir einen Ehepartner, eine Freundin oder einen Freund, die uns beistehen. Wir können aber auch lernen, uns selbst zu trösten.

Laut mit sich selbst zu reden – oder auch nur in Gedanken, wenn Sie sich sonst komisch vorkommen – kann besänftigend wirken. Unsere eigene Sprechweise ist uns bekannt und beruhigt uns – es wirkt, als ob eine Mutter auf ihr Kind einredet. Allein das ist uns oft schon ein Trost; die Worte spielen nur eine untergeordnete Rolle. Es ist dabei unwichtig, ob wir beten, einen bestimmten Satz sagen oder ein Mantra verwenden; wir konzentrieren uns dabei auf den Klang, den wir von uns geben, und sind deshalb nicht imstande, an etwas anderes zu denken. Hinzu kommt, daß wir uns nicht gleichzeitig trösten und Sorgen machen können.

Oscar Hammerstein traf den Nagel auf den Kopf, als er den Song «Whistle a Happy Tune» (wörtlich: Pfeife eine frohe Melodie; deutscher Titel: «Ich steh' wie ein Zinnsoldat») für Anna in dem Musical

Der König und ich schrieb. Anna, eine junge Witwe, kam geradewegs mit dem Schiff von England nach Siam. Sie und ihr kleiner Sohn hatten die Reise unternommen, weil Anna die Kinder des Königs unterrichten soll. Sie hat Angst. Aber sie erklärt ihrem Sohn, daß sie beim Pfeifen wieder Selbstvertrauen faßt.

Das funktioniert wirklich. Ich kann zwar nicht pfeifen, aber ich habe schon viele Male durch Selbstgespräche wieder Zutrauen zu mir selbst gefunden. Auch Sie können das. Wenn Sie sich sagen, daß alles okay sein wird, sich dabei hoch aufrichten und *selbstsicher aussehen*, dann werden Sie sich auch bald so fühlen. Sie würden sich doch nichts vormachen, oder?

Ich lernte durch einen meiner Söhne, wie erfolgreich diese Methode sein kann. Er liebt Baseball und spielt seit seinem siebten Lebensjahr, als er seinen ersten Ball schlug. Inzwischen spielt er in der High-School-Mannschaft. Meistens trifft er gut, aber neulich wurde er gleich zweimal hintereinander vom Werfer ausgemacht.

«Bist du nervös, wieder zu schlagen?» fragte ich ihn nach dem Spiel.

«Nein», antwortete er. «Warum denn?»

«Na ja.» Ich versuchte, diplomatisch zu sein. «Du bist im letzten Spiel *zweimal* ausgemacht worden.»

«Ich denke nicht über meine Fehlschläge nach», erklärte er mir. «Wenn ich aufs Spielfeld trete, denke ich nur an meine Treffer.»

Unsere Kinder stecken voller Überraschungen! Natürlich, er hat recht! Jeder haut einmal daneben. Das ist menschlich. Jeder macht im Laufe des Lebens viele Fehler. Aber reden Sie nur weiter mit sich selbst, und erinnern Sie sich an Ihre Erfolge. Visualisieren Sie sich selbst als Gewinner.

Gefühle und Worte

Als Kinder haben wir aggressiven Rabauken, die uns ärgerten, entgegengerufen: «Stöcke und Steine brechen meine Beine, aber Schimpfnamen tun mir nicht weh!»

Es tat uns vielleicht gut, das zu rufen, aber Tatsache ist, daß Kränkungen durchaus *weh tun* können. Ich kenne einige Männer, die sich heute noch weigern zu tanzen, weil ein herzloses Mädchen in der Oberschule ihnen erzählte, daß sie sich ungeschickt anstellten. Sie haben das geglaubt. Ich kenne andere Menschen, die wegen finanzieller Fehlentscheidungen, die ihnen ständig im Kopf herumgehen, starke körperliche Schmerzen haben. Sie können sich ihren Irrtum nicht verzeihen, nicht zulassen, menschlich zu sein und wie alle anderen auch einmal einen Fehler zu machen. Sie sind davon überzeugt, daß sie dumm sind.

«Sind Sie in jeder Hinsicht dumm?» fragte ich einen von ihnen. Seine Reizdarmsymptome waren nach langer Pause zurückgekehrt, weil er seiner Aussage nach so «dumm» gewesen sei und einige falsche Investitionen am Aktienmarkt gemacht hatte.

«Nein, natürlich nicht», lautete seine Antwort.

«Also nur in Geldsachen.»

«Nein, nein. Meistens treffe ich schon die richtigen Entscheidungen», meinte er. «Ich habe mich diesmal nur zu stark am Aktienmarkt engagiert.»

Ich fragte ihn, warum er sich keinen Fehler zugestehen konnte. «Sie könnten doch bei einem Freund akzeptieren, daß er einmal eine falsche Entscheidung trifft, ohne ihn gleich für ‹dumm› zu halten, oder?»

Das gab er zu. Aber weil er sich selbst gegenüber soviel strenger war als anderen gegenüber, hatte er jetzt Schmerzen. Als er in wohlüberlegten Worten mit sich selbst sprach und seinen Fehler einen «Irrtum» nannte statt einen Beweis seiner Dummheit, verminderten sich seine Verspannung und bald auch seine Beschwerden.

Die Worte, die Sie sich selbst gegenüber wählen, können Ihre Welt beeinflussen. Zu sagen: «Ich bin so sauer wegen…», beschwört ein ganz anderes Gefühl herauf als: «Da ist mir etwas Lustiges passiert, als…» Sie denken ganz anders über sich selbst, wenn Sie sich sagen: «Das war vielleicht dumm von mir…» anstatt: «Also das war vielleicht komisch…»

Seien Sie nett zu sich selbst. Sprechen Sie freundlich mit sich und hören Sie sich zu. Worte sind Symbole und können als solche enorme Emotionen aufrütteln. Worte können entweder besänftigen oder wie Säure wirken und sich in alles (und jeden) hineinfressen, was ihnen in den Weg kommt. Die Wortwahl liegt bei Ihnen.

Shakespeare kannte die Kraft der Worte: «…an sich ist nichts weder gut noch böse: das Denken macht es erst dazu.»[1] Wir können uns selbst einen positiven Anstoß zu einem erfolgreichen Unternehmen geben, uns aber auch in Anspannung, Stress und Versagen hineinreden. Vielleicht haben Sie schon einmal jemanden sagen hören: «Er ist auf Versagen programmiert.» Das ist durchaus möglich.

Als ich meinen Collegeabschluß hatte, wollte ich unbedingt als Schriftstellerin arbeiten. So eine Arbeit war jedoch schwer zu finden. Eine Freundin erzählte mir von einem Stellenangebot bei einer Katalogfirma, die jemanden als Reklametexter suchte. Das klang genau richtig. Ich rief also dort an und bat um ein Vorstellungsgespräch. Ich bekam einen Termin und eine Wegbeschreibung und sah, daß ich zweimal den Zug wechseln mußte.

Ich begann mit meinem Selbstgespräch – aber einem negativen. «Was passiert, wenn ich den verkehrten Zug nehme? Woher weiß ich, wann ich aussteigen muß? Was passiert, wenn ich die Firma in dem Stadtteil nicht finden kann? Was passiert, wenn ich zu spät komme?»

Ich brauche sicher nicht zu erwähnen, daß ich mich selbst nervös machte und tiefe Zweifel hatte, die Firma jemals zu finden. Deshalb versuchte ich es erst gar nicht. Ich sagte das Einstellungsgespräch aber auch nicht ab und habe mich seither oft gefragt, wie mein Leben verlaufen wäre, wenn ich mich nicht von vornherein in mein Versagen hineingesteigert hätte.

Wir können uns sogar selbst so negativ beeinflussen, daß wir uns regelrecht ein Bein stellen; das ist wörtlich gemeint. Bonnie hatte z. B. so gut für ihre Firma gearbeitet, daß sie beim allmonatlichen Belegschaftstreffen eine Auszeichnung erhalten sollte. Dazu mußte sie sich von ihrem Platz im Publikum erheben, zur Bühne gehen und dem Direktor die Hand schütteln, wenn er ihr die Ehrenplakette überreichte.

«Das kann ich nie!» jammerte sie. «Ich werde stolpern. Ich weiß, daß ich stolpern werde! Ich kann unmöglich die Stufen hochgehen, ohne hinzufallen, nicht mal mit flachen Absätzen.» Sie überzeugte sich wirklich davon. Sie wartete, bis ihr Name aufgerufen wurde, ging zum Bühnenaufgang – und stolperte auf der zweiten Stufe.

Wir sind Computern gar nicht so unähnlich: Wir tun das, worauf wir programmiert sind.

Überlisten Sie sich selbst

Wir müssen unbedingt unser destruktives Denken umprogrammieren. Legen Sie ein neues «Ich-glaube-an-mich»-Programm auf. Wir können uns nicht nur aus etwas herausreden, sondern genausogut in etwas hineinreden. Löschen Sie die Anweisungen aus der Kindheit, die Sie immer im Ohr haben, wie z. B.: «Das brauchst du gar nicht erst zu versuchen, Liebes. Das kannst du doch nicht.» Oder: «Iß nichts Scharfes. Davon kriegst du Bauchweh.»

Schaffen Sie sich ein neues Programm, und geben Sie sich die Anweisungen, die Sie gerne hören möchten. Üben Sie: «Ich mache jetzt langsam und konzentriere mich nur auf dieses eine Projekt. Alles andere kann warten.» Oder: «Es ist in Ordnung, diesem Komitee abzusagen.

Ich möchte da wirklich nicht mitarbeiten.» Oder: «Ich entspanne mich jetzt erst mal und genieße diese Mahlzeit. Ich hab's nicht eilig.»

Manchmal helfen visuelle Anreize. Ich habe z. B. eine kleine Porzellanschildkröte auf meiner Kommode stehen. Jeden Morgen, wenn ich mich anziehe, fällt mein Blick auf sie. Für alle anderen ist es eine niedliche blaue Schildkröte. Mich erinnert sie jedoch jedesmal daran, mich selbst zu bremsen. Wenn mein Blick auf sie fällt, muß ich lächeln und atme automatisch langsamer. In der amerikanischen Version von «Hase und Igel» (es gibt keine Igel in den USA, dafür aber Schildkröten; Anm. d. Übers.) war es nämlich die Schildkröte, die das Rennen gewann.

Auch in meinem Arbeitszimmer habe ich – gleich beim Telefon – so eine sichtbare Gedächtnisstütze. Ich nahm einen Markierungsstift und schrieb in Druckbuchstaben: «SEI REALISTISCH!» Diese blaue Aufschrift starrt mich jedesmal beim Telefonieren an und ermahnt mich zur Vorsicht, wenn ich schon wieder dabei bin, mich auf eine neue Verpflichtung einzulassen.

Reden Sie sich den Ärger von der Seele

Führen Sie Selbstgespräche, um die mit Ärger verbundene Anspannung abzubauen. Viele Menschen, die es ablehnen, ihren Körper mit Tabak, Drogen, Alkohol oder Naschen zu drangsalieren, belasten ihn aber mit Verärgerung über die ganze Welt. Vom eigenen Auto aus beleidigen sie andere Fahrer; sie schreien ihre Kinder an; sie beschweren sich über den Service in Geschäften und Restaurants und sind davon überzeugt, daß jeder sie nur nerven will. Sie sind immer zum Kämpfen aufgelegt, immer bereit, sich mit Menschen anzulegen, die ihnen scheinbar den Weg versperren. Und dann wundern sie sich, wenn sie Kopfweh, ein steifes Genick oder das Gefühl haben, daß ihr Darm in Flammen steht.

Aber so muß es nicht sein. Wir können uns nämlich ebensogut in einen Kampf hineinsteigern wie auch wieder herausreden. Gehen Sie nicht die Wände hoch, sondern entspannen Sie sich. Wenn Sie merken, daß Sie in einer bestimmten Situation wütend werden, sehen Sie nicht gleich rot. Sehen Sie lieber grün. Flüstern Sie sich «grün» vor, denken Sie dabei an den Frühling, an Lämmchen, die über eine grüne Wiese springen, an Knospen, die aus dem Boden sprießen, und an grüne, beruhigend wirkende Felder, gesäumt von grünen Bäumen, die sich im Wind hin- und herwiegen. Flüstern Sie «grün» und lassen Sie sich den

Duft von frisch geschnittenem Gras in die Nase steigen. Hören Sie zu, wie Sie «grün» sagen, und lassen Sie Ihren Ärger und die Anspannung, die er mit sich bringt, verrauchen. Lauschen Sie nach innen.

Die Heilkraft des Lachens

Nichts durchbricht Spannung so leicht wie der Klang von Gelächter. Es ist schwer, wütend zu bleiben, sogar auf sich selbst, wenn Sie wissen, daß die betreffende Angelegenheit auch eine komische Seite hat. Sagen Sie sich, daß Sie auch die lustige Seite betrachten müssen. Das wird dann bald zur Gewohnheit.

Zahllose Untersuchungen haben gezeigt, daß Sinn für Humor Spannungszustände mindert. Norman Cousins beschreibt in seinem Buch «Der Arzt in uns selbst», daß Lachen bei seiner Genesung von einer schweren Krankheit eine wichtige Rolle spielte. Sie fühlen sich nicht nur wohl beim Lachen, sondern es tut dem Körper wirklich gut: Es befördert zusätzliche Luft in die Lungen, veranlaßt, daß gesunde Hormone durch Ihren Körper strömen, senkt den Blutdruck, vermindert die Muskelanspannung, verbessert die Blutzirkulation und reduziert Schmerzen und Depressionen. An vielen medizinischen Einrichtungen wird derzeit die Heilkraft des Lachens ernsthaft untersucht. Es muß einfach gut für uns sein.

Noch eine letzte Bemerkung zum Lächeln. Der alte Satz: «Lächle, und die Welt lächelt mit dir», stimmt. Probieren Sie es doch einmal aus und lächeln Sie auf der Straße oder in einem Einkaufszentrum einfach andere Leute an. Viele werden Ihr Lächeln bestimmt erwidern.

Hören Sie auf, sich selbst so ernst zu nehmen. Lernen Sie, über sich selbst zu lachen. Sie werden sich dadurch wohler fühlen.

Unterschätzen Sie nie die Kraft der Gedanken. Sie können sich selbst in einen Ruhezustand oder in erfolgreiche Unternehmungen hineinreden. Es ist wie in der Geschichte von der kleinen Lokomotive, die sich immer wieder vorsagte: «Ich glaub, ich kann's; ich glaub, ich kann's.» Mit Worten können Sie auch beim Sport ein weniger gutes Team dazu bringen, sich selbst zu übertreffen und einen überlegenen Gegner zu schlagen; oft können Sie sich auch durch Schmerzen hindurchreden, wie Frauen das bei der natürlichen Geburt tun, und Sie können Anspannungen mindern.

Worte haben *Heilkraft*, aber Wunderheiler oder -heilerin müssen *Sie selbst* spielen. Sie geben den Worten, die Sie sich vorsagen, die Bedeutung. Seien Sie nett zu sich selbst und sagen Sie sich in wichtigen Angelegenheiten nur solche Worte vor, die Ihnen helfen, sich zu entspannen, den Überblick zu behalten und Erfolge zu erzielen. Es liegt an Ihnen, sich solche positiven Botschaften zu geben.

Sie haben durchaus recht, wenn Sie glauben, daß Selbstgespräche nach Selbsthypnose klingen. In einer Art sind sie das auch. Über diese besondere Methode der Stressreduzierung erfahren Sie mehr in Kapitel 13.

12.
ENTSPANNUNGSMETHODEN

Stress *verursacht* das Reizdarmsyndrom zwar nicht, aber Expertinnen und Experten stimmen darin überein, daß er Symptome *auslösen* kann. Dr. Schuster und Dr. Whitehead zufolge «ist es wichtig zu wissen, daß die Beschwerden beim Reizkolon häufig in Situationen auftreten, die objektiv betrachtet nicht nervenaufreibend sind (d. h. die meisten Menschen empfinden sie nicht als stressig), auf die Reizdarmpatienten jedoch mit subjektiver Empfindlichkeit reagieren».[1]

Das Tagesjournal (beschrieben in Kapitel 7) kann Ihnen helfen, Lebensumstände zu identifizieren, die für Sie mit erhöhter Nervenbelastung verbunden sind. Diese können Sie dann vermeiden oder zumindest versuchen, ihren Effekt abzuschwächen. In manchen Fällen ist sicher auch die Unterstützung von therapeutischen Profis erforderlich, die Ihnen helfen können, belastende Situationen zu verstehen und zu handhaben.

Es wäre zwar wunderbar, Ihnen einfach Anweisungen geben zu können, wie Verspannungen abgebaut werden und mehr Ausgeglichenheit zu erzielen ist, aber das ist leider unmöglich. Jeder von uns hat eine ganz individuelle Natur und muß daher für sich selbst herausfinden, was am besten bei ihm funktioniert. Eventuell ist es eine Sache des Ausprobierens. Aber um es noch einmal zu betonen: Was auf den einen Menschen entspannend wirkt, kann einen anderen in Panik versetzen.

Als ich vor einigen Jahren in eine neue Gegend zog, hieß mich der örtliche Gartenklub willkommen. Die Mitglieder trafen sich nur unregelmäßig, und bei jeder Versammlung wurde erwartet, daß alle ein Blumenarrangement mitbrachten.

Bedauerlicherweise habe ich jedoch überhaupt kein Talent zum Gärtnern. Süße Kartoffeln wollen bei mir einfach nicht angehen, und sogar Plastikpflanzen verlieren unter meiner Obhut die Blätter. Das Herannahen des Gartenklubtreffens machte mich sehr nervös. Damals war es mir zwar noch nicht klar, aber dieser Stress brachte meine Reizdarmsymptome zum Ausbruch. Deshalb war ich dann auch zu krank, um zur Zusammenkunft zu gehen. Trotz meiner Beschwerden war ich heilfroh für einen Vorwand, meine totale Unfähigkeit in bezug auf Blumen und Pflanzen nicht zur Schau stellen zu müssen.

Zum Glück wurde mir allmählich klar, daß das einzige, was für mich im Gartenklub gedieh, meine Nervosität war: Ganz offensichtlich tat mir das nicht gut. Ich zog mich aus diesem Verein zurück und nahm peinlich berührt meine Erleichterung darüber zur Kenntnis. Für andere Menschen war der Gartenklub hingegen eine Quelle der Freude und der Entspannung.

Entspannende Hobbys

In den meisten Wörterbüchern wird «Hobby» als Aktivität bezeichnet, die außerhalb der Berufsarbeit der Entspannung und dem Vergnügen dient. Die Schlüsselworte sind hier natürlich «Entspannung» und «Vergnügen».

Für manche Menschen ist Sport ein Hobby – dabei putten sie beim Golfspiel, als ob es um ihr Leben ginge, oder sie schmettern beim Tennis einen Aufschlag hin, als ob es gelte, den Gegner mit dem Ball zu erschlagen. In Kapitel 15 finden Sie mehr über die Gefahren von Stress beim Sport. Überprüfen Sie aber Ihr Tagesjournal auf jeden Fall daraufhin, ob Sie schon kurz nach einem «entspannenden» Spiel auf dem Golf- oder Tennisplatz unter Ihren üblichen Beschwerden leiden.

Natürlich ist Wettbewerb an sich nichts Schlimmes. Sportlicher Ehrgeiz ist aufregend, eine Herausforderung, und gibt einem das Gefühl, aktiv zu sein. Wenn aber Ihr Herz bei der Ausübung Ihres Hobbys vor Anspannung schneller schlägt als bei Aerobic-Übungen, wenn Ihr Mund und Ihr Hals austrocknen und Ihre Därme sich rühren, wenn Sie sich dabei verspannen und ärgern, weil Sie nicht gewinnen, dann ist Sport für Sie keine Entspannung. Er weckt vielleicht Ihre Begeisterung, beschert Ihnen aber keine Ausgeglichenheit und verschafft Ihrem Verdauungstrakt keine Ruhe.

Wodurch wäre das zu erreichen? Für manche Menschen mit Angeln. Ich kenne einige Leute, die stundenlang mit der Angelrute in der Hand stillsitzen können, beobachten, wie der Schwimmer auf den Wellen auf und ab schaukelt – und denen es eigentlich gar nicht wichtig ist, ob ein Fisch anbeißt oder nicht. Ihre Atmung geht dabei langsam und gleichmäßig, ihre Gesichtsmuskeln sind entspannt, und sie fühlen sich wohl; zumindest in dieser Zeit sind sie mit sich und ihrem Leben zufrieden.

Probieren Sie ruhig auch Ungewöhnliches aus. Dr. Stephen Allen jr., Sohn des Autors und Entertainers Steve Allen, ist Arzt für Allgemeinmedizin. Er lernte zu jonglieren und entdeckte, daß ihm das bei der Stressreduktion half. Die Peter-Pan-Darstellerin Mary Martin und der frühere Footballstar Roosevelt Greer waren auch für ihre Erfahrung beim Sticken bekannt. Beide berichteten, daß es auf sie sehr beruhigend wirke.

Andere sitzen am Klavier und spielen ihre Verspannungen weg. Sie erfreuen sich am Klang der Musik, am Gefühl der Tasten unter den Fingern, an ihrer eigenen Kreativität. Manche sind genausogut wie Berufsmusiker, andere hatten nur wenige Stunden Unterricht und tun so als ob. Es kommt dabei gar nicht darauf an, etwas von Musik zu verstehen. Wichtig ist nur, daß Sie etwas tun, bei dem Sie sich entspannen können.

Viele Menschen finden Ruhe, wenn sie sich Musik anhören. Ein Nachbar von mir gönnt sich jede Woche eine neue CD mit einer Oper oder einer Symphonie. Er entspannt sich draußen in der Sonne, blockiert den Lärm der Rasenmäher und spielenden Kinder aus und läßt seine Gedanken wandern.

Seine Frau, eine hervorragende Köchin, empfindet andere Sinneseindrücke als erholsam. Oft zieht der Duft von Zimt oder ihrer speziellen Blütenauslese durchs Haus. Er verleitet dazu, die Schritte zu verlangsamen, tief einzuatmen und von fernen Gärten zu träumen.

Sie müssen schon selbst ausprobieren, was auf Sie beruhigend und besinnlich wirkt. Das kann Ihnen niemand abnehmen. Was Ihrer besten Freundin oder Ihrem Ehepartner einen Ausgleich verschafft, kann bei Ihnen das Gegenteil bewirken. Geben Sie Ihre Suche nicht zu schnell auf.

Versuchen Sie es einmal mit Sticken, Stricken oder Häkeln. Spielen Sie einmal mit Wasserfarben, Ölfarben oder Kohle herum. Probieren Sie solche «Handarbeiten» wie Teig kneten, Briefmarken sammeln oder die Gärtnerei... Die Liste läßt sich endlos fortsetzen. Was immer Sie dabei entdecken, es sollte Ihnen auf jeden Fall Entspannung bringen und Spaß machen. Wenn Ihr Hobby nicht jederzeit zugänglich ist, wie z. B. Reiten und Segeln, stellen Sie es sich vor. Schließen Sie die Augen, und lassen Sie Ihre Imagination für sich arbeiten. Nach einer Weile sollte bereits die Vorstellung, daß Sie mit Ihrem Hobby beschäftigt sind, erholsam sein. Mehr über diese Vorgänge finden Sie in Kapitel 13.

Wunderbare Wasserwelt

Auf die meisten von uns wirkt das Eintauchen ins Wasser befreiend. Vielleicht ist es eine unbewußte Rückkehr in den Mutterleib, wo wir unbelastet herumschwammen, bevor wir in diese kalte, verrückte Welt gestoßen wurden.

Machen Sie Ihre Badewanne zum ganz persönlichen Kurort – meine

Freundin nennt das ihre «Immersionstherapie». Sagen Sie der Familie, daß Sie eine halbe Stunde für sich brauchen. Wenn Sie kleine Kinder haben, sorgen Sie für eine Babysitterin, oder handeln Sie etwas mit Ihrer Freundin aus. Das ist jetzt Ihre ungestörte Zeit.

Schalten Sie den Anrufbeantworter an, bitten Sie andere, das Telefon abzunehmen, oder decken Sie es mit einem Kissen zu, damit Sie nicht unterbrochen werden. (Nehmen Sie nicht den Hörer von der Gabel. Die Telefongesellschaft behauptet, daß dadurch die Leitungen durcheinandergeraten.) Lassen Sie die Badewanne mit warmem Wasser volllaufen und verwenden Sie Badeöl oder ein Schaumbad. Es soll nicht zu heiß sein. Steigen Sie hinein und genießen Sie das Gefühl des Wassers auf Ihrem Körper. Schließen Sie die Augen. Atmen Sie ruhig. Erfreuen Sie sich am Duft des Badeöls oder Schaumbads. Spielen Sie mit Ihren Zehen. Entspannen Sie sich. Wenn Blähungen Sie quälten, werden Sie entdecken, daß warmes Wasser auch in dieser Hinsicht beruhigend und entspannend wirkt.

Natürlich können Sie nicht mitten in einer Krise im Büro in die Badewanne hüpfen, aber «Abschalten» ist bis zu einem *gewissen Grad* auch möglich, wenn Sie sich nur in Erinnerung rufen, wie das Schaumbad duftete und sich auf der Haut anfühlte. Sie werden feststellen, daß sich schon bei der Vorstellung Ihre Atmung verlangsamt und der Körper sich etwas erholt.

Massage: Das «greifbare» Gefühl

Massage kann als «Manipulation des oberen Körpergewebes für therapeutische Zwecke und zum Abbau von Stress» definiert werden. Die Massage war bereits den alten Griechen und Römern bekannt, aber auch die Chinesen, Japaner und andere östliche Kulturen setzten sie schon seit Jahrhunderten ein.

Es gibt natürlich verschiedene Methoden, aber allen gemeinsam ist das Streichen und Kneten des Körpers. Unterschiede bestehen im Druck, der dabei ausgeübt wird. Manche Arten, wie z. B. die Sportmassage, sind eher therapeutisch und auf bestimmte Problembereiche gerichtet; dabei werden tiefere, spezifizierte Muskelschichten bearbeitet, um die Blutzirkulation anzuregen. Die schwedische Massage besteht aus schnellem, kräftigem Streichen, das den ganzen Körper belebt.

Für mich ist die allwöchentliche Massage wichtig, weil sie mir hilft, Verspannungen abzubauen. Wenn ich sie einmal nicht einplanen kann, spüre ich einen *deutlichen* Unterschied. Zum Glück habe ich eine Masseurin, die zu mir ins Haus kommt und ihren eigens dazu konstruierten Tisch mitbringt. Mir ist es angenehmer, wenn das Licht gedämpft und die Klimaanlage ausgeschaltet ist. Sie arbeitet eine Stunde lang an mir, fängt am Hals an (ein wunder Punkt bei mir), behandelt dann das Gesicht, Hände und Arme und geht dann abwärts bis zu den Füßen. Dann lege ich mich auf den Bauch, und sie macht weiter mit Beinen und Rükken. Wenn die Stunde verstrichen ist, bin ich vollkommen locker und fühle mich dennoch voller Energie. (Sie sagt, das sei eine ungewöhnliche Reaktion; die meisten Menschen würden hinterher am liebsten schlafen.)

Auch während der Massage schlafe ich nicht ein. Aber mein Kopf ist leer; ich kann mich nie daran erinnern, etwas gedacht zu haben. Ich konzentriere mich voll auf das Gefühl meiner warmen Muskeln und genieße die Entspannung.

Wenn Sie Massage als Entspannungsmittel ausprobieren wollen, hören Sie sich zuerst um, insbesondere wenn Masseur oder Masseurin ins Haus kommen. Überprüfen Sie, ob er oder sie die erforderliche Ausbildung hat.

Vergessen Sie nicht zu sagen, welche Art von Behandlung Sie wünschen. Ich ziehe eine Tiefenmassage vor; aber bevor ich lernte, mich zu behaupten, lag ich nur ruhig auf dem Tisch und war frustriert, weil ich die Massage zu schwach fand. Manchen Menschen ist eine leichte, streichelnde Berührung lieber. Wenn Sie sich außer Haus, vielleicht in einem Massageinstitut o. ä., massieren lassen, ist möglicherweise viel Lärm um Sie herum, und das Licht läßt sich nicht dämpfen. Falls Sie die Möglichkeit haben, bitten Sie um schwaches Licht; das vermindert die Ablenkung.

Es kann schon ein paar Stunden dauern, bis Sie herausgefunden haben, ob Sie Musik oder Stille vorziehen. Ich hoffe, daß Sie keine gesprächige Physiotherapeutin erwischen, wie mir das einmal in einem Ferienort passierte. Obwohl ich sie für ihre Dienste bezahlte, hatte ich nicht den Mut, ihr zu sagen, daß sie doch bitte aufhören möchte zu erzählen. (Sehen Sie, es strapaziert die Nerven, sich nicht durchzusetzen!)

Die junge Frau, die mich normalerweise betreut, kommt seit vier Jahren. Sie kennt meine schwachen Punkte fast genausogut wie ich. Während sie meine Arme bearbeitet, unterhalten wir uns ein wenig, ansonsten schwebe ich in entspannter Stille – genau das, was ich gerne möchte.

Ist es ein Luxus, sich massieren zu lassen? Für mich ist es eine Notwendigkeit. Die Schönheitspflege kann ich überspringen – ich habe allerdings kurze Haare, die nicht in Form gebracht werden müssen. Und seit meinem Hochzeitstag vor 27 Jahren habe ich keine Maniküre mehr gesehen. Meine Schuhe trage ich so lange, bis mein Schuhverkäufer mich bittet, niemandem zu erzählen, daß sie aus seinem Laden stammen, denn etliche sind bereits vier oder fünf Jahre alt. Nichts von alledem hat für mich auch nur annähernd die Wirkung wie eine einstündige Massage. Natürlich ist das eine Frage des persönlichen Geschmacks; für mich jedenfalls ist Massage die beste Erfindung, die es je gab.

Lassen Sie sich von Tagträumen entführen

Vielleicht wenden Sie ein: «Ich würde mich schon gerne massieren lassen, aber ich bin von neun bis fünf im Büro und habe fast jeden Abend noch irgendeine Sitzung. Wie kann *ich* mich bei meinem Tagesablauf entspannen?»

Tagträume machen es möglich. Als Schulkind haben Sie vielleicht schon in Geschichte oder Algebra geträumt – und sind dadurch in Schwierigkeiten geraten. Manche Ihrer Mitmenschen finden es sicher nicht gut, wenn Sie Ihre Gedanken für einen Moment abdriften lassen; aber die meisten Tagträumer berichten, daß sie, wenn sie dann wieder «zurück auf der Erde» sind, sich erfrischt fühlen und neuen Tatendrang verspüren. Wissenschaftler behaupten, daß das Tagträumen für viele Menschen die gleiche Bedeutung hat wie Entspannungsübungen und Meditation, da es bestimmte Spannungen abbaut.

Dr. Thomas D. Borkovec* stimmt ebenfalls zu, daß Tagträumen eine angenehme Form der Kurzentspannung sein kann. Er fügt allerdings hinzu: «Ersetzen Sie nicht eine Gewohnheit (z. B. zu sehr unter Druck zu geraten) mit einer anderen. Übertreiben Sie nicht. Tagträume sollten nicht zur Zuflucht werden, sondern Ihnen nur eine kurze Verschnaufpause verschaffen.»

Behalten Sie diese Warnung im Kopf, und versuchen Sie nicht, sich gewohnheitsmäßig in eine Phantasiewelt zurückzuziehen, sondern nur, Ihre Anspannung wegzuträumen. Denken Sie an Ihren Lieblingsort – am Strand, in den Bergen oder im Wald. Stellen Sie sich vor, wie Sie dort spielen oder sich entspannen. Erzählen Sie sich eine Geschichte. Manche Menschen lassen die Gedanken gern bei ihrer Lieblingsmusik schweifen. Andere schnuppern an ihrer liebsten Blütenauslese und lassen sich vom Duft entführen. Probieren Sie einmal, Linus von den «Peanuts» nachzuahmen, und streicheln Sie ein Stück weichen Stoff, vielleicht auch einen glatten Stein oder Ihr Haustier. (Zahllose Untersuchungen haben ergeben, daß das Streicheln eines Tieres den Blutdruck senkt und Depressionen abschwächt.)

Nutzen Sie all Ihre Sinne. Entspannen Sie sich, und träumen Sie sich an einen andern Ort.

Gibt es verspannte Katzen?

Wir Menschen gelten zwar als die fortschrittlichsten aller irdischen Lebewesen, aber ich glaube, wir können alle noch etwas über Entspannung von den Tieren lernen. Ich persönlich liebe Hunde, aber wir haben zur Zeit keinen. Unsere jüngste Tochter hat allerdings mit unserer Erlaubnis zwei Katzen aufgenommen – aber wer weiß, möglicherweise sind sie es, die uns erdulden.

Es läßt sich sicher die Behauptung aufstellen, daß die meisten Hauskatzen keine nervösen Kreaturen sind. Sie können natürlich in Panik geraten, z. B. wenn sie auf den neuen Orientteppich gepinkelt haben; das ist jedoch eher gesunder Instinkt als Stress.

Sie schlafen viel – und oft gefährlich nahe am Rand – auf Küchenschränken, Couchlehnen und Stühlen oder zusammengerollt in einer Einkaufstüte oder im Zeitungsständer. Ich öffnete einmal eine Schublade, wurde vom Telefon abgelenkt, und als ich zurückkam, schlief Smudge, unser kastrierter, zwanzigpfündiger Kater, darin auf den Platzdeckchen.

So ein kurzer Schlaf ist durchaus eine sinnvolle Gewohnheit. Viele berühmte Leute (Winston Churchill, John F. Kennedy und Thomas A. Edison, um nur einige zu nennen) nickten oft mal kurz ein, um dann erfrischt wieder aufzuwachen. Viele Frauen erzählen, daß ihre Männer nach dem Abendessen oder vorm Fernseher Experten darin sind.

Ich habe Menschen, die das können, immer beneidet. Diese Leute behaupten, daß es eine gute Methode ist, Anspannung abzubauen; sie sagen, daß sie sich danach viel ausgeglichener fühlen.

Toilettenpause

«Ich habe morgens soviel zu tun», klagte eine Mutter von drei Kindern, die besonders unter Verstopfung leidet. «Ich habe nicht mal Zeit, aufs Klo zu gehen. Bis ich das Frühstück gerichtet habe und alle Kinder auf dem Schulweg sind, muß ich dann nicht mehr.»

Das Ignorieren des Stuhldrangs ist eine der häufigsten Ursachen von

Verstopfung. Zum Glück läßt sich dieses Problem leicht beheben. Sie müssen sich nur neu trainieren, so wie Ihre Mutter Sie ursprünglich bei Verspüren des Dranges sofort bei der Hand nahm und zur Toilette brachte; dann konnte die Natur ihren Lauf nehmen. Falls erforderlich, stehen Sie früher auf, damit Sie genug Zeit haben.

Planen Sie diese Zeit unbedingt für sich ein. Sie würden ja während der Sauberkeitserziehung auch ein Kleinkind auf dem Topf nicht drängen oder einen Hund, der stubenrein werden soll. Warum also hetzen Sie sich selbst? Entspannen Sie sich, indem Sie die Zeitung lesen oder eine Zeitschrift überfliegen. Drehen Sie das Radio oder die Stereoanlage auf, damit besänftigende Musik bis ins Bad dringt. Dies ist nicht der geeignete Moment, die Nachrichten mit den neuesten Terroristenanschlägen, Mordfällen oder Vergewaltigungen zu hören. Schalten Sie ab. Wenn es Ihnen hilft, schließen Sie die Augen, um sich nicht ablenken zu lassen.

Auto fahren

Viele Leute macht nicht die Arbeit zum Nervenbündel, sondern die Fahrt dorthin. Wer in einer Stadt mit öffentlichen Verkehrsmitteln lebt, braucht nicht selbst zu fahren. Das kann einen zwar vom Autofahren befreien, hat aber auch seine Strapazen: das Gefühl, von einer Menschenmasse umgeben zu sein, Angst um die Sicherheit, Frustration wegen unregelmäßiger Arbeitszeiten oder ein Gefühl der Abhängigkeit von andern.

Mit dem eigenen Auto zu fahren befreit Sie jedoch kaum von diesen Problemen. Die meisten Straßen sind während der Hauptverkehrszeiten verstopft. Einmal abgesehen von Fahrern, die unter dem Einfluß von Alkohol oder Drogen den Verkehr gefährden, ärgern sich viele darüber, zwischen fremden Fahrzeugen eingeklemmt zu sein oder überhaupt zur Arbeit gehen zu müssen, während andere einfach grundsätzlich schlecht gelaunt sind; deshalb wechseln sie dann ständig die Spur, drücken dauernd auf die Hupe und jagen ihren Blutdruck hoch.

Ich lebe in einer Großstadt, wo, wie in den meisten Wachstumsgebieten, in der Hauptverkehrszeit die Highways mit Fahrzeugen verstopft sind. Wenn ich dann einmal irgendwohin fahren mußte, verhielt ich mich jahrelang wie die meisten anderen Fahrerinnen auch: Während die Autoschlange dahinkroch, hielt ich die Zähne zusammengebissen, die Augen zusammengekniffen, trommelte frustriert aufs Armaturenbrett oder hielt das Lenkrad krampfhaft umklammert, bis meine Finger schmerzten.

Als ich dann mit den Aufzeichnungen in meinem Tagesjournal begann, fiel mir auf, daß ich oft Bauchschmerzen und andere Beschwerden hatte, wenn ich in einem Verkehrsstau gesteckt hatte. Es gehörte keine besondere Intelligenz zu der Schlußfolgerung, daß diese Nervenbelastung mir nicht guttat.

Was konnte ich dagegen tun? Ich habe mein Büro zu Hause, brauchte also nicht zur Arbeit zu fahren. Ich mußte aber häufiger zu Konferenzen und Interviews, weshalb ich dann oft, wie alle anderen auch, zur Stoßzeit unterwegs sein mußte. Wann immer es möglich war, verlegte ich die Termine. Wenn das nicht klappte, änderte ich meine innere Einstellung.

Wenn Sie einmal darüber nachdenken, sitzt bei uns doch eigentlich jeder Fahrer und jede Fahrerin in der eigenen kleinen Zelle und hetzt – oder besser kriecht – die Straßen entlang, eingeschlossen und allein, wie ein Astronaut in einer Raumkapsel. Viele Autos haben Klimaanlage, Stereo und Kassettendeck, also alles – bis aufs Wasserbett und den Fernseher –, um sich richtig zu Hause zu fühlen. Auf den Verkehr draußen haben wir leider keinen Einfluß, aber der Innenraum unterliegt durchaus *unserer* Kontrolle. Daran beschloß ich zu arbeiten.

Ich hörte nur noch klassische Musik im Auto und fand den Klang sehr erholsam. Mein Lieblingssender unterbricht sein Programm auch nicht ständig mit Werbung; die kommt immer nur zu jeder halben und vollen Stunde.

Ich kaufte mir auch eine Kassette mit Robert-Frost-Gedichten, von ihm selbst gelesen. Während er seine eigenen Werke las, bemerkte ich gar nicht, daß ich kaum vorankam, so sehr war ich davon gebannt. Und wichtiger noch, meine Eingeweide waren genauso gelassen wie ich.

Ein Freund von mir, der behauptet, Gedichte nicht ausstehen zu können, kaufte sich «Bücher auf Kassetten», die es inzwischen gibt, und freut sich, daß er jetzt endlich einige der Bestseller kennenlernt und sogar ein paar alte Klassiker. Obwohl ich mir nicht vorstellen kann, daß aufgedrehte Rockmusik irgend jemandem helfen kann, sich zu entspannen (auch nicht die Kids, die sie so cool finden), spielt es eigentlich gar keine Rolle, was Sie sich anhören. Solange es verhindert, daß Sie nervös werden, sich auf die Hupe legen und sich unnötigen Stress schaffen, ist der Zweck erfüllt.

Ich gebe es nicht gerne zu, aber seit zwei Jahren benutze ich auch ein Autotelefon und finde es ausgesprochen hilfreich – wenn auch teuer –, um Nervenbelastungen abzubauen. Wenn ich in einem Verkehrsstau stecke, kann ich eben mal anrufen und Bescheid sagen, daß ich zu spät komme; mit der Freisprechanlage, die es mir erlaubt, bei einem Gespräch beide Hände am Steuer zu lassen, erledige ich auch andere Anrufe, während ich meine Zeit auf der Straße «verschwende». Dadurch kann ich dann, wenn ich nach Hause komme, gleich an die Arbeit gehen, statt erst einmal eine halbe Stunde herumzutelefonieren und nervös zu werden, weil die Zeit mir durch die Finger rinnt. Wenn Sie noch nicht wissen, wieviel Zeit Sie am Telefon verbringen, fangen Sie noch heute damit an: Notieren Sie, wann Sie den Hörer aufnehmen und wann Sie ihn wieder hinlegen. Die meisten Leute erschrecken, wie viele *Stunden* sie vertelefonieren.

Wenn Sie kein Autotelefon wollen oder es sich nicht leisten können, legen Sie sich für jedes Telefon eine altmodische Eieruhr zu. Für die meisten Anrufe sind nämlich mehr als drei Minuten zu lang.

Vorausplanen

Eine Untersuchung von Dr. Drossman ergab, daß Menschen mit Reizdarmsyndrom zu Zeiten erhöhter Belastung unter Symptomen leiden.[2] Es mag Ihnen nicht bewußt sein, aber wenn Sie einmal Ihr Tagesjournal überprüfen, werden Sie feststellen, daß um den Jahrestag eines traumatischen Ereignisses wie dem Verlust eines Elternteils oder einer Scheidung Beschwerden auftreten, auch wenn Sie gerade eine Weile Ruhe gehabt hatten; es können auch die Weihnachtsfeiertage oder Ihr Geburtstag sein – insbesondere ein «runder» (30, 40 oder 50) – oder wenn Sie das Sterbealter Ihrer Eltern erreichen.

Wenn Sie das bereits im voraus wissen, können Sie Ihren Terminkalender entsprechend freihalten, damit Sie in dieser Zeit nicht zusätzlichem Stress ausgesetzt sind und Gelegenheit zu den Entspannungsübungen haben, die bei Ihnen am wirksamsten sind. Falls Weihnachten für Sie eine Bürde ist – für die meisten von uns mit zusätzlichem Stress verbunden und eine der kritischsten Zeiten des Jahres –, beschränken Sie sich auf gesellschaftliche Ereignisse, die Ihnen Spaß machen. Streichen Sie Traditionen, die für Sie keine Bedeutung mehr haben, und passen Sie auf, was Sie essen. Schauen Sie öfter in Ihr Tagesjournal, damit Ihnen deutlich wird, was bei Ihnen in anstrengenden Zeiten Symptome nach sich zieht.

Dr. Borkovec zufolge liegt das Geheimnis im Umgang mit Reizdarmsyndrom darin, Stresshinweise frühzeitig zu erkennen. Wenn es

Ihnen gelingt, die allererste Ankündigung von Beschwerden wahrzunehmen, sollten Sie auch imstande sein, mit Ihren wirkungsvollsten Entspannungsübungen die Stressbelastung und damit die Auswirkungen auf Ihren Körper zu reduzieren.

13.

TIEFENENTSPANNUNG

Fast alle werden wir mit dem Talent geboren, uns zu entspannen, wenn wir müde oder überfordert sind. Babys und Kleinkinder schlafen einfach ein oder ruhen sich aus, wann und wo das auch immer sein mag: auf dem Fußboden, an der Schulter der Eltern, sogar im Auto.

Als Teenager wissen wir nicht mehr, wie dieses spontane Sich-Gehenlassen funktioniert. Wir bekämpfen Anspannung mit Anspannung, anstatt abzuschalten und einzudösen. Zum Glück läßt sich Entspannung jedoch trainieren, und zwar mit Hilfe der «progressiven Entspannung». Sie wird in verschiedenen Variationen angeboten, beruht allerdings immer auf dem gleichen Prinzip.

Entspannung ist das Gegenstück zur Muskelaktivität. Wenn wir entspannt sind, ist es unmöglich, gleichzeitig angespannt zu sein. Genau wie Athleten und Athletinnen, die darauf trainieren, ihre Muskeln im richtigen Moment anzuspannen und wieder zu entspannen, um in Wettkämpfen eine Spitzenleistung zu bringen, können auch wir durch Übung lernen, unsere Muskeln zu entspannen, um uns so weitgehend wie möglich von Verspannungen zu befreien. Diese Fähigkeit läßt sich jedoch nicht vom Arzt verschreiben oder anlesen. Wir können uns wohl die theoretischen Grundlagen aneignen, aber das reicht leider nicht aus, genausowenig wie das Durchlesen eines Buches über Tennis einen Tennisprofi aus uns macht. Progressive Entspannung ist nur durch eine ganz herkömmliche Methode zu erlernen: durch Übung und Wiederholung, bis sie uns zur zweiten Natur geworden ist.

Das Konzept ist nicht neu

Als «Vater» der Progressiven Entspannung gilt der Physiologe Edmund Jacobson. Vor mehr als 40 Jahren gelangte er zu der Überzeugung, daß längere Anspannung Krankheiten verursachen kann. Er glaubte, daß Menschen, die sich der Verkrampfung gewisser Muskeln bewußt werden, durch die willentliche Aktivierung anderer Muskelgruppen lernen können, Verspannungen abzubauen. 1929 veröffentlichte er ein Buch, in dem er seine Theorien beschrieb. Es wurde von vielen Medizinern und Angehörigen der therapeutischen Berufe gelesen.

Für die westliche Welt war Progressive Entspannung zwar ein ganz neues Konzept, aber im Osten war sie unter verschiedenen Bezeichnungen schon seit Jahrhunderten bekannt. In der frühen Literatur finden sich Beschreibungen von Mönchen, Rabbinern und anderen Vertretern der Religionen, die mit Yoga, Meditation oder Selbsthypnose bereits verschiedene Arten der Tiefenentspannung praktizierten. Ihr Ziel war es, die Einflüsse der materiellen Welt auszublenden, um sich ganz auf die spirituelle Seite zu konzentrieren. Solche Methoden gestatten es Meditierenden, einen Zustand der inneren Ruhe und des Friedens zu erlangen, bei dem die Atmung, die Aktivität des Gehirns und der Herzschlag sich verlangsamen und der Blutdruck sinkt.

Zum Teil kann dieser Zustand durch Rückzug an einen ungestörten Ort, durch langsames und bewußtes Atmen und durch Wiederholung eines oder mehrerer Worte bei jedem Ausatmen erreicht werden. Mancher hat schon eine Menge Geld für ein «eigenes» Mantra bezahlt, aber eigentlich ist das verwendete Wort gar nicht so wichtig. Seine Bedeutung liegt in erster Linie darin, daß es die Konzentration erleichtert und andere Gedanken am Eindringen hindert. Manchmal hat das Wort überhaupt keinen Sinn und besteht nur aus einem bestimmten Klang. In anderen Fällen hat es seinen Ursprung in der Religion oder sagt nur der Benutzerin oder dem Benutzer etwas.

Progressive Entspannung

Progressive Entspannung ist eine Methode, bei der wir lernen, Stress und Muskelanspannung im Körper zu erkennen, zu isolieren und dann bewußt zu reduzieren, und zwar durch Konzentration auf ein Wort oder einen Satz.

Mit den beiden Grundformen der Progressiven Entspannung – der aktiven und der passiven – wird ein und derselbe Zweck verfolgt: sich in Tiefenentspannung zu versetzen. Bei der aktiven Variante legen Sie sich auf eine Couch, einen Liegestuhl oder ein Bett und spannen und entspannen dann nacheinander verschiedene Muskeln. Um ein Gefühl dafür zu entwickeln, wie sich Entspannung anfühlt, befiehlt Ihr Wille dem Körper zuerst, bestimmte Muskelgruppen anzuspannen und danach wieder loszulassen.

Bei einigen Methoden konzentrieren Sie sich auf ein einzelnes Wort oder einen Satz, andere arbeiten mit der Vorstellungskraft – der Visualisierung einer bestimmten Umgebung, einschließlich der Düfte, Geräusche, Bilder und Empfindungen, die für Sie Entspannung verkörpern.

Passive Progressive Entspannung ist im Grunde genommen das gleiche, jedoch ohne die vorausgehende Muskelanspannung der aktiven Variation. Statt dessen konzentrieren Sie sich zuerst auf Ihre Füße, dann auf die Knöchel bis hinauf zum Gesicht und der Kopfhaut, bis schließlich die gesamte Muskulatur entspannt ist.

Beiden Methoden ist gemeinsam, daß zunächst an einem ruhigen Ort und mindestens einmal täglich zehn bis zwanzig Minuten lang geübt wird. Zweimal am Tag ist sogar besser, aber die meisten Expertinnen und Experten lehnen mehr als das ab.

Eine von ihnen erklärte: «Sinn und Zweck ist es nicht, sich von der Welt zurückzuziehen, sondern ein Werkzeug in die Hand zu bekommen, das den Umgang mit stressigen Situationen erleichtert, weil Sie sich entspannen und aufgestaute Verspannungen abbauen können.»

Wenn es Ihnen nach einer Weile dann gelingt, sich in der Zurückgezogenheit in Tiefenentspannung zu versenken, können Sie damit beginnen, die gleiche Methode in einer lauteren und hektischeren Umgebung zu üben. Ziel dabei ist natürlich, Tiefenentspannung in Zeiten intensiver Überforderung zu erreichen – also wenn Sie es wirklich brauchen –, und nicht nur in der Einsamkeit und Ruhe Ihres Schlafzimmers.

Was geschieht dabei?

Wenn Sie die Tiefenentspannung erst einmal beherrschen, kann sich als Folge davon der chemische Haushalt Ihres Körpers verändern. Dabei werden insbesondere die durch Stress produzierten Chemikalien beeinflußt. Bei manchen Menschen vermindert sich die unregelmäßige Darmaktivität ihres Reizkolons, der Blutdruck läßt sich dadurch senken, und Kopfschmerzen können abgebaut werden oder ganz verschwinden. Dr. Herbert Benson, der das bekannteste Buch über die neueste Version der Progressiven Entspannung, «The Relaxation Response», geschrieben hat, meint, daß damit auch Übelkeit, Durchfall und Verstopfung gebessert werden können. Es ist ein Beweis dafür, daß die Theorie von der Überlegenheit des Geistes über den Körper nicht nur eine Redensart ist, sondern sich auf Tatsachen stützt. Aus diesem Grund ist die Tiefenentspannung ein wichtiges Werkzeug für alle, die unter stressbedingten Beschwerden leiden. Für Menschen mit Reizkolon ist es also ein wertvolles und willkommenes Mittel, mit ihrem Gesundheitsproblem umzugehen.

Jacobson beschrieb 1927 in einem Artikel seine Erfolge mit der Progressiven Entspannung bei der Behandlung des Reizdarms.[1] Seit dieser Zeit hat die Tiefenentspannung allein oder in Kombination mit anderen Stressreduktionsmethoden vielen Patienten Erleichterung verschafft.

Wo können Sie Entspannung lernen?

Viele Menschen lernen die Progressive Entspannung bei Angehörigen der Berufe für körperliche und geistige Gesundheit, also bei Ärzten, Psychologen, Psychotherapeuten usw., die sich mit dieser Methode auskennen. Sie üben so lange unter der Anleitung von Experten, bis sie mit der Methode vertraut sind und die gleiche Wirkung auch ohne Unterstützung erzielen. Falls Sie jemanden in Ihrer Stadt suchen, schauen Sie in den Gelben Seiten Ihres Telefonbuchs unter «Psychotherapie, psychologische Beratung» nach, oder erkundigen Sie sich beim Gesundheitsamt.

Sicher gibt es in Ihrer Bibliothek oder im Buchhandel ebenfalls eine Anzahl Bücher über die verschiedenen Arten der Entspannung, einschließlich Yoga, Visualisierung und Meditation. Die meisten enthalten Beispiele über das Training der jeweiligen Methode.

Leider ist es unmöglich, die Anweisungen für die einzelnen Schritte zu lesen und gleichzeitig in die Praxis umzusetzen. Deshalb brauchen Sie entweder jemanden, der sie Ihnen vorliest, oder Sie können die einzelnen Schritte auf Kassette sprechen. Viele Firmen bieten Entspannungskassetten zum Verkauf an. Manche sind ziemlich teuer und eigentlich nicht für Einzelpersonen gedacht, sondern für Experten mit Klienten. Da auch in vielen Zeitschriften solche Kassetten angeboten werden, ist es mir unmöglich, sie alle hier zu besprechen.

Wenn Sie sich für die Progressive Entspannung und andere Methoden interessieren, wollen Sie vielleicht einen eigenen Text schreiben und auf Kassette sprechen, der Ihrem Stil entspricht und Szenen enthält, die auf Sie entspannend wirken. Genau das habe ich auch getan.

Ich habe die aktive Entspannung ursprünglich bei einem Psychologen gelernt, der ungewöhnlich geduldig mit mir war. Meine Gedanken schweiften nämlich immer wieder ab, und unerwünschte drängten sich wie Eindringlinge erbarmungslos dazwischen. Alles ging gut, bis er mir eines Tages sagte, ich solle mir vorstellen, daß ich fliege und sanft auf einer weichen weißen Wolke lande.

Er wußte natürlich nicht, daß er in mir ein Gründungsmitglied des Klubs der «frequently frantic fliers» vor sich hatte: Wir haben alle panische Angst vorm Fliegen. Meine Höhenangst ist so schlimm, daß ich meinen Mann bat, unsere Saisonkarte für Basketball an der hiesigen Universität umzutauschen. Unsere ursprünglichen Sitze waren nämlich so hoch oben, daß ich das Hinunterschauen aufs Spielfeld nicht ertragen konnte. Mein erster Entspannungsversuch mit der Vorstellung vom Fliegen und einer Wolkenlandung endete deshalb mit einer Angstattacke.

Als ich die Methode schließlich beherrschte, schrieb ich meine eigene Version, sprach sie auf Kassette – und stieg somit ebenfalls in diesen Geschäftszweig ein. Jetzt spreche ich also mit mir selbst. Aber da ich das sowieso häufig tue (siehe Kapitel 11), ist es weiter kein Problem. Am Ende dieses Kapitels finden Sie einen solchen Text. Aber bedenken Sie, daß er speziell auf mich abgestimmt ist. Vielleicht müssen Sie ihn abändern, damit er Ihren Bedürfnissen entspricht.

Wie erreiche ich Tiefenentspannung?

Finden Sie einen ruhigen Platz. Allein das ist oft schon ein Problem. Wenn Sie kleine Kinder haben und einfach *keine* ungestörte Ecke finden können, müssen Sie sich etwas einfallen lassen. Bitten Sie eine Freundin, solange auf Ihre Kinder aufzupassen, während Sie sich ihren Keller, ihr Gästezimmer oder ihren Wohnzimmerboden ausleihen; oder nutzen Sie den Mittagsschlaf der Kinder zum Entspannen. Wenn Sie berufstätig sind, stehen Sie etwas früher auf, oder üben Sie in der Mittagspause. Am Anfang dauert es bestimmt so 45 Minuten, später dürften 30 Minuten jedoch ausreichen.

Machen Sie es sich bequem. Suchen Sie sich einen bequemen Stuhl oder legen Sie sich auf eine Couch oder ein Bett. Öffnen Sie alles, was Sie einengt, z. B. Gürtel, Krawatte usw. Brillenträger sollten die Brille abnehmen; ziehen Sie auch Ihre Schuhe aus und legen Sie Ihren Schmuck ab, der Sie ablenken könnte.

Schließen Sie die Augen. Mir hilft es zum Beispiel, mir einen dicken schwarzen Samtvorhang (so einer wie im Theater) vorzustellen. Er ist tiefschwarz und der Samt so dick, daß ich mich einfach hineinfallen lassen kann, dabei sanft lande und darin fast schwebe. (Beim Schreiben bemerke ich zu meiner Überraschung, daß mein Gesicht ganz entspannt und gefühllos ist und meine Augen schwer werden. Diese Gedanken haben mich schon so oft in die Entspannung hinübergetragen, daß für meinen Körper und Geist diese Reaktion inzwischen ganz natürlich geworden ist – was mich daran hindern könnte, dieses Kapitel jemals zu Ende zu schreiben.)

Verbannen Sie alle Gedanken. Lassen Sie Ihren Kopf so leer werden wie den schwarzen Samtvorhang. Versuchen Sie nicht, ihn «leerzuräumen», sondern lassen Sie sich einfach gehen, als ob Sie in einem Boot auf einem ruhigen See säßen (es sei denn, Sie hassen Boote und haben Angst vor Wasser). Das einzige, was Sie im Kopf haben sollten, ist das Wort oder die Worte, die Sie als «Mantra» gebrauchen. Das kann etwas so allgemeines wie «Liebe», «Frieden» oder «Ruhe» sein oder ein Wort, das eine ganz besondere spirituelle Bedeutung für Sie hat, wie «Gott», «Buddha», «Jesus» usw. Es kann auch nur ein Klang sein, wie z. B. «hmmmm» oder «ahhhh».

Lassen Sie unerwünschte Gedanken vorbeiziehen. Stellen Sie sich vor, daß Sie von einem unsichtbaren Schirm, einem Plastikschutzschild oder einem Glasdach geschützt werden. Wenn Ihre Gedanken abwandern – was immer wieder vorkommt –, denken Sie einfach: «Zieht vorbei.» Lassen Sie diese Eindringlinge von Ihrem Schild abprallen und weiterwandern. Lassen Sie sie wegtreiben wie ein Papierschiffchen auf einem Bach.

Lassen Sie Ihre Gedanken zu einer beruhigenden Szene wandern. Seien Sie dabei vorsichtig, damit Sie wirklich etwas finden, das *auf Sie* entspannend wirkt.

Haben Sie Geduld. Werden Sie nicht ungeduldig, wenn es eine Weile dauert, bis Sie eine Entspannungsmethode beherrschen. Es ist wie mit anderen Fähigkeiten auch. Oder erwarten Sie etwa, sich einfach ans Klavier zu setzen und nach ein paar Unterrichtsstunden ein Klavierkonzert spielen zu können? Wohl kaum. Zuerst spielen Sie Tonleitern, dann kommen Akkorde hinzu. Sie üben unablässig. Sie wissen, daß Sie erst einmal häufig danebengreifen, bevor Sie ein Stück wirklich spielen können. Mit der Tiefenentspannung ist es ähnlich. Also erwarten Sie Erfolg und Perfektion nicht sofort. Aber üben Sie, und Sie werden Fortschritte machen. Erinnern Sie sich an die Geschichte vom Hasen und dem Igel bzw. der Schildkröte!

Wenn ein Regenmantel schmutzig wird, bringen Sie ihn in die Reinigung. Nach dem Reinigen wird er imprägniert, damit er wieder wasserdicht ist, sonst würde er nämlich, wie jedes andere Kleidungsstück, den Regen aufsaugen. Methoden zur Stressreduktion funktionieren ganz ähnlich wie Imprägniermittel. Sie schaffen den Stress in der Umwelt genausowenig ab wie ein Regenmantel den Regen. Aber beide schützen vor unangenehmen Umwelteinflüssen.

Entspannungshinweise

Jetzt praktizieren Sie also zunächst ein- oder zweimal täglich Ihre Entspannung, bis Sie diesen Zustand einfach abrufen können. In Ihrer ruhigen Ecke haben Sie gelernt, sich ohne große Probleme wieder zu erholen. Aber wie ist das im Büro? In der U-Bahn? Im Wartezimmer? An der Kasse im Supermarkt? Und wie in Situationen, vor denen Sie Ihr Tagesjournal warnt? Wie können Sie verhindern, daß Ihre Anspannung noch wächst, wenn Sie 30 unruhige Kinder unterrichten? Wenn Sie an einem von 40 Schreibtischen sitzen, die wie Zinnsoldaten in der Reihe stehen, und alle anderen können Sie beobachten? Wäre es dort überhaupt möglich, die Schuhe auszuziehen, den Gürtel zu lockern und Ihr Mantra zu summen? Natürlich nicht. Also was jetzt?

Sie müssen weiterüben, bis Ihre Stressreduktionsmethode Ihnen zur zweiten Natur geworden ist. Dann können Sie Ihre Entspannungsreaktion schon durch ganz persönliche «Gedächtnisstützen» auslösen. Einen solchen Hinweis geben mir die Scheibenwischer meines Autos. Auch wenn es nicht regnet, stoße ich jedesmal, wenn ich den Zündschlüssel ins Schloß stecke, an den Schalter. Ich lasse sie nur ein paarmal hin- und herlaufen. Das genügt, mich daran zu erinnern, meine Gedanken an meinen Lieblingsort wandern zu lassen, und beschwört ein Gefühl der Entspannung in mir herauf.

In der Szene, die auf mich beruhigend wirkt, hängt eine Schaukel, die mit Seilen in einem Baum befestigt ist; der Baum steht auf einem niedrigen Hügel. Von dort aus kann ich eine Bucht mit Segelschiffen am Horizont überblicken. Ich kann mich dort fast sehen, wie ich hin- und herschaukle, und ich fühle die sanfte Brise auf meinem Gesicht. Salzgeruch steigt mir in die Nase. Ich atme langsam ein und aus, denke bei jedem Ausatmen «Ruhe», «Ruhe». Ich glaube, das Gefühl des Schaukelns erinnert mich an meine Kindheit, als ich es nie eilig hatte, als ich stundenlang schaukeln konnte, einen Schmetterling beobachtete, der im Sandkasten herumflog, oder den Wolken nachschaute. Auf mich wirkt das friedlich und entspannend.

Die Bewegung der Scheibenwischer ermahnt mich, zu meiner Schaukel zurückzukehren und die Brise zu spüren. Das ist wie bei einem kleinen Kind, das auf dem Spielplatz um die Ecke späht, um sich zu vergewissern, daß seine Mutter noch da ist. Dann kann es nämlich beruhigt weiterspielen, weil es sich sicher fühlt. In gleicher Weise funktioniert Ihr Lieblingsort. Einfach nur ab und zu daran zu denken, daß es ihn gibt, ist für die meisten Menschen schon erholsam.

Falls Sie nicht Auto fahren oder Ihr Auto nicht täglich benutzen, denken Sie sich andere Hinweise aus. Lassen Sie die rote Ampel zur Mahnung werden, stehenzubleiben und sich zu entspannen. Atmen Sie, wenn das Telefon klingelt, erst einmal langsam ein und aus, und lassen Sie die Anspannung abfallen. Schauen Sie in Spiegel oder Schaufenster: Haben Sie die Stirn gerunzelt? Die Zähne zusammengebissen? Sind Ihre Schultern gebeugt? Die Fäuste geballt? Lassen Sie sich an Ihren Lieblingsort tragen, und entspannen Sie sich. Atmen Sie langsam ein und aus. Andere Passanten werden es nicht bemerken; und wenn ihnen doch etwas auffällt, denken sie sicher nur, daß Sie sich das Schaufenster betrachten.

Nutzen Sie Wartezeiten – beim Arztbesuch, in der Schlange beim Postamt, im Restaurant – für Entspannungsübungen. Wenn Sie den ganzen Tag im Büro sitzen, wählen Sie einen besonderen Bleistift aus, bei dessen Berührung Sie verspüren, wie Sie im Geiste für ein paar Sekunden entschweben und sich entspannen. Eine Blume oder eine Porzellanfigur kann den gleichen Zweck erfüllen.

Ich sammle Flußpferde – keine echten, sondern nur solche aus Porzellan oder auf Bildern – und habe ein wunderschönes Exemplar aus Stein auf meinem Schreibtisch stehen. Es fühlt sich geschmeidig an und hat sanfte Rundungen. Wenn ich nervös bin und an meinem Schreibtisch sitzen muß, streichle ich mein Steintier und lasse mich von ihm für ein paar Augenblicke auf meinen Hügel entführen.

Andere Menschen brauchen deutlichere «Wegweiser», um sich entspannen zu können. Mehrere der von mir befragten Männer und Frauen berichteten, daß sie sich von einem Metronom in einen Ruhezustand ticken lassen. Eine Frau schilderte, wie sie sich mit jedem Ticken tiefer in ihre warme, dunkle Höhle entfernte, wo sie sich geborgen und in Einklang mit sich selbst fühlte. Andere, die zur Klaustrophobie neigen, kämen sich dort wahrscheinlich lebendig begraben vor und keinesfalls besänftigt. Für diese Frau war das jedoch ein Ort der Sicherheit.

Gedächtnisstützen zur Entspannung sind so verschieden wie die Menschen selbst. Hier ist eine Sammlung von Vorschlägen:

- Nehmen Sie Ihre Uhr ab. Jedesmal, wenn Sie Ihr nacktes Handgelenk betrachten, entspannen Sie sich einen Augenblick.
- Kleben Sie sich einen «RELAX!»-Aufkleber auf Ihr Telefon.
- Hängen Sie einen Spiegel beim Telefon auf, dann können Sie im Spiegel erkennen, ob Sie beim Telefonieren angespannt sind oder nicht.
- Machen Sie Entspannungsübungen, während im Fernsehen die Werbung läuft.

- Kaufen Sie sich ein Aquarium fürs Büro. Jedesmal, wenn Sie sich ärgern oder frustriert sind, beobachten Sie ein Weilchen einen der Fische.
- Gönnen Sie sich ein paar zusätzliche Minuten auf der Toilette. Schließen Sie die Augen, und entspannen Sie sich.
- Zählen Sie jedesmal, wenn Sie auf eine Uhr schauen, von zehn ausgehend langsam rückwärts.
- Bitten Sie jemanden, Sie an Ihre «Entspannungspause» zu erinnern. Lange bevor ich jemals etwas von Entspannungstraining gehört hatte, arbeitete ich mit einer Freundin an einem gemeinsamen Projekt. Um vier Uhr rief sie immer ihren Sohn an und fragte ihn, ob er an seine Entspannungsübungen gedacht hatte. Damals kam mir das ein bißchen komisch vor, heute weiß ich, daß er froh sein kann, solches Training schon so früh kennengelernt zu haben.

Andere Leute benutzen ein aufgenommenes Geräusch als «Wegweiser». Kassetten mit dem Rauschen eines Wasserfalls, mit leichtem Regen, Meereswellen oder Springbrunnen können Sie kaufen oder selbst aufnehmen. Viele ziehen Musik vor. Es ist wirklich eine Frage des persönlichen Geschmacks.

Wenn ich mich konzentrieren will, sei es zum Schreiben oder zum Entspannen, stört mich jede Art von Geräusch. Eines Abends, als meine Masseurin zur Behandlung kam, brachte sie eine Kassette mit. «Viele meiner Klienten finden es entspannend», sagte sie mir. Ich hatte zwar meine Zweifel, war aber bereit, es auszuprobieren.

Es handelte sich um Instrumentalmusik, und ich denke schon, daß sie auf die meisten Menschen beruhigend wirkt. Auf mich allerdings nicht. Mein Herz schlug im Takt mit, und ich konnte den Klang nicht aus meinem Kopf verbannen. Ich konnte fast spüren, wie die Noten in mir auf und ab hüpften. Ich war nicht imstande, mir meinen schwarzen Samtvorhang vorzustellen, der mir sonst immer half, mich zu entspannen – weiße Noten sprangen darauf herum wie Bälle –, und meinen Hügel oder die Schaukel konnte ich im Geist auch nicht finden. Meine Muskeln schienen sich im Rhythmus der Musik zusammenzuziehen.

Zuerst zögerte ich, denn ich wollte ihr nicht weh tun, besonders weil sie die Kassette ja mitgebracht hatte, damit ich mich besser fühlte. Dann aber erinnerte ich mich daran, was ich über Selbstbehauptung gelernt hatte. Ich dankte für ihre Aufmerksamkeit und sagte ihr, daß Musik für mich nicht das Richtige sei. Sie schaltete den Kassettenrecorder aus, und augenblicklich konnte ich auf Entspannung umschalten.

Vielleicht kommt Ihnen so eine Erfahrung seltsam vor. Manche Leute, denen ich davon erzählte, sagten ganz erstaunt: «Aber ich schlafe bei Musik von meinem Radiowecker ein!» Das stimmt sicher. Ich kann es allerdings nicht. Und das ist der Grund dafür, daß Sie sich die Zeit nehmen müssen, herauszufinden, was für Sie richtig ist. Die Fähigkeit, sich bei Bedarf zu entspannen, ist zwar für jeden wichtig, aber besonders doch für Menschen, die an der Besserung ihrer Reizdarmsymptome arbeiten wollen. Es ist den Zeitaufwand bestimmt wert. Im Gegensatz zu manchen finanziellen Investitionen wird sich diese auf lange Sicht garantiert auszahlen.

Sie müssen Ihr eigener Ratgeber werden und sich so weitgehend wie möglich selbst kennen. Wahrscheinlich untersuchen Sie Ihren Körper bereits regelmäßig auf bestimmte Anzeichen – verdächtige Knoten, Muttermale, Pickel, graue Haare und Gewichtszunahme; und so ist es auch ratsam, immer wieder einmal das Ausmaß Ihrer Anspannung zu überprüfen.

Zeit für Entspannungsübungen

Einfach *finden* werden Sie die Zeit für Entspannungsübungen nie; Sie müssen Sie sich *nehmen*. Das heißt, Sie müssen sie woanders wegnehmen. Das ist wie mit dem Ausgleichssport, der Liebe und allem anderen, das uns wichtig ist. Wenn wir einer Sache keine Priorität einräumen, bleibt keine Zeit dafür.

Natürlich haben wir Zeit. Jeden Tag verschwenden wir wertvolle Stunden, klopfen mit nervösen Fingern auf den Schreib- oder Ladentisch, klimpern mit den Münzen in der Tasche, kauen an den Fingernägeln oder spielen mit unseren Haaren. All das sind Zeichen von Nervosität, wertvolle Momente, die wir viel besser darauf verwenden würden, uns in ein Gefühl der Ruhe und Tiefenentspannung zu versetzen.

Das nächste Mal, wenn Sie in einem Taxi im Verkehrsstau stecken, nehmen Sie Ihre Armbanduhr ab. Wenn Sie zum nächsten Termin zu spät kommen, läßt sich das nicht ändern. Sich noch zusätzlich unter Druck zu setzen hilft nicht und bringt Sie auch nicht eher hin. Lehnen Sie sich statt dessen zurück, schließen Sie die Augen, und konzentrieren Sie sich auf Ihre Atmung. Visualisieren Sie sich Ihren Lieblingsort, und richten Sie Ihre Gedanken auf Ihr Wort oder Ihren Satz. Wenn Sie dann schließlich an Ihrem Bestimmungsort ankommen, werden Sie sich wohler fühlen.

Manche Leute gönnen sich ihre Entspannungspause gern nach dem Sport, andere lieber gleich am Morgen nach dem Aufwachen. Ich ziehe eine Pause nachmittags um vier Uhr vor. Zehn bis fünfzehn Minuten lang mache ich Tiefenentspannung, und danach gibt es mein neuestes Lieblingsgetränk: eine Tasse heißen Zimttee. Nach dieser halbstündigen Unterbrechung bin ich vollkommen entspannt, belebt und voller Aktivität.

Entspannung ist kein Allheilmittel

All diese Entspannungsmethoden können Ihnen zwar helfen, mit den meisten Nervenbelastungen in Ihrem Leben umzugehen, aber ausschalten lassen sie sich natürlich nicht. Entspannung ist auch keine Heilkur für das Reizkolon. Was Sie damit erreichen können, ist jedoch, die Auswirkungen von Anspannung auf Ihren Körper, insbesondere den Verdauungstrakt, zu vermindern.

Die meisten Betroffenen wissen, daß physische und emotionale Strapazen Symptome auslösen. Wenn Sie sich einmal die Zeit genommen haben, den Verlauf Ihrer Beschwerden zu verfolgen – vom erstenmal, als Sie Probleme bemerkten, bis zum letzten Zwischenfall –, können Sie sicherlich ein sich wiederholendes Muster entdecken. Falls ungewohnte Situationen, Feiertage oder langes Aufbleiben Ihnen zu schaffen machen, üben Sie speziell davor Ihre Entspannung. Lassen Sie sich von Ihrem Tagesjournal Aufschluß über Ihre schlimmsten Stressfaktoren geben. Planen Sie dann bereits im voraus mehr Zeit für Entspannungspausen ein.

Um Reizdarmsymptome unter Kontrolle zu bekommen, werden Entspannungsmethoden normalerweise mit anderen Maßnahmen kombiniert. Die meisten Expertinnen und Experten halten Training für den Umgang mit Stress für einen wesentlichen Teil der Behandlung des Reizkolons. Hypnose wurde bisher nur selten zur Entspannung eingesetzt. Da Anspannung Teil unseres Lebens ist, besteht der Trick nicht darin, sie zu vermeiden, sondern zu lernen, mit ihren negativen Auswirkungen umzugehen.

Text zur Tiefenentspannung

Hier ist mein Text, mit dem ich ursprünglich zu Hause meine Entspannungsübungen machte. Bei mir klappt es damit bestens; aber es muß nicht unbedingt für Sie das Beste sein.

Wenn Sie mit jemandem an Ihrem Entspannungstraining arbeiten, erhalten Sie möglicherweise schriftlich Anweisungen, die genau auf Ihre Bedürfnisse abgestimmt sind. Falls nicht, müssen Sie ausprobieren, was bei Ihnen am besten funktioniert.

Aus Gesprächen mit Leuten, die regelmäßig ihre Übungen machen, bin ich zu der Schlußfolgerung gelangt, daß die Reservierung einer bestimmten Zeit in Ihrem Tagesablauf wesentlich wichtiger ist als die Worte, die Sie sich vorsagen. Ihr Körper muß immer wieder erfahren, wie Entspanntsein sich anfühlt. Wie Sie in diesem Kapitel gesehen haben, gibt es verschiedene Wege, diesen Zustand zu erreichen. Die Anstrengung lohnt sich!

Wenn ich mit meinen Entspannungsübungen beginne, halte ich die Augen geschlossen. Ich bin entspannt. Ich atme langsam ein und aus, ein und aus, spüre, wie sich mein Körper gehenläßt, fühle mich leicht, als ob ich schwebe. Ich atme ein und aus. Mit geschlossenen Augen sehe ich Samt, schwarz, einen schwarzen Samtvorhang. Ich denke: «Ruhig. Ich bin ruhig.

Ich bin ruhig. Meine Zehen sind warm. Ganz warm. Zehen entspannt. Meine Füße sind warm. Ganz warm. Füße entspannt. Ich bin ruhig. Meine Knöchel sind warm. Schwer. Knöchel entspannt. Ich bin ruhig.

Meine Beine sind warm. Ganz warm. Beine entspannt. Ich bin ruhig. Meine Knie sind warm. Ganz warm. Knie entspannt. Ganz ruhig. Ich bin ruhig. Meine Oberschenkel sind warm. Ganz warm. Oberschenkel entspannt. Ganz ruhig. Ich bin ruhig.

Meine Hüften sind warm. Ganz warm. Hüften entspannt. Ganz ruhig. Ich bin ruhig. Meine Taille ist warm. Ganz warm. Taille entspannt. Ganz ruhig. Ich bin ruhig. Mein Brustkorb ist warm. Ganz warm. Brustkorb entspannt. Ganz ruhig. Ich bin ruhig.

Meine Finger sind warm. Ganz warm. Finger entspannt. Ganz ruhig. Ich bin ruhig. Meine Handgelenke sind warm. Ganz warm. Handgelenke entspannt. Ganz ruhig. Ich bin ruhig. Meine Arme sind warm. Ganz warm. Arme entspannt. Ganz ruhig. Ich bin ruhig.

Meine Schultern sind warm. Ganz warm. Schultern entspannt. Ganz ruhig. Ich bin ruhig. Mein Hals ist warm. Ganz warm. Hals entspannt. Ganz ruhig. Ich bin ruhig.

Mein Kinn ist warm. Ganz warm. Kinn entspannt. Ganz ruhig. Ich bin ruhig. Meine Lippen sind warm. Ganz warm. Lippen entspannt. Ganz ruhig. Ich bin ruhig. Meine Wangen sind warm. Ganz warm. Wangen entspannt. Ganz ruhig. Ich bin ruhig. Meine Augenlider sind warm. Ganz warm. Augenlider entspannt. Ganz ruhig. Ich bin ruhig. Meine Stirn ist warm. Ganz warm. Stirn entspannt. Ganz ruhig. Ich bin ruhig.»

Dann atme ich weiter ein und aus und lasse mich zu meiner Schaukel tragen. Beim Rückwärtsschaukeln atme ich ein, beim Vorwärtsschaukeln atme ich aus und denke: «Ruhig.» Wenn ich dann wieder bereit bin zu arbeiten, zähle ich von fünf rückwärts, öffne die Augen und fühle mich erfrischt.

Das ist alles. Nichts Geheimnisvolles oder Wunderliches. Das entspannt *mich*. Ich hoffe, daß auch Sie das Richtige für sich finden, nach welcher Methode auch immer. Wenn Sie meinen Text übernehmen oder Ihren eigenen schreiben, zeigen Sie ihn zuerst Ihrer psychologischen oder medizinischen Betreuung, bevor Sie ihn ausprobieren. Vielleicht ist es ratsam, in Ihrem Fall etwas auszulassen oder zu ergänzen.

Wenn ich mit obigen Übungen fertig bin, fühle ich mich erfrischt, warm und wohl. Ich möchte lächeln. Und das Beste: Ich bin nicht mehr verspannt.

14.
BIOFEEDBACK

Biofeedback, auch «funktionsgerichtete (operante)» oder «zielgerichtete» Konditionierung genannt, ist eine weitere Methode zur Entspannung, die Menschen mit Reizdarm Erleichterung von ihren Symptomen verschaffen kann.

Was ist Biofeedback?

Biofeedback ist eine Therapie, bei der Sie mit Hilfe von elektronischen Überwachungsgeräten augenblicklich Informationen über Gehirnströme, Herzschlag, Hauttemperatur und Muskeltonus erhalten. Dadurch können Sie lernen, die entsprechenden Körperfunktionen zu beeinflussen und Schmerzen und Stress abzubauen. Es handelt sich dabei um eine mechanisierte Version des natürlichen Feedbacks unseres Körpers, das sich z. B. durch den Befehl an den Arm äußert, die Nase zu kratzen, wenn sie juckt, oder sich durch Zittern bemerkbar macht, wenn wir frieren oder Angst haben.

Die moderne Technik macht es möglich, daß wir uns mit Hilfe des Biofeedback der inneren Signale unseres Körpers bewußt werden und so lernen können, zumindest einige Funktionen willentlich zu regulieren und zu kontrollieren. Diese Wissenschaft ist relativ neu und wurde erstmals 1969 schriftlich erwähnt.

Wie funktioniert es?

Biofeedback-Training wird in der Regel von solchen Psychologen und Ärzten durchgeführt, die sich mit den Überwachungsgeräten auskennen. Die Person, die sich dem Biofeedback unterzieht, sitzt dabei bequem auf einem Stuhl oder liegt auf einer Couch oder einem gepolsterten Tisch. Oft ist das Licht gedämpft. Elektrische Kontakte, sogenannte Elektroden, werden an verschiedenen Stellen des Kopfes und des Körpers befestigt. Das tut *nicht* weh, denn sie werden nur mit Klebestreifen oder einer Paste angeklebt. Diese ganzen Hilfsmittel verursachen *keine* Empfindungen, denn die elektrischen Impulse fließen ja vom Körper zur Maschine und nicht umgekehrt. Vom Überwachungsgerät werden sie in optische oder akustische Signale umgewandelt.

Die inneren Körperaktivitäten werden dabei fortlaufend durch ein tiefes Biepen, einen Brummton, ein Licht, eine Zahlenskala oder auch ein Bild sichtbar oder hörbar gemacht. Nach einiger Zeit kann die betroffene Person eine Beziehung zwischen ihren Reaktionen und den Signalen des Geräts erkennen. Das heißt nicht, daß sie gleich die Muskelaktivitäten kontrollieren und Stress abbauen kann. Es bedeutet nur, daß sie jetzt bald weiß, wie beginnende Verspannung oder Stress sich anfühlt. Dann können schnell Entspannungstechniken angewandt werden, um zu verhindern, daß sich der Stress festsetzt.

Was wird damit bezweckt?

Mit Hilfe von Biofeedback ist es Patienten bereits gelungen, ihre Hauttemperatur zu verringern, was die Kontrolle von Migränekopfschmerzen erleichtert. Andere haben gelernt, ihren Herzschlag zu verlangsamen, den Blutdruck zu senken, und manche sogar, Krämpfe im Verdauungstrakt abzumildern.

Im Gegensatz zur Progressiven Entspannung, bei der trainiert wird, verspannte Stellen aufzuspüren, um sie dann zu entspannen, wirkt Biofeedback direkter, weil es sofort durch Ton-, Licht-, Farb- oder andere wahrnehmbare Indikatoren eine Verkrampfung anzeigt. Wenn Sie einmal Übung darin haben, die Intensität einer elektronisch festgestellten Verspannung zu mindern, erkennen Sie die entsprechenden Empfindungen bald auch ohne technische Hilfe und können sie dann allein willentlich steuern.

Beim Biofeedback werden zwar emotionale Einflüsse auf Reizdarmsyndrom ignoriert, trotzdem wurde es von einigen Psychologen, Ärzten und Wissenschaftlern mit Erfolg eingesetzt, um Stress – den Auslöser unangenehmer Symptome – in den Griff zu bekommen. Leute wie Dr. Whitehead haben mit Biofeedback bereits den Verdauungstrakt direkt behandelt, aber auch auf eine ganzheitliche Entspannung hingearbeitet. Dr. Whitehead hält jedenfalls die letztere Methode für effektiver.

Die Wissenschaftler C. Madeline Mitchell und Dr. Drossman sagen, daß «gezieltes Biofeedback-Training auf der Grundlage der motorischen Reaktion des Dickdarms derzeit noch erforscht wird»[1]. Eine vorläufige Studie ergab, daß die innerorganische Motilität sich beruhigte, daß aber die erwartete Besserung in den Symptomen ausblieb.[2]

Ganz generell läßt sich sagen, daß Biofeedback bei denjenigen Patienten am wirksamsten ist, die an ihrer Behandlung aktiv teilhaben wollen – die also lieber selbst handeln, als sich nur passiv einer Behandlung zu unterziehen. Besonders hilfreich ist es, wenn die betroffene Person sich ihrer Muskelverspannungen und anderen Reaktionen auf Stress bewußt ist. Biofeedback kann diese Sensibilisierung unterstützen.[3] Oft wird es auch in Kombination mit anderen Behandlungsmethoden eingesetzt, besonders solchen, die auf den Umgang mit Stress abzielen.

Wie viele andere Behandlungsmethoden auch hilft Biofeedback bei manchen Menschen, bei anderen hingegen nicht. Es ist bestenfalls ein Hilfsmittel, aber keine Heilkur. Es ist kostspieliger als manche andere Entspannungstechnik, weil Experten und High-Tech-Geräte dazu erforderlich sind; und meist müssen Sie zum Training auch noch in eine Arztpraxis oder eine Klinik gehen. Wenn Sie die Methode beherrschen, sind Sie natürlich nicht länger von den elektronischen Überwachungsgeräten abhängig. Dann können Sie es zu Hause allein praktizieren.

Je nachdem, wo Sie wohnen, kann es schwierig sein, entsprechend ausgebildetes Personal mit der notwendigen Ausstattung zu finden. Biofeedback ist jedoch durchaus eine Möglichkeit, die Sie in Erwägung ziehen sollten.

Um weitere Informationen über Biofeedback und andere Entspannungstherapien sowie Anschriften in Ihrer Umgebung zu erhalten, setzen Sie sich mit dem Gesundheitsamt oder mit einem Krankenhaus in Ihrer Nähe in Verbindung, oder schreiben Sie an:

Beratungsstelle zur Betreuung chronisch
Kranker in der Gastroenterologie
Uni-Klinik – Prof. Dr. Caspary, Dr. Lembcke
Theodor-Stern-Kai 7
6000 Frankfurt / Main 70
Tel. 069 / 63 01 – 52 12 (Frankfurter Modellprojekt)

15.
AUSGLEICHSSPORT

Noch vor kurzem hätte ich gesagt, daß Sport mir als Zehnjährige das letzte Mal Spaß gemacht habe. Damals hatte ich im Hof mit Nachbarjungen Football gespielt. Dann begriff ich, daß «Mädchen keinen Sport betreiben» – früher in meinem Heimatstaat war das ein unausgesprochenes Gebot, als die Basketballregeln für Mädchen noch lauteten, daß Spielerinnen nur das halbe Spielfeld benutzen dürfen.

Zu meinem Kummer war im College Sport Pflichtfach. Ich erfüllte es – obwohl es mir keinen Spaß machte –, indem ich einen Fechtkurs belegte. Das College hatte allerdings keine Schutzjacke für Linkshänder, weshalb ich meine mit der Innenseite nach außen tragen mußte. Später nahm ich Volkstanz, eigentlich ein Kurs für College-Neulinge, den ich mir aber bis zum letzten Jahr aufhob. Noch heute werde ich ganz nervös, wenn ich nur eine Polka höre.

Warum Sport?

Warum sollte ich also jetzt Sport betreiben, wo keine Schule es mehr von mir verlangt? Warum, wenn allein schon der Gedanke ans Umziehen mich außer Puste bringt und mir die Schweißperlen auf die Stirn treibt? Wahrscheinlich deswegen, weil ich mich – selbst wenn's keinen Spaß macht – *hinterher* soviel wohler fühle. Mehr noch: Die Sportlehrerin damals hatte recht: es tut einem *wirklich* gut.

Was auch immer die Werbung suggeriert, wir sind noch nicht viel weiter entwickelt als unsere einst in Höhlen hausenden Vorfahren. Unser Nervensystem hat sich seitdem nämlich kaum verändert. Unsere Ahnen – Männer und Frauen – mußten zum Überleben jederzeit bereit sein, ihre Verteidigungskräfte augenblicklich zu mobilisieren – die sogenannte «fight or flight response» des Physiologen Walter B. Cannon. Wenn unsere Urelstern aus heiterem Himmel vor einem gefährlichen Tier standen oder von einem feindlichen Stamm überfallen wurden, stoppte die Verdauung, der Herzschlag beschleunigte sich, der Blutdruck stieg, und der Sauerstoffverbrauch erhöhte sich. Die Muskeln spannten sich an. Unsere Vorfahren waren bereit! Die körperliche Einsatzbereitschaft war überlebenswichtig in der Welt, in der sie lebten.

Natürlich haben sich die Zeiten geändert – unser Nervensystem allerdings nicht. Unser Körper reagiert immer noch auf die gleiche Weise, wenn wir in der U-Bahn angerempelt, von einem Auto-Rowdy auf der Straße geschnitten oder von unserem Chef heruntergemacht werden. Wir können aber nicht einfach drauflosschlagen oder davonrennen. Heute schadet die «Einsatzbereitschaft» unserem Körper, weil wir die Anspannung in uns aufstauen, was zum Herzanfall, zum Hirnschlag, zu verminderter Widerstandsfähigkeit oder schmerzhaftem Reizdarmsyndrom führt.

In den vorangegangenen Kapiteln haben wir besprochen, wie wir mit der Kraft unseres Geistes diese «Bereitschaft» abschwächen können, um auf Entspannung hinzuarbeiten. In diesem Kapitel geht es nun darum, wie mit Sport die gleiche Wirkung erzielt werden kann – und wir gleichzeitig auch noch abnehmen, festere Muskeln bekommen, uns wohler fühlen und obendrein besser aussehen können. Körperliche Aktivität fördert außerdem die Ausdauer, wodurch wir weniger schnell ermüden. Denn, wie Sie sich vielleicht erinnern, bei vielen Menschen ist auch Müdigkeit einer der Auslöser von Reizdarmbeschwerden.

Welche Sportart ist die beste?

Zum Glück gibt es «die beste» Sportart zur Stressreduzierung nicht; das bedeutet, daß Sie eine große Auswahl haben. Geeignet sind: Aerobic, Baseball, Basketball, Bergsteigen, Eishockey, Fechten, Fußball, Gehen, Golf, Gymnastik, Handball, Jogging, Judo, Karate, Laufen, Radfahren, Rudern, Schwimmen, Softball, Squash, Tanzen, Tennis, Volleyball, Wandern oder Wasserski laufen.

Manche Leute probieren eine Sportart aus, stellen fest, daß sie ihnen wirklich nicht zusagt – und hängen den Trainingsanzug für immer an den Nagel. Das muß nicht sein. Sie müssen nur herausfinden, welche Sportart Ihrem Lebensstil und Geldbeutel entspricht und Ihnen am meisten liegt. Aber denken Sie erst einmal darüber nach, damit Ihre Bemühungen nicht von vornherein zum Scheitern verurteilt sind. Wichtig ist, daß Sie sich selbst *Mut machen* zum Sport, nicht, daß Sie sich selbst entmutigen.

Bevor Sie sofort losziehen, um Ski und einen farbenfrohen Ski-Outfit zu kaufen, überlegen Sie, ob Sie Höhenluft vertragen, kaltes Wetter wirklich mögen und es sich finanziell leisten können, in Skigebiete zu fahren. Treten Sie nicht in den Basketballklub ein, wenn Sie lieber für sich allein üben. Jeder Mensch ist anders veranlagt. Manche schätzen die Einsamkeit beim Rennen und Laufen, schwimmen gerne allein ihre Runden und haben dabei ihre besten Ideen, während für andere Sport eine Art gesellschaftliches Erlebnis ist.

Wieviel können und wollen Sie dafür ausgeben? Natürlich sollten Sie sich wegen eines Ausgleichssports nicht in Schulden stürzen. Es gibt ja sicher preiswertere Alternativen, die Ihnen ebenfalls offenstehen. Das Geld, das Sie in Ihre Fitness investieren, können Sie an Arztrechnungen wahrscheinlich wieder einsparen. Die meisten Menschen, die regelmäßig Sport betreiben, berichten, daß sie sich dadurch körperlich und geistig erheblich wohler fühlen. Es wirkt wie ein Schutzschirm, der die am Arbeitsplatz ständig auf sie zielenden Stressgeschosse abfängt.

Können Sie sich an ein bestimmtes Tempo halten, damit Sie sich beim Fitness-Training nicht übernehmen und von Ihrem Ehrgeiz mitgerissen werden? Leider engagieren sich viele Leute so intensiv und zwanghaft in der erwählten Sportart, daß dadurch alle Vorteile wieder zunichte gemacht werden. Durch ihren Kampfgeist schaffen sie sich neuen Stress – geistig und körperlich. Sie haben solche Fanatiker sicherlich schon auf dem Tennisplatz beobachtet: die Augen zusammengekniffen, die Gesichtsmuskeln angespannt, jeden Augenblick bereit, dem Gegner den Ball hinzuschmettern. Sie können sie auch auf dem Golfplatz mit ihren wendigen Golfautos herumkurven und Tees mit einer Wucht in den Boden rammen sehen, als ob sie eine Granate zur Explosion bringen wollten; bei einem Fehler schleudern sie frustriert ihre Schläger weg. Sport ein Mittel zur Entspannung? Hier nicht!

Viele Leute joggen gerne, aber auch das kann zur schädigenden Sucht werden. Viele Sportmediziner bekommen ganz verbissene Athleten zu Gesicht, die auch mit einem Ermüdungsbruch, mit einer Sehnenentzündung, Fieber oder sogar einer Lungenentzündung noch laufen. Und manche Magersüchtige rennen zusätzlich noch wie besessen, um die wenigen verspeisten Kalorien auch noch zu verbrennen.

Jogging hat selbstverständlich positive Auswirkungen, wie Stressreduktion und Festigkeit der Muskeln; aber wie fast alles sollte es in Maßen betrieben werden. Sie trainieren nicht für die Olympischen Spiele. Menschen mit Reizdarm, insbesondere wenn sie unter Verstopfung leiden, werden feststellen, daß Laufen den Stuhlgang fördert. Ganz leidenschaftliche Jogger könnten hingegen Durchfall bekommen.

Großvaters tägliches «Konditionstraining» – ein kräftiger Marsch – bietet auch heute noch einen guten, lebenslang zu praktizierenden körperlichen Ausgleich. Während einige von uns «Zimmerläufer» sind, die ihre Kilometer nach der Uhr auf dem Laufband absolvieren und dabei Fernsehserien, Videos oder die Nachrichten anschauen, ziehen die meisten Läufer wohl doch die frische Luft vor: Sie sehen unterwegs Menschen, genießen die wechselnden Jahreszeiten und atmen frische Luft (oder was in der Großstadt als solche bezeichnet wird).

Schwimmen gehört auch zu den Sportarten, die Stress abbauen und die Kondition verbessern, und zwar ohne die Gelenke zu sehr zu belasten. Das ist besonders günstig für Menschen mit Arthritis oder Problemen mit den Knien, für die der Auftrieb des Wassers ein wichtiger Faktor ist. Sie können langsam anfangen und gegen sich selbst antreten, indem Sie mehr Bahnen schwimmen, sobald Sie sich fit genug fühlen. Schwimmen Sie niemals allein. Auch geübte Schwimmer können plötzliche starke Krämpfe bekommen.

Obwohl viele Menschen über die geschwommenen Bahnen, die gerannten Kilometer oder die gespielten Sets Buch führen, kann ich das nicht unbedingt empfehlen. Ehrgeizige Menschen (die meisten mit Reizkolon zählen dazu) fühlen sich meist dazu getrieben, die Leistungen eines Freundes zu übertreffen und sich dadurch zu überanstrengen, was zu schlimmer, zusätzlicher Überforderung führt. Wenn Sie schon über Ihre sportlichen Leistungen Buch führen wollen, um damit prahlen zu können, notieren Sie jedoch nur die Zeit, die Sie darauf verwendet haben, und nicht, welche Entfernung Sie dabei zurückgelegt haben oder wie schnell Sie waren. Am Anfang legen Sie in den 20 bis 40 Minuten vielleicht nur eine kurze Distanz zurück. Wenn Sie dann entspannter und besser in Form sind, werden Sie wahrscheinlich schneller und bewältigen in der gleichen Zeit eine größere Strecke.

Wenn Sie mit etwas liebäugeln, das eine teure Ausrüstung voraussetzt, wie z. B. Skilanglauf, Rennradfahren oder das Rennen auf einem Laufband, schauen Sie sich um, ob Sie die notwendigen Geräte nicht erst einmal leihen oder mieten können. Gehen Sie nicht davon aus, daß Sie die Sachen schon benutzen werden, nur weil sie teuer waren. Ich könnte wetten, daß all die ungenutzten Standräder in den USA aneinandergereiht von der Ost- bis zur Westküste reichen würden!

Viele Ärzte empfehlen ihren Reizdarmpatienten Bauchmuskelübungen in der Rückenlage, obwohl sie keinen aerobischen Effekt haben. Diese und andere Gymnastik ist jedoch wichtig zur Stärkung der Bauchmuskeln, die dadurch mehr Druck auf die Darmwände ausüben können – was wiederum der Verstopfung entgegenwirkt.

Wann finden Sie Zeit zum Üben?

Nie! Sie müssen sich die Zeit dafür extra *einrichten*. Das kann bedeuten, daß Sie etwas früher aufstehen müssen als sonst oder in der Mittagspause ins Fitness-Studio gehen. Manche Leute mit flexibler Arbeitszeit verlassen das Büro rechtzeitig, um noch vor der Dunkelheit laufen oder joggen zu können. Sehen Sie eine Stunde weniger fern, und treiben Sie statt dessen Sport. Wenn Sie den Gedanken nicht ertragen, auch nur eine Sendung zu versäumen, stellen Sie ein Standrad, ein Rudergerät oder einen Skitrainer vor den Fernseher. Falls der Anschaffungspreis dieser Geräte für Sie unerschwinglich ist, kaufen Sie sich ein Hüpfseil oder rennen Sie auf der Stelle. Sehen Sie? Sie können sich nicht damit herausreden, daß Freizeitsport in Ihrem Fall unmöglich ist.

Achten Sie darauf, daß Sie die richtige Tageszeit zum Üben finden. Wenn Sie ein Nachtmensch sind, fällt es Ihnen vielleicht schwer, schon im Morgengrauen dafür aufzustehen. Vor dem Abendessen könnte für Sie die günstigere Zeit sein. Ein zusätzlicher Vorteil, erst am Ende des Tages zu üben, besteht darin, daß Sie die im Laufe des Tages aufgestauten Frustrationen abbauen können, insbesondere, wenn es wieder einmal hoch herging. Wann immer Sie Ihr Fitness-Training einplanen, freuen Sie sich darauf – oder doch wenigstens hinterher, es wieder einmal geschafft zu haben. Verlieren Sie nicht aus den Augen, daß es Spaß machen sollte. Der Grund zum Üben ist, daß Sie sich durch Stressreduzierung wohler fühlen, und nicht, daß Sie sich aus Ablehnung und Frustration verspannen.

Verlegen Sie nicht all Ihre sportlichen Aktivitäten aufs Wochenende. Die Notaufnahme der Krankenhäuser ist voll von «Wochenendsportlern», die die ganze Woche im Büro gesessen haben und dann am Wochenende alles Versäumte nachholen wollen. Das Ergebnis sind verzerrte Muskeln, ein überforderter Körper und zusätzliche Stressbelastung.

Es ist viel vorteilhafter, mindestens dreimal in der Woche 20 bis 40 Minuten irgendeine sportliche Betätigung einzuschieben. Parken Sie in einiger Entfernung von Ihrem Arbeitsplatz oder dem Einkaufszentrum und laufen Sie den Rest; gehen Sie in der Mittagspause ins Fitness-Studio oder drehen Sie eine Runde mit dem Fahrrad. Sie haben dann für den Rest des Tages mehr Energie und fühlen sich weniger unter Druck.

Wenn Sie lieber an der frischen Luft üben, planen Sie auch für regnerische Tage voraus, damit schlechtes Wetter nicht zur Entschuldigung wird, nicht geübt zu haben. Es ist einfach, Dinge zu verschieben; eine gute Ausrede findet sich immer. Allerdings ist der beste Grund, sich Zeit für körperliche Aktivität zu nehmen, *Ihre Gesundheit*.

Abwechslung

Ausgleichssport bietet viele Möglichkeiten: das Training allein, in Gruppen wie z. B. in einer Aerobic-Klasse oder im Tanzkurs, dann im Team wie beispielsweise in einer Fußballmannschaft, beim Softball oder auch bei einem zwanglosen Basketballspiel. Wechseln Sie ab, damit es nicht zu langweilig wird. Wenn Sie allein zu Hause vorm Spiegel oder dem Fernseher Gymnastik machen, reservieren Sie sich auch noch Zeit zum Tennis- oder Squashspielen mit Freundinnen oder Freunden. Vielen fällt es leichter, routinemäßig Sport zu betreiben, wenn ein Partner oder eine Partnerin auf sie als Mitspieler angewiesen ist.

Sport und Spaß

Wenn Sie mit Ausgleichssport Stress abbauen wollen, müssen Sie sich immer daran erinnern, daß Sie Freude dabei empfinden sollten. Wir verlieren das oft aus den Augen. In unserem Eifer, gut zu spielen, können wir leicht vergessen, daß es nur ein Spiel ist.

Einiges von dem, was uns als Kindern solchen Spaß machte – einfach nur so herumzurennen, Räuber und Gendarm oder Cowboys zu spielen –, müssen wir uns zurückerobern. Wir dachten gar nicht an Training, wenn wir uns aufs Fahrrad schwangen und zu einer Freundin fuhren oder uns mit Abwerfen oder Fangen die Zeit vertrieben. Wir spielten, amüsierten uns und verbrauchten die überschüssige Energie, die sich in den Schulstunden aufgestaut hatte.

Erinnern Sie sich noch daran, wie Wind und Schnee beim Rennen auf den Wangen brannten, wie wir uns bäuchlings auf den Schlitten warfen, als wir noch Kinder waren? Wie warm uns war, wenn wir begeistert mit dem großen Bruder im Schwimmbad ein paar Runden geschwommen waren? Wie entspannt und angenehm müde wir waren, nachdem wir hügelaufwärts zum See gestrampelt waren? Rufen Sie sich diese Empfindungen ins Gedächtnis. Wir waren alle sportlich aktiv; wir wußten nur nicht, daß es so genannt wird. Es war Spaß ohne Stress.

Weitere Vorteile

Ausgleichssport scheint fast ein Zauberelixier zu sein, das uns die Welt verspricht. Dieses Versprechen kann es zwar nicht einlösen, aber regelmäßiges Training kann ein gewisses Leuchten in unsere Augen zurückbringen. Da sich unsere Verspannung durch Sport mindert, fühlen wir uns körperlich und geistig wohler und sind zufriedener mit uns selbst.

Obendrein verbessert sich dadurch auch unser äußeres Erscheinungsbild. Regelmäßige Fitness-Übungen regen den Stoffwechsel an, weshalb wir mehr Kalorien verbrennen. Wir verlieren dabei gleichzeitig Gewicht und Fett, das in Muskelmasse verwandelt wird. Dadurch sehen wir gesünder aus. Auch die Flexibilität der Gelenke nimmt zu.

Fitness-Training hat in der Regel einen Dominoeffekt. Sportliche Menschen sind auch meist besser darüber informiert, wie andere Lebensgewohnheiten sich auf die Gesundheit auswirken. Viele ehemalige Raucher berichten, daß sie nach jahrelangen Versuchen mit allen möglichen Entwöhnungsmethoden die Erfahrung machten, daß es ihnen erst nach dem «High», das sie durch den Sport erzielten, möglich wurde, das Rauchen schließlich aufzugeben.

«Ich fand es irgendwie dumm, mich durch das Rennen so wohl zu fühlen und dann meinen Körper mit Rauchen wieder zu vergiften», sagte ein früherer Raucher. «Rennen war zu dem Zeitpunkt viel befriedigender; da konnte ich dann endlich das Rauchen aufgeben.»

Um die Gefahr von Herzkranzgefäßerkrankungen zu mindern, empfehlen Herzspezialisten meist Laufen, Rennen, Schwimmen oder Radfahren.

Die Liste könnte ich noch lange fortführen. Es gibt wirklich keinen guten Grund, warum Sie nicht ab sofort regelmäßig Ausgleichssport betreiben sollten. Worauf warten Sie also noch?

Es ist auf jeden Fall ratsam, sich erst einmal gründlich untersuchen zu lassen, bevor Sie mit irgendeiner Sportart beginnen.

16.

IN RUHE SPEISEN

Meine Großmutter sagte immer: «Tiere fressen, Menschen essen.»
Ganz klar: Sie lebte, bevor Fast-Food, Drive-in-Restaurants oder Steh-
imbisse in Mode kamen. Aber wie so manche Aussprüche unserer
Großeltern machte auch dieser durchaus einen Sinn.

Wie essen Sie?

Überprüfen Sie einmal Ihr Tagebuch daraufhin, ob Ihre Beschwerden
oft um Mahlzeiten oder Zwischenmahlzeiten herum auftreten. Wenn
Sie dabei Wiederholungen entdecken, liegt Ihr Problem möglicher-
weise nicht so sehr daran, *was* Sie essen, sondern *wie* Sie essen:
- Essen Sie im Stehen?
- Kauen Sie mit offenem Mund?
- Schlucken Sie, ohne richtig gekaut zu haben?
- Spülen Sie Ihre Mahlzeiten mit Getränken oder Wasser hinunter?
- Essen Sie während der Arbeit an Ihrem Schreibtisch?
- Essen Sie beim Telefonieren?
- Springen Sie während der Mahlzeit immer wieder vom Tisch auf?

Wenn Sie eine dieser Fragen bejaht haben, besteht Ihre Mahlzeit nicht
nur aus Kalorien. Sie steigern in diesem Fall nämlich auch Ihren Stress
und zwingen Ihren ohnehin empfindlichen Verdauungstrakt, sich noch
mehr anzustrengen.

Wie in Kapitel 2 beschrieben, beginnt die Verdauung der Speisen
schon im Mund. Eigentlich fängt sie sogar noch früher an, und zwar
dann, wenn Ihnen beim unverkennbaren Duft frisch gebackenen Brotes, gebratenen Truthahns oder was Sie sonst besonders gern mögen,
bereits das Wasser im Mund zusammenläuft.

Wenn Sie dem strapaziösen Prozeß der Verdauungsarbeit auch noch
Anspannung beim Essen, mit den Speisen verschluckte Luft und
schlecht Zerkautes hinzufügen, müssen Sie ganz einfach mit Schwierigkeiten rechnen. Wenn Sie einige dieser schlechten Gewohnheiten ändern, beginnen Sie mit der Stressreduktion schon bei den Mahlzeiten.
Natürlich werden dann auch die nachfolgenden Beschwerden geringer.

Die Stimmung

Stellen Sie sich ein romantisches Essen mit einem geliebten Menschen vor. Der Tisch steht in einer ruhigen Ecke, weit weg vom Geklapper des Geschirrs, dem Klingeln des Telefons und schreienden Kindern. Sie sitzen einander gegenüber und lächeln sich bei flackerndem Kerzenschein an. Auf einer wunderschönen Tischdecke steht feines Porzellan mit Silberbesteck. Im Hintergrund erklingt sanfte Musik.

Klingt toll, nicht wahr? Aber viele verzehren ihre Mahlzeiten in der Küche vorm laufenden Fernseher, der uns in Form von Nachrichten oder Unterhaltung Mord und Gewalt serviert. Das Telefon klingelt, die Kinder streiten sich, und ständig rennt jemand hin und her, wie Schauspieler in einer musikalischen Klamotte. Ich kenne eine Familie, deren Telefon eine extra lange Leitung hat, damit auch beim Essen noch telefoniert werden kann. Ist das eine entspannte Mahlzeit? Wohl kaum.

Die wenigsten unter uns können jeden Abend essen gehen, aber wir können lernen, angenehm zu Hause zu speisen. Wir können lernen – und es gleichzeitig auch unseren Kindern beibringen –, wie bei uns die wichtigsten Gäste behandelt werden: nämlich wir selbst und unsere Familie.

Viele Leute haben «gutes Geschirr», das sie nie benutzen. Sie heben es auf. Wofür? Ich nehme an, um es den Kindern zu vermachen. Wäre es aber nicht ein sinnvolleres Geschenk, den Kindern Erinnerungen an entspannte Familienmahlzeiten am schön gedeckten Tisch mit dem guten Geschirr zu vererben? Fügen Sie noch ein paar Kerzen hinzu, leises Musikgeriesel aus der Stereoanlage und eine angenehme Unterhaltung. *Das* ist Speisen! Es spielt ja gar keine Rolle, ob es feierlich servierten Fasan oder kalte Küche gibt. Wenn die Stimmung gelassen ist und Sie sich Zeit nehmen, dann speisen Sie.

Lassen Sie sich nicht durch kleine Kinder ständig vom Tisch hochjagen. Fangen Sie klein an. Reservieren Sie einen Abend pro Woche für ein gemütliches Abendessen. Lassen Sie die Kinder beim Tischdecken helfen, einen Teil der Mahlzeit zubereiten, oder überlassen Sie ihnen die Tischdekoration. Die meisten Kinder arbeiten gern in der Küche mit und entwickeln bald ihre eigenen Spezialitäten. Hinzu kommt, daß sie bereitwilliger Neues kosten, wenn sie beim Kochen beteiligt sind.

Ermuntern Sie alle, sich ein bißchen netter anzuziehen, um die Gelegenheit ein wenig festlicher zu gestalten. Sie werden sicher überrascht feststellen, daß sogar schlechte Esser in gelassener Stimmung etwas mehr verzehren. Auch Ihr Verdauungstrakt dürfte sich wohl etwas besser «benehmen».

Wenn Sie kleine Kinder haben, planen Sie ein besonderes Dinner nur für sich und Ihren Partner bzw. Ihre Partnerin. Die Kinder können Sie ja früher versorgen, damit Sie später, wenn alles ruhiger geworden ist, zu zweit essen können. Oder machen Sie es wie ich, als ich noch vier Kleinkinder im Haus hatte. Mein Mann und ich waren am Mittwoch abends immer miteinander verabredet. Die Babysitterin war bereits im voraus gebucht, damit wir keinen Grund zum Verschieben hatten. Aber das wollten wir auch gar nicht. Wir freuten uns immer auf unser gemütliches Abendessen zu zweit. Und da es in der Mitte der Woche lag, brachte es uns auch immer ein bißchen zur Besinnung, wenn wir – wie meistens – zu sehr ins Hetzen geraten waren.

Allein essen

Für mich ist eine Mahlzeit auch ein gesellschaftliches Ereignis. Die Unterhaltung ist mir genauso wichtig und manchmal noch wichtiger als das, was ich auf dem Teller habe. Aus diesem Grunde aß ich nie gern allein. Wenn ich allein war, gab's meist irgendwelche Flakes, eine Halbliterpackung Eiscreme oder eine Schüssel voll Popcorn. Ein Buch oder eine Zeitschrift leistete mir dann Gesellschaft. Gebannt von dem, was ich las, war mir meist gar nicht bewußt, was ich aß. Mein Tagesjournal enthüllte, daß ich meist mehr Beschwerden hatte, wenn ich allein gegessen hatte.

Dann mußte ich an meine inzwischen verstorbene Schwiegermutter denken. Sie war eine liebenswürdige, verwitwete Dame, die zu dem Zeitpunkt, als ich ihren jüngsten Sohn heiratete, allein lebte. Trotzdem richtete sie jeden Abend den Tisch im Eßzimmer mit einem Platzdeckchen aus Leinen, ihrem besten Geschirr und Silberbesteck. Und obwohl sie nie viel aß, kochte sie sich immer Fleisch oder Huhn, eine Kartoffel, Gemüse und Salat. Wenn sie Pudding machte, servierte sie ihn in einer besonderen kleinen Silberschüssel – einem Hochzeitsgeschenk mit eingraviertem Datum.

Ich fragte sie einmal, warum sie sich so viele Umstände machte, wo es doch nur für sie selbst war.

«Und warum nicht?» fragte sie, der jüdischen Tradition entsprechend, nach der eine Frage mit einer anderen Frage beantwortet wird. «Bin ich nicht wichtig? Für wen soll ich es denn aufbewahren? Ich bin gern nett zu mir.»

Jetzt besitze ich ihre kleine Silberschüssel, und auch ich verwende sie, um Pudding darin kalt zu stellen. Heute wie damals, als die Kinder noch klein waren, essen wir im Eßzimmer und verwenden unser bestes Geschirr, selbst wenn es «nur» für die Familie ist. Im Vergleich zu früher, als Unterhaltungen oft nur aus «Mami, sag ihm, er soll mich nicht anschauen!» oder: «Sie hat mich zuerst getreten» bestanden, ist die Tischkonversation zwar anspruchsvoller geworden, dreht sich aber immer noch nicht um anspruchsvolle Themen. Aber fast immer ist die Atmosphäre angenehm und entspannt.

Wenn ich heutzutage allein esse, denke ich an meine Schwiegermutter und koche extra für mich. Ich schiebe eine neue CD oder eine Kassette in die Stereoanlage und verbanne Stress und Anspannung von meinem Tisch. Meinen Geist lasse ich wandern. Ich bin entspannt. Allein mit meinen Gedanken, habe ich schließlich herausgefunden, daß ein Dinner allein, obwohl ich lieber mit anderen esse, doch Spaß machen kann.

Langsamer!

Hat Ihre Mutter Sie häufig ermahnt, langsam zu essen und nicht so zu schlingen? Meine auch. Ich wollte es hinter mich bringen und draußen weiterspielen, bis es dunkel wurde.

Später erfuhr ich am eigenen Leib, daß zu schnelles Essen zu Reizdarmbeschwerden führen kann. Wir verschlucken dabei nicht nur große Mengen Luft, was Blähungen und Völlegefühl zur Folge hat, sondern wir setzen auch unser Verdauungssystem dadurch zusätzlich unter Druck. Ich möchte zwar nicht vorschlagen, daß Sie jeden Bissen vor dem Runterschlucken erst zwanzigmal kauen, aber ich machte persönlich die Erfahrung, daß bewußt langsameres Essen mir half, meine Beschwerden zu reduzieren.

Wenn Sie meist schon lange vor allen anderen mit dem Essen fertig sind, legen Sie einmal Ihre Gabel zwischen jedem Bissen auf den Tisch und schenken Sie dem, was die anderen erzählen, Ihre volle Aufmerksamkeit. Sie werden entspannter sein, mehr Spaß an der Mahlzeit haben, weil Sie sich die Zeit nehmen, auch das Aroma richtig wahrzunehmen. Und so werden Sie sich hinterher wohler fühlen als sonst.

Sollten Sie es einmal wirklich eilig haben, essen Sie weniger und leichter. In Ruhe einen Apfel zu essen oder eine Banane mit einem Käsesandwich aus Vollkornbrot ist wahrscheinlich befriedigender als zu versuchen, eilig einen Hamburger, Pommes frites und einen Milkshake oder Kaffee in einen sowieso schon gestressten Verdauungstrakt hinunterzuwürgen. Vielleicht bleibt Ihnen dann noch ein wenig Zeit für einen kleinen Spaziergang.

Wenn Sie einen besonders anstrengenden Tag vor sich haben, machen Sie im voraus Pläne für die Mittagspause. Gehen Sie rechtzeitig, damit Sie nicht Schlange stehen oder Ihre Mahlzeit eilig herunterschlingen müssen, wenn Sie dann endlich einen Tisch erwischen. Falls Sie nicht beizeiten wegkommen, sollten Sie einen leichten Lunch dabeihaben, damit Sie in Ruhe speisen können. Essen sollte belebend und entspannend sein und nicht eine zusätzliche Anstrengung.

Indem Sie Ihre Mahlzeiten vorausplanen, und zwar besonders für hektische Zeiten, verschaffen Sie sich auch eine Verschnaufpause zum Überlegen, was Ihnen wohl am besten bekommt. Auf diese Weise verringert sich die Gefahr, daß Sie sich das Erstbeste schnappen – das dann fast immer entweder zuviel Fett oder zuviel Zucker enthält. Beides kann Ihren empfindlichen Darm reizen.

Nicht zuviel essen

Als neulich sechs Leute mit Reizkolon ihre Tagesjournale miteinander verglichen, fiel ihnen auf, daß jeder von ihnen unter starken Schmerzen, Blähungen und Unbehagen an den Feiertagen gelitten hatte. Alle mußten zugeben, daß sie diese Familienereignisse als Strapaze empfanden, außerdem aber auch zuviel gegessen hatten.

Eine Frau in dieser Runde erzählte: «An Thanksgiving war ich wirklich vollgestopft. Schon vor dem Nachtisch konnte ich nicht mehr, habe aber den Pumpkin-Pie (Kürbiskuchen) trotzdem gegessen. Meine Mutter macht herrlichen Pumpkin-Pie. Ich konnte ihr doch nicht wehtun.»

Abgesehen davon, daß diese Frau Kapitel 9 über Selbstbehauptung noch einmal durchlesen sollte (wie sie der Mama sagen kann, daß ihre Zuneigung nicht weniger geworden ist, auch wenn sie im Moment nichts mehr von ihrem Pumpkin-Pie essen kann), müßte sie auch einmal darüber nachdenken, was sie damit ihrem sowieso schon überlasteten Verdauungssystem angetan hat. Da sich die Hormonmenge, die beim Essen produziert wird, mit der Ausgiebigkeit des Mahls erhöht, ergießen sich dadurch noch mehr symptomauslösende, körpereigene Chemikalien in die Därme. Wollte sie das wirklich erreichen?

Es ist viel besser, kleinere, aber häufigere Mahlzeiten einzunehmen, als den Verdauungstrakt zusätzlich zu überlasten, wenn er sowieso schon stärker gefordert ist. Sogar Menschen ohne Reizkolon fühlen sich unwohl, wenn sie zuviel essen. Bei Menschen mit Reizdarm aber ist mit ziemlicher Sicherheit mit Beschwerden zu rechnen.

Oft liegt es nicht am Essen

Wenn Sie unter Reizdarmsyndrom leiden, ist es einfach, all Ihre Schmerzen auf das zurückzuführen, was Sie verzehrt haben. Falls Sie aber mit Hilfe der Methoden, die in diesem und früheren Kapiteln bereits beschrieben wurden, Ihre Anspannung abbauen können, sollte es Ihnen gelingen, sich gelassener zu Tisch zu setzen und das Erlebnis einer Mahlzeit voll auszukosten. Dann können Sie die ganze Atmosphäre, den Geschmack leckerer Gerichte, die Gesellschaft von Freunden und Familie und eine interessante Unterhaltung genießen.

17.
ZUSÄTZLICHE
BALLASTSTOFFE

«Essen Sie mehr Ballaststoffe.»

Das klingt einfacher, als es in Wirklichkeit ist. Dabei werden nämlich einige wichtige Probleme ignoriert, wie z. B. die Fragen: Was sind Ballaststoffe? Worin sind sie enthalten? Welche Menge ist ausreichend? Sind sie für jeden Menschen geeignet?

Vor den siebziger Jahren wurde Leuten mit Reizdarmsyndrom und anderen Verdauungsstörungen Schonkost verordnet. Sie wurden angewiesen, ballaststoffreiche Nahrungsmittel zu vermeiden. Seit Mitte der siebziger Jahre ist jedoch, dank den britischen Wissenschaftlern Dr. Denis Burkitt und Dr. Hubert Trowell, der Begriff «Ballaststoffe» in aller Munde. Die Medien haben sich des Themas angenommen und Ballaststoffe als Retter von Amerika, wenn nicht gar der ganzen zivilisierten Welt gepriesen. Laut Dr. Chesley Hines jr.* liegt geradezu eine Ironie darin, daß «in den Vereinigten Staaten der durchschnittliche Tageskonsum von Ballaststoffen durch die Nahrungsaufnahme unter 25 g liegt, in weniger entwickelten Ländern hingegen bis zu 60 und gar 90 g beträgt»[1]. Das National Cancer Institute (Nationales Krebsinstitut) empfiehlt, pro Tag 25 bis 35 g mit den Mahlzeiten aufzunehmen. Bei vielen Menschen wäre das eine Verdoppelung der gegenwärtigen Menge.

Ballaststoffe

In weniger «fortschrittlichen» Ländern ist also die Versorgung mit Ballaststoffen besser als in den Vereinigten Staaten. Was hat das denn überhaupt für eine Bedeutung? Und was sind Ballaststoffe denn eigentlich?

Ballaststoffe sind keine wundersamen Substanzen und auch keine modernen Allheilmittel. Andere Bezeichnungen dafür sind Rohfaser, Faser-, Füll- oder Quellstoff und Zellulose. «Ballaststoff» ist ein Sammelbegriff für die unverdaulichen Bestandteile von Pflanzen, die jedem Verdauungsversuch durch unsere Dünndarmsekrete widerstehen. Erinnern Sie sich noch daran, was in Kapitel 2 stand? Die Verdauung läuft im Dünndarm ab. Was dort nicht verwertet wird, wandert weiter in den Dickdarm, wo Wasser entzogen wird, während der Rest als Kot durch das Rektum ausgeschieden wird.

Ballaststoffe unterstützen die Darmfunktion, indem sie für gleichmäßig weichen, leicht auszuscheidenden Stuhlgang sorgen und die Dauer der Darmpassage abkürzen. Sie haben die Fähigkeit, überschüssiges Wasser, das zu weichen Stuhl verursacht, zu absorbieren, und wirken gleichzeitig der Verstopfung entgegen, weil sie das notwendige Volumen schaffen, das zur Stimulierung des Stuhldrangs beiträgt.

Es gibt zwei Arten von Ballaststoffen: lösliche und unlösliche. Die lösliche Art (Quellstoffe) wird in Wasser zu Gelee und ist in Bohnen, verschiedenen Obstsorten, Gemüse, Haferflocken und Gerste enthalten. Nach neueren Untersuchungen helfen lösliche Rohfasern mit, Cholesterin im Blut zu senken und die Verwertung von Glukose zu regulieren.

Unlösliche Ballaststoffe lösen sich in Wasser nicht auf und bestehen in der Hauptsache aus Zellulose. Sie sind in Weizenkleie, Getreidekörnern und vielen Gemüsesorten zu finden. Sie binden Wasser im Verdauungstrakt, machen dadurch den Stuhl weich, vergrößern auch die Masse der Schlackenstoffe, beschleunigen als Folge davon ihre Passage durch den Darm und unterstützten damit die Ausscheidung.

Wenn Sie sich hinsichtlich Ihrer Ernährung oder medizinisch beraten lassen, um zu erfahren, welche Nahrungsmittel zu einer ballaststoffreichen Ernährung gehören, brauchen Sie sich jedoch nicht damit zu befassen, welche Rohfasern zu welcher Gruppe gehören. Die Anschriften von Diätassistenten oder Ernährungsberatern in Ihrer Umgebung können Sie von Ihrem Arzt bzw. Ihrer Ärztin, einem Krankenhaus oder dem Gesundheitsamt erfahren; Informationen über kostenlose Ernährungsberatung vermittelt die Deutsche Gesellschaft für Ernährung e. V. (DGE). Mehr über die Auswahl einer qualifizierten Ernährungsberaterin bzw. -beraters und die Anschrift der DGE finden Sie in Kapitel 18.

Ballaststoffhaltige Nahrungsmittel

Ballaststoffe sind in unterschiedlichen Mengen Bestandteil einer ganzen Anzahl von Nahrungsmitteln:

Gemüse	
Brokkoli	Karotten
Kohl	Rote Bete
Rosenkohl	Staudensellerie

| Mais | Blumenkohl |
| Kartoffeln (mit Schale) | |

Obst

Pflaumen	Aprikosen
Rosinen	Brombeeren
Erdbeeren	Birnen
Apfelsinen	Bananen
Pfirsiche	Melone

Äpfel (Kennen Sie den Spruch amerikanischer Großmütter: «An apple a day keeps the doctor away»? Sieht ganz so aus, als ob sie recht hatten, besonders wenn die Schale mitgegessen wird. Äpfel enthalten den Quellstoff Pektin, der überschüssiges Fett absorbiert und durch das Verdauungssystem schleust, bevor der Körper es absorbieren kann.)

Andere Quellen

Nüsse	brauner Reis
Popcorn	Erbsen
Linsen	rote Bohnen

dunkles Brot (z. B. Vollkornbrot und Pumpernickel)
Vollkorncracker (Grahamcracker)
Getreideflocken / Flakes (insbesondere mit Kleie, Weizen oder Hafer. Vermeiden Sie die gesüßten Sorten, denn sie enthalten zuviel leere Kalorien und können zu Blähungen führen.)

Beim Brotkauf sollten Sie sich die Zeit nehmen, die Etiketten zu lesen. Den höchsten Gehalt an Rohfasern hat Brot mit Zutaten, die so wenig wie möglich bearbeitet wurden. Wenn an erster Stelle «Vollkornmehl», «Weizenschrot», «steingemahlener Weizen, «Weizenkeime», «Weizenkleie», «Roggenschrotmehl», «Haferschrot», «Hafermehl» oder ähnliches genannt wird, hat das Brot einen höheren Rohfasergehalt, als wenn an erster Stelle einfach «Weizenmehl» steht.

Der Verzehr von Kleie, besonders in unverarbeiteter Form (in Lebensmittelgeschäften oder Reformhäusern erhältlich), ist die einfachste Methode, die Ernährung mit Ballaststoffen anzureichern. Wenn Sie die Wahl zwischen grob und fein gemahlenen Flocken haben, entscheiden Sie sich lieber für die wirksamere grobe Sorte. Da unverarbeitete Kleie vermutlich wie Sägemehl schmeckt, ist es besser, sie unters Müsli oder den Obstsalat zu mischen, in Yoghurt zu rühren oder auf ein Sandwich oder Hüttenkäse zu streuen. Fügen Sie auch Ihrem Vollkornmehl Kleie zu und backen Sie ihr eigenes Kleiebrot. Haferkleie, die es inzwischen ebenfalls in den meisten Lebensmittelgeschäften und Reformhäusern gibt, ist auch eine hervorragende Quelle für Ballaststoffe und eignet sich gut für kleine Brötchen, besonders wenn Sie noch eine Handvoll Rosinen dazugeben.

Rohfasern haben keinen Nährwert und fast keine Kalorien. Da ballaststoffreiche Zubereitungen länger gekaut werden müssen, machen sie auch schneller satt. Aus diesem Grund ist ein ganzer Apfel besser als Apfelsaft. Außerdem enthält nach Angaben des United States Department of Agriculture eine dreiviertel Tasse Apfelsaft 0,2 Gramm Ballaststoffe, ein ganzer, ungeschälter Apfel hingegen 3,6 Gramm.

Obendrein produzieren diese faserstoffreichen Lebensmittel Volumen, so daß im Magen nicht soviel Platz für Kalorienreiches bleibt. Ist es nicht angenehm zu wissen, daß die Anreicherung der Ernährung mit solchen Inhaltsstoffen nicht nur die Verdauung fördert, sondern auch noch mithilft, das Gewicht zu halten oder gar abzunehmen?

Wählen Sie auch für Zwischenmahlzeiten ballaststoffreiche Nahrungsmittel. Sie haben die Auswahl zwischen Brotstangen mit Sesamkernen, Trockenobst wie Feigen, Datteln, Pflaumen usw., Haferflocken- oder Mehrkornkeksen, Müsliriegeln und mehr. Das sind nicht nur geeignete «Snacks» für zwischendurch, sondern sie reichern damit Ihre Ernährung auch mit Ballaststoffen an, die satt machen.

Es gibt Pflanzensamen, die sogenannten Psylliumsamen, Plantago afra bzw. Plantago ovata. Dabei handelt es sich um Füllprodukte, mit denen Sie Ihre Ernährung ebenfalls ergänzen können. Sie werden z. B. unter den Namen Metamucil®, Mucofalk® oder Agiocur® verkauft, enthalten Psyllium und sind praktisch, um den Ballaststoffkonsum langsam zu steigern. Sie wirken besonders günstig bei Menschen, die unter einem Reizdarmsyndrom mit Verstopfung leiden, obwohl sie manchmal auch bei Durchfall helfen. Bitte verwechseln Sie diese Produkte jedoch nicht mit chemischen Abführmitteln. Es handelt sich hierbei um Naturpräparate, die keine gefährlichen Nebenwirkungen haben. Die meisten werden als Pulver angeboten und mit Wasser, Fruchtsaft oder Eistee vermischt eingenommen.

Mehr Flüssigkeit

Es ist äußerst wichtig, daß Sie Ihre Flüssigkeitsaufnahme erhöhen, wenn Sie Ihre Ernährung mit Ballaststoffen anreichern, und zwar vorzugsweise mit Wasser. Zu wenig zu trinken kann zu Verstopfung führen oder bestehende Beschwerden verschlimmern. Die meisten Ärzte empfehlen acht Gläser Wasser zu je 0,2 Liter am Tag.

Wenn Sie bisher wenig Wasser getrunken haben, umgeben Sie sich mit Gedächtnisstützen. Ich stelle z. B. jeden Morgen acht Gläser in der Küche auf ein besonderes Tablett. Bis zum Abend sollte ich sie alle gefüllt und getrunken haben. Meine Schwester legt sich acht Pennies auf die Fensterbank. Jedesmal, wenn sie ein Glas Wasser trinkt, kommt ein Penny in einen Eierbecher. Ob Sie sich nun eine Strichliste machen oder einen Wasserkrug auf den Schreibtisch stellen – vergessen Sie bitte auf keinen Fall, ausreichend zu trinken.

Wieviel Ballaststoffe sind genug?

Vielleicht glauben Sie, daß Ihre Mahlzeiten bereits genug Ballaststoffe enthalten; höchstwahrscheinlich ist das jedoch nicht der Fall. Die meisten Amerikaner verzehren etwa 15 bis 20 Gramm täglich. Die Mediziner sind sich zwar nicht darüber einig, wieviel wir essen *sollten*, aber die Mehrheit vertritt die Auffassung, daß zwischen 25 und 35 Gramm erforderlich sind. Bei unserem hohen Verbrauch von intensiv verarbeiteten Lebensmitteln ist es durchaus notwendig, sorgfältig vorauszuplanen, damit unsere Mahlzeiten diese Menge enthalten. Es ist schwierig, so viel mit der normalen Verpflegung aufzunehmen.

Falls Sie Ihren Gerichten unverarbeitete Kleie hinzufügen, fangen Sie langsam an: mit etwa ein bis zwei gehäuften Eßlöffeln täglich im Müsli, im Joghurt oder im Salat. Steigern Sie die Dosierung vorsichtig, denn es läßt sich nicht sagen, welche Portion im Einzelfall angemessen ist. Jeder Mensch ist anders veranlagt, und der eine braucht mehr, der andere weniger. Es ist wirklich eine Sache des Ausprobierens, genau die Menge herauszufinden, die für mühelosen Stuhlgang sorgt, ohne Krämpfe oder Durchfall auszulösen. Ballaststoffe dürfen jedoch nicht als einmalig einzunehmende, schnell wirkende Behandlung bei Reizdarmsyndrom verstanden werden. Seien Sie vorsichtig. Wenn Sie zuviel des Guten tun und sich nach dem Motto «viel hilft viel» schnelle Besserung versprechen, mißhandeln Sie Ihren Darm, und es wird Ihnen hinterher höchstwahrscheinlich sehr schlecht gehen.

Sind Ballaststoffe gut für jeden?

Wissenschaftler haben Zweifel, ob alle Reizdarmpatienten von mehr Rohfaser in der Nahrung profitieren. Eine erst kürzlich durchgeführte Untersuchung von P. A. Cann und Mitarbeitern ergab, daß Ballaststoffe bei Reizkolon mit Verstopfung helfen, aber bei Patienten, die hauptsächlich unter Durchfall leiden, kaum Wirkung zeigen.[2]

Es gibt immer noch erhebliche Meinungsverschiedenheiten über das Zusammentreffen von Reizdarm und Lebensmittelallergien. Die britischen Forscher V. Alun Jones und J. O. Hunter meinen, daß «etwa 70 Prozent derjenigen, die unter Bauchschmerzen und Durchfall leiden, mit Diät erfolgreich behandelt werden können»[3]. Aber es ist ganz klar, daß Menschen mit einer echten Allergie gegen Weizen nicht von einer Diät mit einem hohen Anteil an Weizenkleie profitieren.

Sie sollten darauf vorbereitet sein, daß die stark erhöhte Aufnahme von Kleie verstärkt Völlegefühl und Blähungen zur Folge hat, da die Darmbakterien auf die Rohfasern reagieren. Aber Dr. Schuster ist der Auffassung, daß «diese Nebenwirkungen bei 85 Prozent der Patienten nach drei Wochen wieder verschwinden. 15 Prozent hingegen finden es unerträglich und müssen auf Kleie verzichten.»[4] Falls Sie unter solchen Auswirkungen leiden, unterhalten Sie sich mit Ihrer Ärztin oder Ihrem Arzt darüber, bevor Sie die Weizenkleie streichen. Möglicherweise haben Sie in Ihrer Hoffnung auf Besserung zuviel des Guten getan oder müssen zu einem der Produkte aus Psylliumsamen wie z. B. Metamucil überwechseln, die mit Wasser oder Fruchtsaft vermischt werden.

Diese Füllstoffe sind bei Reizdarmpatienten, die abwechselnd unter Durchfall und Verstopfung leiden, meist recht wirksam, denn sie absorbieren das überschüssige Wasser im Verdauungsbrei, machen ihn aber auch weicher, so daß er leichter durch den Dickdarm zum Rektum wandert. Füllpräparate sollten zu den Mahlzeiten genommen werden, damit sie sich bereits bei der Entstehung der Ausscheidungsmasse mit ihr vermischen können. Dr. Schuster fügt noch hinzu: «Wegen des Geschmacks und weil die Psylliumsamen bereits im Magen etwas aufquellen, könnte bei Einnahme des Mittels vor der Mahlzeit der Appetit leiden. Aus diesem Grund sollte es von übergewichtigen Menschen vor der Mahlzeit und von schlanken danach genommen werden.»

Verwenden Sie auf *keinen* Fall Abführmittel als Ersatz für Ballaststoffe. Sie führen schnell zur Abhängigkeit und sind einfach zu aggressiv für einen Verdauungstrakt, der sowieso schon mit Motilitätsproblemen zu kämpfen hat. Sie könnten Ihnen mehr schaden als nutzen.

Rezepte zur Anreicherung der Ernährung mit Ballaststoffen

Kleine Brötchen aus Haferkleie

(Dieses Rezept ergibt etwa 12–18 Brötchen, die in Plastikbeuteln eingefroren und dann einzeln im Backofen oder Mikrowellenherd wieder aufgebacken werden können.)

Zutaten:

280 g Haferkleie	70 g Honig
70 g Rosinen	2 Eier, geschlagen
2 Teelöffel Backpulver	2 Eßlöffel Pflanzenöl
150 g (0,15 l) Magermilch	

Zubereitung:

Heizen Sie den Ofen auf etwa 220 Grad vor.
Vermischen Sie alle Zutaten in einer großen Schüssel, bis alles durchfeuchtet ist. Füllen Sie gleichmäßig große Mengen in Portions- oder Papierförmchen.
(Zubereitungszeit bis hierher kaum mehr als 5 Minuten.)
15–20 Minuten backen.

Hinks Vollkornbrot

Zutaten:

4 Eßlöffel lauwarmes Wasser	1 Päckchen Trockenhefe
0,4 l lauwarmes Wasser	70 g Magermilchpulver
1 Teelöffel Salz	2 Eßlöffel Pflanzenöl
2 Eßlöffel Melasse	2 Eßlöffel Honig
500 g Weizenvollkornmehl	

Zubereitung:

Heizen Sie den Ofen auf 190 Grad vor. Die eigentliche Zubereitungszeit beträgt nur 25 Minuten. Die restliche Zeit braucht das Brot zum Gehen.
Hefe in 4 Eßlöffeln lauwarmem Wasser auflösen und beiseite stellen. Milchpulver in 0,4 l lauwarmem Wasser in einer großen

Schüssel auflösen. Salz, Öl, Melasse und Honig hineingeben. Aufgelöste Hefe zufügen. Mehl dazugeben. Alle Zutaten verkneten. Mit sauberem Geschirrtuch abdecken und an einem warmen Ort 1 Stunde gehen lassen.

Zwei Kastenformen ausfetten und mit Mehl ausstreuen. Holzbrett oder Arbeitsfläche bemehlen. Teig 10 Minuten durchkneten. Falls der Teig klebt, noch Mehl hinzufügen. Weitere 10 Minuten kneten.

In 2 Hälften teilen. In die Formen drücken. Zudecken. Wieder 1 Stunde gehen lassen.

Kastenformen auf oberste Schiebeleiste des Backofens stellen. Auf untere Leiste einen Topf mit heißem Wasser direkt unter das Brot schieben. 50 Minuten backen. Auf einem Kuchengitter auskühlen lassen.

Guten Appetit!

Weitere Rezepte für ballaststoffbewußtes Backen und Kochen finden Sie in den vielen Büchern, die heute zu dem Thema «Naturbelassene Ernährung» in Buchhandlungen und Büchereien angeboten werden.

18.

ESSGEWOHNHEITEN

Eine der größten Herausforderungen für Ärztinnen und Ärzte bei der Behandlung von Reizdarmsyndrom ist, in jedem Einzelfall die Auslöser zu identifizieren. Das wird noch dadurch erschwert, daß auch die Symptome zusätzliche Anspannung verursachen. Aus diesem Grund ist Ihr Tagesjournal so wichtig (siehe Kapitel 7). Es bietet Ihnen die Möglichkeit, die ärztlichen Bemühungen zu unterstützen.

Vorsicht vor falschen Schlüssen

Als ich den Spezialisten für die Behandlung von Reizkolon, Dr. Drossman, inverviewte, bat er mich, folgenden Rat unbedingt weiterzugeben:

«Warnen Sie Ihre Leserinnen und Leser davor, zu schnell bestimmte Lebensmittel von ihrem Speiseplan zu streichen. Oft essen die Betroffenen etwas, und anschließend werden die Symptome schlimmer. Sie glauben dann, es muß mit dem Gegessenen zusammenhängen, und lassen es künftig weg. Es dauert dann oft nicht lange, bis jede Menge Nahrungsmittel auf der Tabu-Liste stehen. Dadurch wird das Nahrungsangebot dann viel zu sehr eingeschränkt und auch einseitig.»

Das schafft dann nicht nur völlig unnötig eine unausgewogene Kost, sondern macht auch die Mahlzeiten selbst zur Strapaze: Ständig machen Sie sich Sorgen darüber, was Sie denn nun essen können und was nicht. Diese zusätzliche Belastung wirkt sich natürlich auch wieder nachteilig aus und führt zu neuen Symptomen. Die Ironie bei alledem ist, daß das Wohlbefinden durch die intensive Einschränkung der Ernährung leidet, statt sich zu bessern.

Langsam!

Das soll allerdings nicht besagen, daß Sie nicht trotzdem darauf achten sollten, was Sie essen. Aber wie das Tagesjournal zeigt, müssen Sie Ihre Aufmerksamkeit eben auch auf Ihre physische und psychische Umgebung vor, während und nach der Mahlzeit richten.

Wie bereits in früheren Kapiteln besprochen, berichten viele Menschen mit einem Reizkolon über Schmerzen, Völlegefühl und Durchfall kurz nach dem Essen – am häufigsten jedoch nach dem Frühstück –, und zwar unabhängig davon, was sie im einzelnen gegessen haben. Es ist der Vorgang des Essens, der die gesteigerte Reaktion des Dickdarmes verursacht. Aber etliche der Betroffenen mußten nach Überprüfung ihres Tagesjournals doch zugeben, daß das Frühstück oft eilig verschlungen wurde. Morgens dafür zu sorgen, daß alle aufstehen, sich anziehen, frühstücken und sich auf den Weg zur Schule oder Arbeit machen, kann Vater oder Mutter erschöpft zurücklassen.

«Bis ich dann zur Arbeit gehe», stöhnte eine 35jährige Lehrerin, «komme ich mir vor, als ob ich eine Kanonenkugel verschluckt hätte. Ich habe schon vesucht, das Frühstück ganz ausfallen zu lassen, aber dann habe ich genauso starke, wenn nicht noch mehr Bauchschmerzen.»

Versuchen Sie, morgens langsamer zu machen, auch wenn es bedeutet, daß der Wecker bei allen Familienmitgliedern 15 Minuten früher klingelt. Decken Sie den Tisch bereits am Vorabend, und stellen Sie auch die Packung mit Getreideflakes oder Müsli hin. Heben Sie sich das Zeitunglesen für später auf. Schalten Sie sanfte Musik ein. Nehmen Sie sich vor, sich langsamer zu bewegen. Stehen Sie 30 Minuten eher auf, und machen Sie Ihre Entspannungsübungen. Nutzen Sie Ihre Kreativität, und denken Sie sich Mittel und Wege aus, wie morgens alles ein bißchen gemütlicher ablaufen kann.

Auch langsamer essen!

Wenn Sie langsamer essen, kauen Sie auch besser und schlucken weniger Luft. Schauen Sie sich einmal am Tisch um: Sind Sie immer zuerst fertig? Dann essen Sie wahrscheinlich zu schnell. Probieren Sie einmal, Löffel oder Gabel zwischen den einzelnen Bissen hinzulegen, Ihre Mahlzeit in kleinere Stücke zu schneiden oder innezuhalten, um einmal wirklich zuzuhören, was die anderen erzählen.

Sprechen Sie nicht mit vollem Mund. Es gibt wirklich kaum etwas so Dringliches zu berichten, daß Sie das, was Sie gerade im Mund haben, nicht erst langsam fertigkauen und hinunterschlucken können. Auf diese Weise verschlucken Sie sich auch nicht so schnell. Mit jemandem am Tisch zu sitzen, der mit vollem Mund erzählt, ist äußerst unappetitlich. Es kann sogar ausgesprochen unangenehm werden. Neulich saß ich einmal einem Mann gegenüber, der noch vor dem Kauen anfing zu reden. Er war ein sehr energischer Typ und spuckte aus Versehen einen Teil seiner Mahlzeit auf meinen Teller. Es war für alle eine peinliche Situation.

Regelmäßige Mahlzeiten

Checken Sie einmal Ihr Tagesjournal, wann Sie am häufigsten Beschwerden haben. Es könnte dann gehäuft passieren, wenn Ihre Essenszeiten unregelmäßig sind. Dadurch wird nämlich ein überempfindlicher Verdauungstrakt zusätzlich belastet. Bemühen Sie sich, Ihre Mahlzeiten immer zur gleichen Zeit einzunehmen, insbesondere am Wochenende und an emotionsreichen Feiertagen.

Als ich anfing, ein Tagesjournal zu führen, merkte ich, daß viele meiner schlimmsten Tage auf das Wochenende fielen. Samstags und sonntags schlief ich gern lange und versäumte dadurch das Frühstück. Statt dessen gingen wir dann zum Brunch meist in ein Restaurant oder in ein Hotel mit Buffet, wo ich oft mehr aß als sonst. Es war also nicht weiter verwunderlich, daß ich mich für den Rest des Tages vollgestopft und unwohl fühlte. Auch unser Dinner verzehrten wir an solchen Tagen oft erst spät. Mein ganzer Tagesrhythmus war also vollkommen anders als unter der Woche. Als ich dann jeden Tag regelmäßigere Mahlzeiten einhielt, hatte ich auch weniger Beschwerden.

Vorsicht mit fetten Gerichten

Das ist natürlich ein guter Rat für jedermann und jedefrau, aber für Menschen mit Reizkolon gilt das ganz besonders. Die meisten von uns haben nämlich stärkere Beschwerden nach fettreichen Gerichten, sei es, daß sie stark fetthaltig, in Fett gebraten oder fritiert sind. Das ist nicht schwer zu begreifen, denn Fett ist der wichtigste Stimulant des gastrokolischen Reflexes. Unser Hormonsystem produziert dann Chemikalien, die die Verdauung von Fett unterstützen, die wiederum – und in besonderem Maße das Hormon Cholezystokinin (CCK) – eine gesteigerte Muskelaktivität im Dickdarm in Gang setzen.

Suchen Sie Hilfe, wenn nötig

Versuchen Sie nicht selbst herauszufinden, was Sie von Ihrem Speiseplan streichen sollten. Falls Sie Zweifel haben, fragen Sie bei Arzt oder Ärztin oder in einem Krankenhaus nach qualifizierten Diätassistentinnen oder Ernährungsberatern. Auch das Gesundheitsamt kann Ihnen sicher Auskunft erteilen. Außerdem gibt es Fachärzte mit eigener Praxis und an Krankenhäusern, die auf Ernährungsfragen spezialisiert sind. Diese Fachleute können Ihnen dabei helfen, Ihr Tagesjournal zu analysieren, und Sie anschließend beraten, wie Sie problematische Nahrungsmittel umgehen, zusätzliche Ballaststoffe mit Ihren Mahlzeiten aufnehmen und Ihren Fettverbrauch abbauen können – und sich trotzdem ausgewogen ernähren. Sie sind auch imstande, Ihr Tagesjournal auf Hinweise zu durchforsten, die auf Stress durch bestimmte Eßgewohnheiten und andere Verhaltensweisen deuten.

Seien Sie vorsichtig bei der Auswahl von Ernährungsberaterin oder -berater. Die Ernährung wird stark von Gefühlen beeinflußt, und es ist äußerst wichtig, daß Sie zu Ihrer Betreuung Vertrauen haben. Wenn Sie sich dann für eine bestimmte Person entschieden haben, müssen Sie hundertprozentig offen mit ihr sein; sagen Sie nicht, was sie oder er Ihrer Meinung nach von Ihnen hören will, sondern das, was den Tatsachen entspricht. Ernährungsberater sind verpflichtet, Ihnen zu helfen, und nicht, Sie zu be- oder gar verurteilen.

Die Deutsche Gesellschaft für Ernährung e. V. (DGE) gibt ein kleines Rezeptbüchlein (für derzeit DM 4,50) unter der Bezeichnung «Leichte Vollkost bei Erkrankungen der Verdauungsorgane» heraus. Darin finden Sie außer Rezepten eine Liste der Stellen (DGE, Gesundheitsämter und Verbraucherberatung), an denen eine kostenlose Ernährungs- und Diätberatung durchgeführt wird, einschließlich der Namen und Telefonnummern der Beraterinnen. Erhältlich von:

Deutsche Gesellschaft für Ernährung e. V.
Feldbergstraße 28
6000 Frankfurt / Main 1
Tel. 069 / 72 01 46 (nur schriftl. Info).

Problematische Nahrungsmittel

Verlassen Sie sich lieber auf Ihr Tagesjournal, um herauszufinden, welche Lebensmittel Ihnen zu schaffen machen, statt wohlmeinendem Rat von Familienmitgliedern oder Freundinnen und Freunden zu vertrauen. Bei jedem können andere Nahrungsmittel Beschwerden verursachen. Die häufigsten Probleme entstehen jedoch durch Milchprodukte, Zitrusfrüchte, Getreidesorten (z. B. Weizen oder Mais), Kaffee und Tee, Kohl, Hülsenfrüchte und Lebensmittelzusätze.

Frauen können irrtümlich glauben, Ernährungsprobleme zu haben, wenn ihre Beschwerden mit der Menstruation zusammenfallen. Viele leiden nämlich kurz vor der Monatsblutung unter Verstopfung, dann während und nach der Periode auch unter Durchfall. Deshalb wäre es gut, diese Daten ebenfalls im Tagesjournal zu vermerken.

Kombination von Nahrungsmitteln

Viele Menschen mit einem Reizkolon haben eine ganze Liste von Lebensmitteln, die bei ihnen Beschwerden auslösen – fette Speisen wie Ente, gebratenes Hähnchen, einige rote Fleischsorten (Kalb-, Rind- oder Schweinefleisch) und Schlagsahne –, vergessen dabei aber oft vermischte Nahrungsmittel, z. B. Getreideflakes mit Milch, Brot mit Butter oder Kaffee mit Sahne. Auch Gebäck hat einen hohen Fettanteil. Da wir diese Zusammenstellungen jeden Tag essen, denken wir, sie «zählen» nicht. Aus diesem Grund ist es so wichtig, alles, was Sie essen, in Ihrem Tagesjournal festzuhalten. Das hilft, auch das ganz Selbstverständliche nicht zu übersehen.

Etwas ausgelassen?

Manchmal schafft auch das, was Sie *nicht* essen, Probleme. Da ich schon seit Jahren versuche abzunehmen, gehört das bei mir schon zum Lebensstil. Aus diesem Grund wähle ich zum Lunch oft nur einen Salat. Früher ließ ich wegen meines Gewichts oft das Frühstück ausfallen, ging dann am Mittag aus und bestellte im Restaurant ganz bescheiden nur einen Salat. Häufig kam es dann vor, daß ich, noch bevor ich fertig war, heftige Bauchschmerzen hatte.

Als ich dann mein Tagesjournal führte, konnte ich eine gewisse Regelmäßigkeit in meinen Beschwerden erkennen. Salat war kein Problem, wenn ich gefrühstückt oder Brot dazu gegessen hatte. Es lag also gar nicht am Salat, sondern nur daran, daß ich ihn auf nüchternen Magen verzehrt hatte.

Inzwischen esse ich jeden Tag drei Mahlzeiten. Wenn ich Salat zum Lunch wähle, bitte ich um Vollweizentoast dazu. Es scheint, daß die Kohlenhydrate des Brotes mich schützen.

Ihr Verdauungssystem kann natürlich auch auf andere Art und Weise darauf reagieren, wenn Sie etwas auslassen. Überprüfen Sie Ihr Tagesjournal daraufhin, ob Sie ein bestimmtes Muster entdecken können.

Ein Teller voll guter Laune

Essen ist eine der unumgänglichen Notwendigkeiten des Lebens, sollte allerdings auch Spaß machen. Oft lösen die Mahlzeiten in Menschen mit einem Reizkolon wirklich Unbehagen aus; aber sie können trotzdem zu einer erfreulichen Angelegenheit gemacht werden, indem wir uns auf unsere Sinne statt auf unsere Beschwerden konzentrieren, nette Gesellschaft dabei haben und uns die Zeit nehmen, die Speisen zu genießen. (In Kapitel 16 sind diese Gesichtspunkte ausführlicher behandelt.)

19.
MEDIKAMENTE

Manchmal reicht die Umsetzung aller guten Absichten immer noch
nicht aus. Sie haben vielleicht Ihre Ernährung mit Ballaststoffen ange-
reichert, Ihr Tagesjournal sorgfältig unter die Lupe genommen, pro-
biert, sich zu entspannen, und gelernt, mit Stress umzugehen; und
trotzdem leiden Sie unter Schmerzen und anderen Beschwerden.

Das bedeutet nicht, daß Sie eben ein Versager sind! Es spielt sich auch
nicht alles nur in Ihrem Kopf ab. Es bedeutet nur, daß Sie sich wieder
mit Ihrem Arzt oder Ihrer Ärztin zusammensetzen müssen, um sich
über verschiedene Medikamente zu unterhalten, die Ihnen über eine
schlimme Zeit hinweghelfen können. Sie erinnern sich ja sicher: Das
Reizdarmsyndrom ist ein chronisches Leiden. Erwarten Sie keine Heilung, und ärgern Sie sich nicht über Ihre ärztliche Betreuung, wenn sie
nicht alle Ihre Beschwerden beheben kann. Ziel ist es, genau die Dosis
zu ermitteln, die Ihnen Erleichterung verschafft, ohne zu hoch ange-
setzt zu sein. Sie sollen nicht «Held» spielen und unnötig leiden, aber es
ist ein guter Grundsatz zu versuchen, mit so wenig Arzneimitteln wie
möglich auszukommen.

Zuallererst Ballaststoffe

Zum Glück gibt es verschiedene Methoden zur Behandlung des Reizdarmsyndroms. Dazu gehören Ernährungsumstellung, sportliche Betätigung und Stressmanagement, aber auch Arzneimittel.

Dr. Drossman sagt dazu: «Die Therapie beim Reizkolon muß zwar
jeweils auf den einzelnen Patienten abgestimmt sein, aber am Anfang
steht bei mir immer eine Erhöhung des Rohfaserverzehrs auf etwa 15
bis 20 Gramm pro Tag.»[1]

Es gibt noch andere Behandlungsmöglichkeiten, zu denen eine Änderung des Lebensstils und Verhaltenstherapie (siehe Kapitel 8 bis 18)
mit Entspannungs- und Fitness-Training sowie psychologische Beratung gehören. Alle können dazu beitragen, die symptomverschlimm-
mernden alltäglichen Zusammenhänge besser zu verstehen und den
Umgang mit ihnen zu üben.

Aber daneben gibt es auch medikamentöse Möglichkeiten, wie verschreibungspflichtige «Spasmolytika» und andere krampflösende Mittel, die Schmerzen bekämpfen; zur Verfügung stehen auch Arzneimittel gegen die bei Reizdarmsyndrom häufigen Depressionen, durchfallhemmende Medikamente und verschiedene andere, je nach Symptomen; nicht zu vergessen sind Kleie und frei verkäufliche Füllmittel gegen Verstopfung. Ärzte stimmen in ihrer Beurteilung der Effektivität einer medikamentösen Therapie beim Reizkolon nicht überein, glauben aber, daß der vorübergehende Einsatz bei schlimmen Beschwerden durchaus sinnvoll ist.

Krampflösende Medikamente (Spasmolytika, Anticholinergika)

Wie bereits früher erklärt, ist ein Großteil der Schmerzen beim Reizdarmsyndrom auf eine krampfartige Verstärkung der Muskelaktivität des Darmes zurückzuführen. Wenn es trotz der geschilderten Maßnahmen mit Ballaststoffen etc. zu akuten Bauchschmerzen kommt, kann der Einsatz von krampflösenden Medikamenten erforderlich sein. Nur zur schnellen symptomatischen Schmerzbeseitigung bedient man sich der Spasmolytika. Diese Substanzen sind meist Verwandte des Tollkirschenalkaloids Atropin. Sie hemmen die Wirkung des Nervenhormons Acetylcholin, welches u. a. für die Aktivität bzw. Überaktivität des Darmes verantwortlich ist. Ein Beispiel unter vielen ist das Buscopan®.

Eine zweite Substanzgruppe leitet sich vom Papaverin (einem Alkaloid des Opiumsaftes, aber kein Rauschmittel) ab. Diese Medikamente wirken direkt auf die Darmwandmuskulatur bremsend, so daß es ebenfalls zu einer krampflindernden, spasmolytischen Wirkung kommt. Das Medikament Duspatal® gehört zum Beispiel dazu. Es scheint bei einigen Patienten, als Dauermedikament gegeben, einen günstigen Effekt auf die Beschwerden ihres Reizdarmsyndroms zu haben, vor allem wenn Durchfall ein häufiges Symptom ist.

Motilitätswirksame Medikamente

Die älteren motilitätssteigernden Medikamente wie das Metoclopramid (Paspertin®) sollen keine wesentliche Verbesserung des Krankheitsbildes «Reizdarmsyndrom» besitzen. Aber eine neuere Substanz – das Cisaprid (Propulsin®) – wird in letzter Zeit im Zusammenhang mit diesem Leiden positiv etikettiert. Der Wirkungsmechanismus ist noch

nicht geklärt. Man meint aber, daß die damit erzielte Motilitätssteige-
rung des Darmes in allen seinen Abschnitten zu einer Verkürzung der
Passagezeit des Speisebreis bzw. des Kots führt und dadurch Patienten
hilft, die eher unter Verstopfung leiden.

Pfefferminzöl

Das Öl der Pfefferminzblätter wird Leuten mit Reizdarmsyndrom insbesondere in Europa häufig in Form von Kapseln verordnet.[2] Das Pfefferminzöl, in der Kapsel davor geschützt, bereits vor Erreichen des
Dickdarms absorbiert zu werden, unterdrückt die Aktivität der glatten
Darmmuskulatur und vermindert dadurch Blähungen und Schmerzen.
Allerdings gibt es auch ärztliche Gegenstimmen zur Wirksamkeit!
Pfefferminzöl in Kapselform gibt es in vielen Reformhäusern; es
scheint kaum Nebenwirkungen zu haben, sollte jedoch, wie alle Arzneimittel, nur unter ärztlicher Aufsicht genommen werden, um die
richtige Dosierung sicherzustellen.

Medikamente gegen Durchfall

Antidiarrhoika oder «Stopfmittel» sind Medikamente mit der Fähig-
keit, Durchfall entgegenzuwirken. Dazu zählen Präparate wie Imo-
dium®. Zu den frei verkäuflichen Mitteln gehören unter anderem
Kaoprompt-H® und Kohletabletten. Sie vermindern durch Verlang-
samung der Muskelkontraktionen des Dickdarms den Drang beim
Durchfall und tragen dazu bei, daß die Ausscheidung fester wird. Die
Dosierung muß äußerst vorsichtig erfolgen, damit der bestmögliche
Effekt erzielt wird, ohne gleich Verstopfung zu verursachen.

Medikamente gegen Depressionen

Diese Arzneimittel können helfen, die Depressionen, unter denen manche Menschen mit einem Reizdarmsyndrom leiden, unter Kontrolle zu
bringen. Ihr Arzt oder Ihre Ärztin wird feststellen, ob Ihre Beschwerden Antidepressiva rechtfertigen; er oder sie wird beim Verschreiben
auch die Wirkung solcher Mittel auf Ihre Verdauung berücksichtigen,
da sie z. T. anticholinerge Nebenwirkungen (s. o.) haben und damit
stopfend wirken.

Füllstoffe

Einige Patienten ergänzen ihre Nahrung mit ballaststoffreichen Nahrungsmitteln oder reichern sie mit Kleie an, während andere es einfacher finden, sich mit im Handel angebotenen Produkten aus Psylliumsamen zu helfen. Dabei handelt es sich um einen natürlichen, therapeutischen Füllstoff, der *keinesfalls* mit chemischen Abführmitteln verwechselt werden darf. Letztere können zur Abhängigkeit führen und haben unangenehme Nebenwirkungen.

Der Vorteil von natürlichen Rohfaserprodukten wie Metamucil ist, daß sie im Vergleich zur Anreicherung der Ernährung mit ballaststoffreichen Nahrungsmitteln bequemer in der Anwendung sind (und daher wohl auch gleichmäßiger verwendet werden); der gewünschte Effekt ist dadurch leichter zu erreichen, daß die Menge einfacher zu erhöhen oder zu vermindern ist.

Was nehmen Sie ein?

Es reicht nicht aus, daß Sie beim Arzt um Medikamente bitten, damit Sie nicht so sehr unter den Symptomen Ihres Reizkolons leiden müssen. Abgesehen davon, daß Sie wissen sollten, wie Ihre Arzneimittel aussehen und wann sie eingenommen werden müssen, sollten Sie auch in Erfahrung bringen, worum es sich dabei im einzelnen handelt.

Unterhalten Sie sich über folgende Punkte mit Ihrer Ärztin oder Ihrem Arzt:

● Welche Medikamente bekommen Sie verschrieben? Warum?

Achten Sie darauf, daß Sie den richtigen Namen der Arznei kennen. Lassen Sie sich die Bezeichnung vom Arzt oder der Ärztin aufschreiben.

Fragen Sie, welche Wirkung die jeweilige Medizin gegen welche Beschwerden haben soll.

● Welche Nebenwirkungen hat das Medikament?

Jede Arznei hat Nebenwirkungen. Sie sollten sich unbedingt darüber informieren, und sei es nur, um beruhigt zu sein, daß hinter Ihrer plötzlichen Müdigkeit oder Mundtrockenheit nichts Ernsthaftes steckt. Wenn Sie die Nebenwirkungen kennen, können Sie Ihrem Arzt auch helfen herauszufinden, ob das Medikament bei Ihnen wegen Gegenanzeigen besser nicht verwendet wird. Ein Medikament, das Sie schläfrig macht oder die Reaktionsfähigkeit herabsetzt, könnte für Autofahrer oder Arbeiter, die schwere Maschinen bedienen, gefährlich sein.

Falls Sie noch andere Arzneimittel einnehmen, ist jetzt der richtige Zeitpunkt, das Ihrem Arzt oder Ihrer Ärztin gegenüber zu erwähnen – falls Sie es bisher noch nicht getan haben; ob verschreibungspflichtig oder nicht, spielt dabei keine Rolle. Medikamente haben in Kombination mit anderen Mitteln oft Wechselwirkungen, die unangenehme Folgen haben können. Wenn Sie sich nicht an die Namen Ihrer Arzneimittel erinnern können, packen Sie alles in eine Tüte und nehmen Sie es mit in die Sprechstunde.

● **Brauche ich wirklich Medikamente?**

Manchmal können Sie das am besten selbst beurteilen. Ärzte wissen eigentlich gar nicht, wie stark Ihre Schmerzen sind, denn es handelt sich dabei um eine subjektive Empfindung. Fragen Sie einmal verschiedene Frauen, die eine natürliche Geburt hatten. Die eine wird sagen: «Es war nicht so schlimm.» Eine andere findet: «Es war sehr schmerzhaft.» Welche Frau hat nun recht? Beide!

Auch Ärzte sind nur Menschen. Sie sehen nicht gerne mit an, wie andere leiden. Manchmal greifen sie zum Rezeptblock, weil sie wissen, daß Sie ein Rezept erwarten, damit «es Ihnen wieder besser geht». Manchmal verschreiben Ärzte etwas, weil sie ebenso wie Sie frustriert sind, daß Sie sich immer noch nicht wohler fühlen.

Leiden Sie nicht unnötig, wenn es Medikamente gibt, die Ihnen Erleichterung verschaffen können. Aber bitten Sie nur darum, wenn Sie wirklich etwas brauchen. Manchmal müssen Sie einfach selbst entscheiden, wann dieser Punkt erreicht ist.

Bedenken Sie auch, daß manche Mittel nur einen «Placebo-Effekt» haben. Das bedeutet, daß wir uns manchmal wohler fühlen, nur weil wir etwas einnehmen, und zwar irgend etwas. Untersuchungen haben gezeigt, daß dieses «Etwas» gar nicht immer ein echtes Arzneimittel sein muß. Patienten haben bereits über eine Besserung ihrer Beschwerden berichtet, wenn das eingenommene Mittel nur aus einer Zuckerpille bestand. Das bedeutet aber nicht, daß Sie sich die Schmerzen nur eingebildet haben. Es ist lediglich ein Beweis dafür, welche Macht unsere Psyche über unseren Körper hat.

Medikamente nie ausleihen!

Es gibt verschiedene Medikamente gegen Schmerzen. Es ist allerdings unwahrscheinlich, daß Sie mit einem Präparat behandelt werden, das Kodein oder Morphin (Morphium) enthält. Diese Mittel können nicht nur zur Abhängigkeit führen, sondern auch Verstopfung verschlimmern.

Verwenden Sie *NIE* die Schmerzmittel von anderen. Alle Medikamente haben Nebenwirkungen; die Pillen einer Freundin oder eines Freundes auszuleihen, insbesondere kodeinhaltige, kann im Laufe der Zeit zu noch mehr Schmerzen und Unbehagen führen, als Sie bereits haben. Obendrein kann die für andere festgelegte Dosis in Ihrem Fall vollkommen falsch sein. Spielen Sie nicht den Doktor. Wer sich selbst verarztet, handelt sehr unklug.

Helfen Medikamente?

Es gibt immer noch Kontroversen darüber, wie wirksam die medikamentöse Behandlung beim Reizkolon eigentlich ist. Einer der Hauptgründe für die Uneinigkeit ist die Tatsache, daß das Reizdarmsyndrom eine chronische Störung ist, bei dem Besserung und Rückfälle normal sind. Aus unersichtlichen Gründen lassen die Beschwerden plötzlich nach, und Sie und Ihr Arzt fragen sich, welcher Aspekt der Behandlung das bewirkt hat. Aber noch bevor sich jemand für die Entdeckung einer wundersamen Therapie lobend auf die Schulter klopfen kann, ist es vielleicht schon wieder schlimmer geworden.

Die Intensität der Symptome kann bei einzelnen Patienten im Laufe der Zeit schwanken, aber in der Art bleiben sie konstant.[3] Dr. John T. Sessions* schreibt dazu: «Aus diesem Grund muß sich der Arzt bereits mit einem therapeutischen Ergebnis zufriedengeben, das nicht einer vollständigen und anhaltenden Heilung gleichgesetzt werden kann. Die Behandlung darf deshalb auch niemals gefährlicher sein als die Krankheit.»[4]

Versuchen Sie also, Geduld und Verständnis dafür aufzubringen, wenn Ihr Arzt oder Ihre Ärztin mit der Verschreibung von Medikamenten zögert. Gegenwärtig glaubt die überwiegende Mehrheit der Experten, daß den meisten Menschen mit einem Reizdarm ohne Arzneimittel geholfen werden kann. Dr. Michael Gershon von der Columbia University zufolge arbeiten Wissenschaftler gegenwärtig an der Entwicklung neuer Medikamente, die ausschließlich auf die Darmnerven einwirken sollen; zum Zeitpunkt der Entstehung dieses Buches waren diese Untersuchungen jedoch noch nicht abgeschlossen.

Angesichts dieser Tatsachen ist es um so wichtiger, daß Sie Ihrer Ärztin oder Ihrem Arzt vertrauen und sich offen mit ihr oder ihm unterhalten können. Es ist auch einer der Gründe dafür, daß die Zusammenarbeit so bedeutsam ist, um mit so wenig Medikamenten wie möglich eine Besserung Ihrer Beschwerden zu erzielen.

Vielleicht gibt es ja schon bald ein Mittel, das die überaktiven Nerven des Darmtrakts bei allen Reizkolonpatienten ohne große Nebenwirkungen beruhigt. Aber bis dahin müssen Sie mit Ihrer Ärztin / Ihrem Arzt Hand in Hand arbeiten und durch Ausprobieren herausfinden, was bei Ihnen am besten hilft.

Machen Sie bis dahin auf jeden Fall Ihre Entspannungsübungen, und tun Sie alles, was die negativen Auswirkungen von Stress auf Ihren Körper lindert. Beginnen Sie jeden Tag mit der Erwartung, sich wohl zu fühlen, und versuchen Sie, sich auf Wohlbehagen zu konzentrieren statt auf Ihre Beschwerden. Suchen Sie Hilfe bei sich selbst, statt den Horizont nach einer Zauberpille abzusuchen, die die Kraft hat, Ihnen Wohlbefinden zu verschaffen.

20.
KINDER MIT REIZDARMSYNDROM

Eine Landschaftsarchitektin erzählte mir: «Ich verpaßte als Kind deswegen den naturwissenschaftlichen Wettbewerb an unserer Schule. Ich war damals 12 Jahre alt und hatte monatelang an meinem Projekt gearbeitet – wie Windströmungen sich auf Flugzeuge auswirken. Und am Tag des großen Ereignisses wurde ich krank. Bauchweh. Ich bekam immer Bauchweh.»

Jetzt, als Vierzigjährige, schaute sie fast 30 Jahre zurück und schien überrascht von der Erkenntnis, daß Bauchschmerzen auch schon ihre Kindheit beeinträchtigt hatten.

Schätzungsweise 2,5 Millionen amerikanische Kinder leiden an einem Reizdarmsyndrom. Eine Befragung von 1000 Schulkindern ergab, daß 11 Prozent in drei Monaten dreimal immerhin so starke Bauchschmerzen hatten, daß sie ihre Aktivitäten dadurch einschränken mußten.[1] Häufig schienen die Symptome auf Stress in Zusammenhang mit Schulproblemen oder Eheproblemen der Eltern zurückzuführen zu sein. Genau wie bei den Erwachsenen konnten auch bei den Kindern keine typischen Charaktereigenschaften identifiziert werden, die für ein Reizkolon besonders anfällig machen.

Dr. Lane France, Kinderarzt in Tampa, Florida, sagt: «Viele dieser Kinder klagen erstmals über Symptome, wenn sie etwa zehn Jahre alt sind; aber auch bei Fünfjährigen kommt es schon vor. Die Beschwerden äußern sich meist in Bauchweh mit Krämpfen, die sich durch Essen verschlechtern. Die Eltern halten es oft für eine ‹Schulphobie› und neigen dazu, die Angelegenheit zu ignorieren. Aber die Probleme sind real und müssen, genau wie bei Erwachsenen, unter Kontrolle gebracht werden.»

Es sieht ganz danach aus, als ob das Reizdarmsyndrom häufig in der Familie liegt. Laut Dr. Schuster haben etwa 75 Prozent der Kinder mit einem Reizkolon einen oder zwei Elternteile oder ein oder mehrere Geschwister, die ebenfalls unter Funktionsstörungen des Magen-Darm-Trakts leiden. Das Verhältnis bei den Erwachsenen von zwei erkrankten Frauen auf einen Mann entspricht nicht dem zwischen Mädchen und Jungen. In der Kindheit sind die Jungen stärker betroffen, was als Hinweis darauf verstanden werden kann, daß sie eher aus dem Befund herauswachsen, oder auch, daß die Symptome bei Mädchen erst später einsetzen; möglicherweise trifft beides zu.[2]

Bei Kindern wird das Reizdarmsyndrom oft als «häufig wiederkehrende Bauchschmerzen» bezeichnet. Zu Beginn der Adoleszenz klingen die Symptome oft ab und werden in der späteren Pubertät wieder stärker.

«Es ist schwierig, die Probleme genau zu umfassen», sagt Dr. William Balistreri[*]. «Es gibt eine ganze Gruppe von Symptomen, aber bei jedem Kind liegen sie anders. Wir müssen uns mit jedem individuell befassen und können einfach keine generellen Schlüsse ziehen. Eltern sollten nie ihre Notizen mit denen anderer Eltern vergleichen, um zu sehen, wie das Nachbarkind behandelt wurde.»

Kinder und das Tagebuch

Wenn Ihr Kind ein Reizdarmsyndrom hat, sollte es möglichst schnell akzeptieren lernen, daß das eine Krankheit ist, mit der es selbst umgehen muß. Sie als Eltern können mit Rat zur Seite stehen, aber Sie können (und sollen) nicht jeden seiner Schritte überwachen.

Halten Sie Ihr Kind oder Ihren Teenager dazu an, ein Tagebuch zu führen, wie es in Kapitel 7 beschrieben wurde. Es bietet ihm die Möglichkeit, seine Gefühle zum Ausdruck zu bringen. Da genau wie bei Erwachsenen auch bei Kindern die Beschwerden durch Stress ausgelöst werden, kann das Journal gute Hilfe dabei leisten, die oft schwer begreiflichen Stimmungsschwankungen festzuhalten, von denen junge Leute so oft befallen werden. Zudem werden auf diese Weise auch Zwischenmahlzeiten und Schleckereien erfaßt, die im Haus einer Freundin oder eines Freundes verzehrt wurden; bei kleineren Kindern kann es allerdings schwierig sein, sie zum Aufschreiben jeder Kleinigkeit anzuhalten.

Mediziner halten es für besonders wichtig, den Kindern deutlich zu machen, daß sie aktiv an der Linderung ihrer Beschwerden mitarbeiten müssen. Die Notizen sind ein wertvolles Hilfsmittel, dem Kind seine Eigenverantwortung vor Augen zu führen.

Das Tagebuch kann Ihnen und Ihrem Kind helfen, regelmäßig wiederkehrende Ereignisse zu identifizieren, die Symptome auslösen. Die meisten jungen Menschen akzeptieren Beweise bereitwilliger, wenn sie an ihrer Aufzeichnung beteiligt waren. Wenn Sie dann einmal wissen, was zu Beschwerden führt, können Sie und Ihr Kind mit Arzt oder Ärztin zusammenarbeiten, um Wege zur Besserung aufzuspüren. Das kann eine einfache Maßnahme sein, wie die Anreicherung der Ernährung mit Ballaststoffen oder die Ausarbeitung eines Plans für sportliche Aktivitäten oder Entspannungstraining; es könnte allerdings auch eingreifender und mit einem Schulwechsel oder der Umstellung auf eine weniger wettbewerbsorientierte Sportart verbunden sein.

Ihr Kind ist krank, nicht Sie

Alle befragten Mediziner sagten, daß sie oft darauf bestehen, mit dem Kind allein zu sprechen – also ohne Eltern –, insbesondere in der Adoleszenz. Es nimmt viel Zeit in Anspruch, das Vertrauen von Heranwachsenden zu gewinnen, um Ängste und Befürchtungen zur Sprache zu bringen, die sie lieber nicht preisgeben würden.

«Eltern sollten sich nicht vor den Kopf gestoßen fühlen, wenn Ärzte darum bitten, sich mit dem Kind allein zu unterhalten», sagte Dr. Balistreri. «Manchmal sind junge Leute eher bereit, sich darüber auszusprechen, was sie bedrückt, wenn die Eltern nicht dabei sind.

Außerdem ist das Kind krank, nicht die Eltern. Es muß sich tagtäglich daran erinnern und sich entsprechend verhalten.» Wie bei anderen chronischen Störungen müssen die Patienten – ob Erwachsene, Kinder oder Jugendliche – herausfinden, was ihre Symptome auslöst, und lernen, sie zu kontrollieren. Sie können als Mutter oder Vater nicht jeden Augenblick mit Ihrem Kind verbringen und wollen es sicher auch nicht. Sie und Ihr Kind werden ein stabileres gegenseitiges Vertrauen aufbauen können, wenn es sein gesundheitliches Problem als die eigene Krankheit begreift und erkennt, wodurch sie ausgelöst wird und wie man am besten damit umgehen kann.

Die Haltung der Eltern

Dr. Whitehead, Dr. Schuster und andere glauben, daß das Krankheitsverhalten von Reizdarmpatienten wohl schon in der Kindheit erlernt wurde. Untersuchungen, die bereits in früheren Kapiteln besprochen wurden, machten deutlich, daß die Betroffenen als Kinder meist mehr Aufmerksamkeit, oft auch Geschenke und meist besonders zubereitete Speisen bekamen, wenn sie krank waren. Eltern sollten zwar Krankheit bei ihren Kindern nie ignorieren oder herunterspielen, aber sie sollten sie auch keinesfalls belohnen.

Eltern sollten auch wissen, daß die Art, wie sie selbst auf Stress und Bauchschmerzen reagieren, oft von den Kindern nachgeahmt wird. Das heißt allerdings nicht, daß die Kinder sich ihr Bauchweh «nur einbilden». Es gibt sogar mehr und mehr Beweise dafür, daß die abweichenden Reaktionen des Darms, die zum Reizdarmsyndrom führen, in der Familie liegen. Aber außer dieser Schwäche des Darmnervensystems können Kinder auch die Reaktion der Eltern auf Stress und Nervosität imitieren. Kein Wunder also, daß «kleine Leute mit Bauchweh zu großen Leuten mit Bauchweh werden», wie ein Arzt es einmal formulierte.

Eines der Symptome, nach denen Ärzte in der Krankengeschichte von erwachsenen Patienten forschen, um die Diagnose «Reizdarmsyndrom» stellen zu können, ist Bauchweh in der Kindheit. Bei Erwachsenen, die plötzlich in ihren Vierzigern oder noch später die Symptome des Reizdarms entwickeln, aber nicht schon als Kinder häufig Bauchschmerzen hatten, liegt wohl eher ein anderer Befund vor.

Mehr Ballaststoffe für Kinder

Manche Kinder haben wirklich Allergien gegen bestimmte Nahrungsmittel, aber häufig ist der Auslöser für das Reizdarmsyndrom bei ihnen nur ein Mangel von Ballaststoffen in der Nahrung. In einer Klinik ist es möglich, daß sich das Kind mit einer Diätassistentin zusammensetzt, um zu lernen, wie es seine Mahlzeiten mit Ballaststoffen anreichern und Nahrungsmittel vermeiden kann, die bei ihm zu Problemen führen.

Dr. Balistreri empfiehlt, das Kind selbst an der Umstellung auf eine ballaststoffreiche Verpflegung zu beteiligen. Vielleicht haben Sie Lust, das folgende Rezept mit Ihrem Kind gemeinsam auszuprobieren.

Vollkornplätzchen

Zutaten:

100 g Butter oder Margarine	1 Eßlöffel (15 ml)
5 Eßlöffel (75 g) Zucker	Zitronensaft
1 Päckchen Vanillezucker	70 g geröstete, gemahlene
1 Ei	Haselnüsse
1 Prise Salz	
275 g Weizenschrot	1 Eigelb
(Type 1700)	2 Eßlöffel (30 ml) Milch
3 Eßlöffel (30 g) Weizenmehl	(1,5 % Fett)
(Type 405)	

Zubereitung:

Butter oder Margarine mit Zucker und Vanillezucker schaumig rühren. Ei und Salz unterrühren. Zutaten bis zu den Haselnüssen dazugeben und alles zu einem Teig verkneten. Den Teig 1 Stunde ruhen lassen.

Auf einer bemehlten Arbeitsfläche ½ cm dick ausrollen und mit runden Backförmchen ausstechen. Auf ein gefettetes, bemehltes Backblech geben.

Eigelb mit Milch verquirlen und die Plätzchen damit bestreichen. Im vorgeheizten Backofen bei 180–200 Grad circa 10–15 Minuten hellbraun backen.

Überforderte Kinder

Es bestehen kaum Zweifel daran, daß Kinder von heute unter enormem Leistungsdruck stehen. Der Psychologe und Autor David Elkind hält sie schlicht für überfordert: Durch leistungsorientierte Früherziehung werden sie aus der Kindheit in ein verfrühtes Erwachsensein gedrängt. In seinem Buch «The Hurried Child» schreibt er: «Diese überforderten Kinder sind dazu gezwungen, sich mit körperlichen, psychologischen und sozialen Stolpersteinen des Erwachsenseins auseinanderzusetzen, noch bevor sie dafür reif sind. Wir stecken sie in Miniatur-Erwachsenenkleidung mit Designer-Etiketten, setzen sie grundlos Sex- und Gewaltszenen aus und erwarten, daß sie sich in einer immer verwirrender werdenden Umwelt mit Scheidungen, alleinerziehenden Eltern und Homosexualität zurechtfinden.»[3]

Dr. France meint, daß «etwa 58 bis 90 Prozent der Bauchschmerzen, mit denen wir Ärzte bei Acht- bis Fünfzehnjährigen konfrontiert werden, auf Stressbelastung zurückzuführen sind».

Stress kann zwar nicht ganz aus dem Leben von Kindern verbannt werden, aber die Verhaltensweisen und Entspannungsübungen, die bereits früher in diesem Buch besprochen wurden, können einen Großteil davon abbauen. Kinder sind nicht zu klein, um zu lernen, wie Anspannung reduziert werden kann. Frühe Erfahrungen damit können das Leben für heranwachsende Kinder erträglicher machen.

Achten Sie darauf, daß Sie als Eltern den Stress Ihres Kindes nicht noch verstärken. Erwartungen – direkt geäußerte oder auch nur versteckte – können Kinder enorm unter Druck setzen.

Ich habe fünf Kinder, die alle verschiedene Sportarten ausgeübt haben. Im Laufe der Jahre, in denen ich mir alles angeschaut habe, von Schwimm- und Leichtathletikwettbewerben über Fußball und Football bis hin zu Baseball und Softball, war ich oft vollkommen perplex (und traurig) über den Druck, den manche Eltern ganz offen auf ihre Kinder ausgeübt haben.

«Mach ihn aus! Dann kriegst du fünf Dollar!» brüllte ein Geschäftsmann seinem Zwölfjährigen zu.

«Wie konntest du nur danebenhauen?» rief eine Mutter ihrem Neunjährigen zu, der wahrscheinlich weniger wog als seine Ausrüstung. Er hatte sich über seinen Fehler bestimmt schon genug geärgert, auch ohne die Bemerkung seiner Mutter.

«Deine Schwester war schneller», tadelte eine Mutter ihre Tochter. «Du mußt noch viel besser werden, wenn du einmal gegen sie antreten willst.»

Ich hörte sogar schon einen Schwimmcoach zu einem leicht übergewichtigen Mädchen sagen – das zwar gerade seine persönliche Bestzeit übertroffen, aber doch nicht gewonnen hatte: «Du bist zu fett. Deswegen hast du verloren.»

Aber wir setzen unsere Kinder nicht nur beim Sport unter Leistungsdruck. In etlichen Schulen brechen Kinder in Tränen aus, wenn sie «nur» 95 Prozent einer Arbeit richtig haben und Eins-minus bekommen statt einer glatten Eins. Oft werden nur wenige Gedanken darauf verschwendet, was wohl für das Kind das richtige wäre. Und die Kinder wollen nicht undankbar erscheinen, beschweren sich deshalb nicht und bringen ihre Anspannung dann durch Bauchschmerzen, Übelkeit und Durchfall zum Ausdruck.

Helfen Sie Ihrem Kind, indem Sie ihm zuhören und es dazu ermuntern, seine Gefühle auszudrücken. Erlauben Sie ihm freie Zeit, die nicht mit Schularbeiten, Haushaltspflichten, Unterricht oder Übenmüssen ausgefüllt ist – Zeit also, in der es sich entspannen, tagträumen und sich der kurzen, Kindheit genannten Periode erfreuen kann. In einer Welt, die schnelle Ergebnisse erwartet, ist das wohl das wertvollste Geschenk für Ihr Kind.

21.
FRAGEN UND ANTWORTEN

1. Was ist das Reizdarmsyndrom?

Das Reizdarmsyndrom ist eine chronische Störung, die sich in unregelmäßigem Stuhlgang (Verstopfung, Durchfall oder beidem abwechselnd), Bauchschmerzen und Blähungen äußert, ohne daß körperliche Abweichungen gefunden werden können. Weitere Symptome sind Übelkeit, Erbrechen, Schleim im Stuhl und Völlegefühl.

2. Wodurch wird das Reizdarmsyndrom verursacht?

Das Reizdarmsyndrom ist eine Störung in der Muskelaktivität des Dickdarms, die möglicherweise angeboren ist. Ausgelöst wird es durch verschiedene Faktoren, wie z. B. Erschöpfung, Stress, die Ernährung, Medikamente und Hormone.

3. Ist das Reizdarmsyndrom eine gefährliche Krankheit?

Im Gegensatz zu Krebs oder chronischen Dickdarmentzündungen ist das Reizkolon keine gefährliche Krankheit und entwickelt sich auch später nicht zu einer dieser Krankheiten. Die Lebenserwartung wird dadurch nicht beeinträchtigt.

4. Kann es geheilt werden?

Nein, ein Reizkolon ist nicht heilbar. Die Symptome können auf Monate oder gar Jahre verschwinden, aber sie haben die Tendenz, irgendwann einmal wiederzukommen.

5. Wie wird die Diagnose «Reizdarmsyndrom» gestellt?

Die Diagnose umfaßt die ausführliche Aufnahme Ihrer Krankengeschichte; eine vollständige körperliche Untersuchung, wahrscheinlich auch mit Hilfe eines Koloskops, einem schlauchartigen optischen Instrument, das zur Betrachtung der Schleimhaut in den Dickdarm eingeführt wird; die Entnahme von Blut aus dem Arm für eine Serie von Tests; die Analyse von Stuhlproben auf Parasiten und Blutspuren, die für die Wahrnehmung mit dem bloßen Auge zu winzig sind; es könnte sein, daß unter Verwendung eines Kontrastmittels Röntgenaufnahmen von Magen und Darm gemacht werden; eventuell werden Sie auch auf Unverträglichkeit gegenüber Milchzucker (Laktose) getestet. Wenn sich bei all diesen Untersuchungen keine organischen (körperlichen) Ursachen für Ihre Probleme finden lassen, wird die Diagnose wohl «Reizdarmsyndrom» lauten. Es handelt sich dabei um eine sogenannte Funktionsstörung, bei der Abweichungen auf physiologische Lebensvorgänge zurückzuführen sind; diese lassen sich auf Röntgenaufnahmen – die nur strukturelle Abweichungen erfassen können – nicht identifizieren.

6. Was ist Kolitis mukosa?

Dabei handelt es sich um einen älteren Terminus für Reizdarmsyndrom. Er ist jedoch falsch, weil «Kolitis» Entzündung bedeutet, die beim Reizkolon aber gar nicht vorliegt. Andere Bezeichnungen sind «spastisches Kolon», «funktionelle Kolitis», «nervöse Verdauungsstörung» oder auch «irritables Kolon».

7. Was ist der Dickdarm (das Kolon)?

Das Kolon ist der Dickdarm, der sich vom Dünndarm aus erst aufwärts, dann quer und schließlich abwärts bis zum Rektum erstreckt. Er ist etwa 1,2 bis 1,8 Meter lang und funktioniert wie ein Trockenbecken, in dem Flüssigkeit aus den Ausscheidungsprodukten absorbiert wird, bevor sie als Stuhlgang ausgeschieden werden. Verdauungsarbeit findet im Dickdarm nicht mehr statt, die wurde schon vorher im Dünndarm abgeschlossen.

8. Was können Ärzte beim Reizdarmsyndrom tun?

Für das Reizkolon gibt es keine Heilung. Was Ihr Arzt bzw. Ihre Ärztin jedoch tun kann, ist folgendes:

● die Störung feststellen;
● Ihnen dadurch die Sicherheit verschaffen, daß Sie keine lebensgefährliche Krankheit haben;
● Ihnen dadurch deutlich machen, daß sich nicht alles «nur in Ihrem Kopf» abspielt;
● Ihnen helfen, mit dem Befund umzugehen;
● Ihnen beibringen, wie Sie Stress abbauen können;
● Ihnen erklären, wie Sie Auslösern auf die Spur kommen;
● Ihnen dabei helfen, Ihre Ernährung *auf Ihre Bedürfnisse* umzustellen;
● Ihnen, falls erforderlich, Medikamente verschreiben;
● Ihnen Mut machen, ein normales Leben zu führen.

9. Wie kann ich herausfinden,
ob ich ein Reizdarmsyndrom habe?

Versuchen Sie auf keinen Fall, die Diagnose selbst zu stellen! Viele
ernsthafte Erkrankungen haben ähnliche Symptome. Sie müssen unbedingt zu einem Arzt oder einer Ärztin gehen und Ihre Krankengeschichte aufnehmen lassen sowie sich den zuvor beschriebenen Untersuchungen unterziehen. Nur qualifizierte Mediziner können Ihnen
sagen, ob es sich in Ihrem Fall um ein Reizkolon handelt oder um etwas
anderes.

10. Kann ich ohne weiteres Abführmittel (Laxative) oder
Stuhlweichmacher nehmen, wenn ich Verstopfung habe?

Unterhalten Sie sich darüber mit Ihrem Arzt. Möglicherweise leiden Sie
gar nicht unter Verstopfung. Manche Menschen haben nicht jeden Tag
Stuhlgang, was durchaus normal sein kann. Wenn Sie einmal einen Tag
überspringen, ist das nicht weiter schlimm. Abführmittel können zur
Gewohnheit werden und die normale Ausscheidung erschweren. Bevor Sie danach greifen, trinken Sie lieber ein oder zwei Glas Wasser oder
machen Sie einen Spaziergang. Zusätzliche Flüssigkeitszufuhr und eine
leichte sportliche Betätigung wirken manchmal Wunder.

11. Gibt es keine «Reizdarmdiät», die mir hilft?

Jeder Mensch mit einem Reizdarm muß seine spezielle Diät individuell
ermitteln und auf seine besonderen Umstände abstimmen. Im Abschnitt über das «Aufspüren von Auslösern» finden Sie die entsprechenden Hinweise. Es gibt keine Diät, die für alle richtig ist. Beschwerden werden nicht direkt durch bestimmte Nahrungsmittel verursacht,
können jedoch unter bestimmten Umständen davon ausgelöst werden.

12. Können Reizdarmsymptome auf Medikamente
zurückzuführen sein?

Ja. Leute mit Reizdarmsyndrom, die bei Verdacht auf Verstopfung Abführmittel nehmen, können dadurch eine schlimme Durchfallattacke
bekommen. Auch andere Arzneimittel, wie z. B. Antibiotika, Antazida
(säurebindende Mittel), Eisentabletten und sogar Aspirin, können alte
Beschwerden wiederaufleben lassen. Schreiben Sie immer genau auf,
was Sie einnehmen, sei es rezeptfrei oder verschreibungspflichtig, damit Sie Ihren Arzt bzw. Ihre Ärztin darüber informieren können. Denken Sie daran, daß auch Alkohol eine Droge ist, die den Darm irritieren
kann.

13. Spielt sich das alles «nur in meinem Kopf» ab?

Nein, es liegt an Ihrem Dickdarm. Stress und Gemütsbelastungen können jedoch intensive Muskelbewegungen in Ihrem Kolon hervorrufen. Die Schmerzen sind Wirklichkeit und haben ihren Ursprung in Ihrem Verdauungstrakt.

14. Ist Milchzuckerunverträglichkeit (Laktoseintoleranz) das gleiche wie das Reizdarmsyndrom?

Nein. Allerdings sind die Symptome identisch. Eine Laktoseintoleranz kann ein Reizdarmsyndrom *auslösen*, aber sie kann auch unabhängig vom Reizkolon bestehen. Menschen mit Milchzuckerunverträglichkeit können Milchprodukte nicht richtig verdauen. Eine einfache Methode, um festzustellen, ob Sie unter diesem Problem leiden, ist, zwei Wochen lang alle Milchprodukte aus Ihrer Ernährung zu streichen und zu sehen, ob die Beschwerden dann verschwinden.

15. Hilft Kleie bei Verstopfung?

Die meisten Reizdarmpatienten mit Verstopfung stellen fest, daß Kleie ihnen hilft. Manche vertragen allerdings die erhöhte Einnahme von Ballaststoffen nicht. Jeder Mensch ist anders veranlagt und muß mit ärztlicher Hilfe herausfinden, was bei ihm am besten wirkt.

16. Wie unterscheidet sich eine chronische Dickdarmentzündung (z. B. Colitis ulcerosa) vom Reizdarmsyndrom?

Beide Krankheiten gehen mit Durchfall einher; aber obwohl chronisch, ist das Reizdarmsyndrom doch nicht so ernst, daß es lebensgefährlich werden könnte. Bei der Colitis ulcerosa handelt es sich um eine Entzündung der Darmwand, die mit Blutungen, Eiterungen und häufigem Durchfall verbunden ist. Davon Betroffene sind stärker krebsgefährdet als andere, während beim Reizkolon kein erhöhtes Krebsrisiko besteht. Die Ähnlichkeit der Symptome ist der Grund, weshalb Sie die Diagnose nie selbst stellen dürfen, sondern sich an qualifizierte Mediziner wenden müssen.

17. Ist das Reizdarmsyndrom ansteckend?

Nein. Sie können es nicht durch andere bekommen. Die Anlage dazu scheint allerdings in der Familie zu liegen. Das könnte entweder bedeuten, daß die Abweichung im Kolon erblich ist oder daß wir den Umgang mit Stress von unseren Eltern übernehmen.

18. Können auch Kinder unter einem Reizdarmsyndrom leiden?

Ja. Viele Kinder haben häufig so schlimme Bauchschmerzen, daß sie nicht in die Schule gehen können. Die meisten Erwachsenen mit einem Reizkolon berichten, daß sie bereits als Kinder immer wieder Bauchweh hatten.

19. Ich habe ein Reizdarmsyndrom. Wie kann ich verhüten, daß meine Kinder es auch bekommen?

Da Ärzte die eigentlichen Ursachen für das Reizkolon nicht kennen, ist es schwierig, dieser Krankheit vorzubeugen. Sie können jedoch dazu beitragen, die Auswirkungen zu lindern, indem Sie bei Ihren Kindern für eine ausgewogene Ernährung mit ausreichend Ballaststoffen und genug Flüssigkeit – vorzugsweise Wasser – sorgen sowie ihnen bei Nervosität beibringen, sich zu entspannen. Versuchen Sie, Diskussionen über Unregelmäßigkeiten im Stuhlgang zu begrenzen, und bemuttern (bzw. «bevatern») Sie Ihre Kinder nicht ständig, wenn sie sich nicht wohl fühlen. Verschiedene Untersuchungen haben gezeigt, daß viele Erwachsene als Kinder zuviel Aufmerksamkeit erhielten, wenn sie krank waren.

20. Mein Arzt / meine Ärztin sagt, daß ich ein Reizdarmsyndrom habe. Sollte ich mir die Diagnose von anderer Seite bestätigen lassen?

Es ist immer gut, eine zweite Meinung dazu zu hören. Wenn Sie dann ebenfalls die Diagnose Reizkolon erhalten, akzeptieren Sie es. Suchen Sie nicht noch mehr Ärzte auf. Das ist nämlich nicht nur zeitraubend und teuer, sondern weitere Röntgenaufnahmen oder unangenehme, invasive Test sind nicht unbedingt zu empfehlen.

21. Was ist am wichtigsten beim Reizdarmsyndrom?

Akzeptieren Sie, daß das Reizkolon nicht lebensbedrohlich ist, obwohl es ein chronisches Leiden (also nicht heilbar) ist. Es wird sich nicht in Krebs oder eine Colitis ulcerosa entwickeln. Versuchen Sie herauszufinden, was Ihnen am meisten hilft, befolgen Sie die ärztlichen Anweisungen, hören Sie auf, sich Sorgen um Ihren Darm zu machen, und denken Sie öfter mal darüber nach, wie schön jeder einzelne Tag ist.

22.
ZUSAMMENFASSUNG

Dr. Sidney Cohen[*] sagt über das Reizdarmsyndrom: «Obwohl das Reizkolon immer gegenwärtig ist (bei Patienten mit diesem Leiden), wird das Potential für Krämpfe oder Schmerzen doch immer nur durch *auslösende Faktoren* wachgerufen, die in der Regel emotional oder ernährungsbedingt sind.»[1]

Wenn Sie dem in diesem Buch vorgeschlagenen Programm folgen, sollte es Ihnen gelingen, Ihre *persönlichen* Auslöser aufzuspüren. Anhand der Informationen können Sie dann damit beginnen, die Lebensgewohnheiten zu ändern, die mit Sicherheit eine Reduzierung Ihrer Beschwerden nach sich ziehen.

Funktioniert das? Dr. Henry J. Tumen[*] betont, daß Patienten ihre Probleme unbedingt selbst identifizieren und an sich arbeiten müssen. Er meint dazu: «Bei der Behandlung des Reizdarmsyndroms ist der Patient als Individuum der wichtigste Faktor. Eine erfolgreiche Therapie muß auf dem Lernprozeß des einzelnen Patienten aufbauen, und zwar insbesondere hinsichtlich seiner Reaktion auf Lebenssituationen sowie den Umgang mit ihnen.»[2]

Die angemessene Behandlung der Erkrankung ist keine einfache, auf einen einzigen Punkt beschränkte Aufgabe. Sie setzt einen großen Zeitaufwand von ärztlicher Seite voraus, wobei so langsam herausgearbeitet wird, welche verschiedenen Auslöser bei Ihnen zusammenwirken. Darauf wird dann die Vorgehensweise bei der Therapie beruhen. Obwohl es für Sie als Patient einfacher wäre, sich zurückzulehnen und abzuwarten, daß der Arzt oder die Ärztin «Ihre Probleme löst», ist es unumgänglich, daß Sie aktiv daran mitarbeiten. Indem Sie in die Tat umsetzen, was Sie in diesem Buch gelernt haben, sollte es Ihnen möglich sein, mit Ihrem Arzt zusammen große Fortschritte in Richtung einer Besserung Ihrer Beschwerden zu machen.

Ist das überhaupt alles sinnvoll, dieses Führen des Tagesjournals, die Entspannungsübungen, die Anwendung von Zeitmanagement und Selbstbehauptung? Durchaus. Funktioniert es denn immer? Leider nicht.

Vor kurzem erst machte ich mich auf den Weg in einen langersehnten Urlaub in London. Ich hatte mich riesig darauf gefreut, zu reisen und

Freunde zu besuchen. Aber weil ich noch in letzter Minute meine Pläne ändern mußte, stand ich unter Stress und war erschöpft; und Angst vorm Fliegen habe ich sowieso. Noch bevor wir ins Flugzeug stiegen, meldeten sich einige meiner vertrauten Beschwerden.

Das war besonders frustrierend, weil ich in den letzten Jahren nur selten Probleme mit meinem Reizkolon gehabt hatte. Es war aber auch peinlich; denn hier saß ich also, hatte ein Buch über den Umgang mit Reizdarmsyndrom geschrieben – und fühlte mich krank.

Daraufhin nahm ich mir meine eigenen Ratschläge zu Herzen. Ich begann mit einem Selbstgespräch und erinnerte mich daran, daß ich schon eine ganze Zeitlang keine Beschwerden mehr gehabt hatte. Ich dachte über die Auswirkungen von Stress nach und wie dadurch Symptome ausgelöst werden können. Ich rief die angenehmen Empfindungen in mir wach, die ich bei meinen Entspannungsübungen immer hatte.

Dort, in der Wartehalle im Flughafen, schloß ich meine Augen und konzentrierte mich auf meinen schwarzen Samtvorhang, der mich fast immer in Entspannungsstimmung versetzt. Meine Atmung wurde langsamer, meine Anspannung ließ nach, und ich konnte in Gedanken zu meiner Schaukel auf dem Gipfel des Hügels zurückkehren; während meine imaginierte Schaukel vor- und zurückschwang, spürte ich die Wärme der Sonne.

Diese Entspannung vertrieb zwar nicht alle meine Beschwerden, linderte sie allerdings erheblich. In den folgenden paar Tagen achtete ich sorgfältig darauf, was ich aß, und machte jeden Tag meine Entspannungsübungen. Ich genoß meine Ferien und wußte jetzt genau, daß meine Empfehlungen bei Reizkolon wirklich helfen können.

Wir müssen im Auge behalten, daß das Reizdarmsyndrom eine chronische Störung ist. Das bedeutet, daß es nie ganz verschwinden wird. Die Symptome kommen und gehen. «Den meisten Menschen kann geholfen werden», sagt Dr. Schuster. «Eine ganz kleine Gruppe kann ihre Probleme sogar überwinden; alle anderen können erreichen, daß sie erträglicher werden.»

Ich hoffe, daß Ihnen dieses Buch dazu verhilft. Viel Erfolg.

Wer kann mir weiterhelfen?

In unserer schnellebigen Zeit sind lange Adressenlisten in Büchern meist rasch überholt. Wenn Sie über die Anregungen und Ratschläge dieses Buches hinaus noch mehr wissen wollen oder weitere Hilfen brauchen, wählen Sie folgendes Verfahren: Ihre erste Kontaktstelle sollte Ihr behandelnder Arzt sein. In der Regel kann er Ihnen sagen, wie oder wo Sie z.B. Hilfe finden, sich das Rauchen abzugewöhnen. Ebenso sollte er Ihnen eine Ernährungsberatung zukommen lassen oder Sie Ihnen vermitteln können. Wahrscheinlich kann er Ihnen auch Einrichtungen in seiner und damit ja wohl auch Ihrer Nähe nennen, die Kurse zum Stressabbau oder zur besseren Stressbewältigung durchführen.

Sollte dieser Weg aus irgendeinem Grund unergiebig oder nicht möglich sein, nehmen Sie das Telefonbuch oder die Gelben Seiten und suchen Ihre regionale Nichtraucher-Initiative heraus. Ebenso finden Sie hier die Adressen von Selbsthilfegruppen oder zumindest eine Kontaktstelle, die Ihnen weitere Ansprechpartner nennt. Es werden Kurse für Ernährungsberatung oder Stressreduktion wahrscheinlich auch in Ihrer Nähe von Volkshochschulen, Familienbildungsstätten oder eventuell sogar von Sportvereinen angeboten.

Zum Schluß noch die Adressen dreier zentraler Stellen:

Deutsche Gesellschaft für Ernährung e.V.
Feldbergstraße 28
6000 Frankfurt / Main 1
Tel.: 069 / 72 01 46 (nur schriftliche Information)

Bundesverband der Nichtraucher-Initiativen Deutschland
Carl-von-Linde-Straße 11
8044 Unterschleißheim
Tel.: 0 89 / 3 17 12 12

Nationale Kontakt- und Informationsstelle
zur Anregung und Unterstützung
von Selbsthilfegruppen
Albrecht-Achilles-Straße 65
1000 Berlin 31
Tel.: 0 30 / 8 91 40 19

ANMERKUNGEN

1. Kapitel

1 W. G. Thompson und K. W. Heaton, «Functional bowel disorders in apparently healthy people,» *Gastroenterology* 79 (1980): 283–288.

3. Kapitel

1 D. A. Drossman, D. W. Powell und J. T. Sessions jr., «The irritable bowel syndrome,» *Gastroenterology* 73 (1977): 811–822.
2 A. P. Manning, W. G. Thompson, K. W. Heaton und A. F. Morris, «Towards positive diagnosis of the irritable bowel,» *British Med. Journal* ii (1978): 653.
3 I. G. Hislop, «Childhood deprivation: An antecedent of the irritable bowel syndrome,» *Medical Journal of Australia* 1 (9) (1979): 372–374.
4 Ernie Chaney, M.D., «Irritable Bowel Syndrome – A Round Table Sponsored by the Coalition of Digestive Disease Organizations,» *Practical Gastroenterology* 8 (4) (July / August 1984): 11.

4. Kapitel

1 Hans Selye, *Stress. Bewältigung und Lebensgewinn*, München 1988.
2 Nicholas W. Read, *Irritable Bowel Syndrome* (Orlando, FL: Grune & Stratton, Inc., Harcourt Brace Jovanovich, Publishers, 1985) 248.
3 D. A. Drossman, R. S. Sandler, D. C. McKee und A. J. Lovitz, «Bowel patterns among subjects not seeking health care,» *Gastroenterology* 83 (1982): 529–543.
4 Betsy C. Lowman, Ph.D., Douglas A. Drossman, M.D. , Elliot M. Cramer, Ph.D. und Daphne C. McKee, Ph.D., «Recollection of Childhood Events in Adults with Irritable Bowel Syndrome,» *Journal of Clinical Gastroenterology* 9 (3) (1987): 324–330.
5 Walter B. Cannon, «The movement of the intestine studied by means of roentgen rays,» *American Journal of Physiology* 6 (1902): 251.
6 T. P. Almy, F. Kern jr. und M. Tulin, «Alteration in colonic functions in man under stress: Experimental production of sigmoid spasm in healthy persons,» *Gastroenterology* 12 (1949): 425.
7 Thomas Holmes und Richard Rahe, «The Social Readjustment Rating Scale,» *Journal of Psychosomatic Resarch* 11 (1967): 212–218.
8 William E. Whitehead, Ph.D., Bernard T. Engel, Ph.D. und Marvin M. Schu-

ster, M.D., «Irritable Bowel Syndrome,» in *Digestive Diseases and Sciences*, New Series Vol. 25, No. 6 (June 1980). Plenum Publishing Corporation.

9 C. M. Bergeron und G. I. Monto, «Personality patterns seen in irritable bowel syndrome patients,» *American Journal of Gastroenterology* 80 (1985): 448–451.

5. Kapitel

1 N. S. Painter und D. P. Burkitt, «Diverticular diseases of the colon: A deficiency disease of western civilization,» *British Medical Journal* 2 (1971): 450.

2 J. O. Hunter, E. Workman und V. Alun Jones, «The roles of diet in the management of irritable bowel syndrome,» in *Topics in Gastroenterology* Vol 12, ed. P. R. Gibson und D. P. Jewel (Oxford: Blackwell Scientific, 1985).

6. Kapitel

1 V. Alun Jones und J. O. Hunter, *Doctor, There's Something Wrong with My Guts*, ed. R. E. Pounder, (Welwyn Garden City: Smith Kline and French Laboratories, Ltd., 1983), 183–192.

7. Kapitel

1 D. A. Drossman, D. W. Powell und J. T. Sessions jr., «The irritable bowel syndrome,» *Gastroenterology* 73 (1977): 811–822.

2 W. Grant Thompson, *The Irritable Gut* (Baltimore: University Park Press, 1979), 217.

3 Douglas A. Drossman, M.D., «The Physician and the Patient: Review of the Psychosocial Gastrointestinal Literature with an Integrated Approach to the Patient,» in *Gastrointestinal Disease: Pathophysiology, Diagnosis, Management*, ed. M. H. Sleisenger and J. S. Fordtrain (Philadelphia: W. B. Saunders Company, 1983).

4 Douglas A. Drossman, M. D.; Daphne C. McKee, Ph. D.; Robert S. Sandler, M.D., M.P.H.; C. Madeline Mitchell, M.U.R.P.; Betsy C. Lowman, Ph.D., Amy L. Burger, M. A. und Elliot M. Cramer, Ph. D., «Psychosocial Factors in the Irritable Bowel Syndrome: A Multivariate Study of Patients and Nonpatients with IBS,» *Gastroenterology* 08:19:54, 1988.

8. Kapitel

1 Norman Cousins, *Der Arzt in uns selbst*. Reinbek 1984.

2 Marvin M. Schuster, «Irritable Bowel Syndrome,» in *Current Therapy in Gastroenterology and Liver Disease*, 2. (Philadelphia: B. C. Decker, 1986), 345.

9. Kapitel

1 G. A. Fava und L. Pavan, «Large bowel disorders. I. Illness configuration and life events,» *Psychotherapy and Psychosomatics* 27 (1976–1977): 93–99.

2 R. B. Sandler, D. A. Drossman, H. P. Nathan und D. C. McKee, «Symptom complaints and health care seeking behavior in subjects with bowel dysfunction,» *Gastroenterology* 87 (1984): 314–318.

3 B. D. Pimparkar, «Irritable colon syndrome,» *Journal of the Indian Medical Association*, 54 (1970): 95–103.

11. Kapitel

1 William Shakespeare, *Hamlet*, 2. Akt, 2. Szene.

12. Kapitel

1 William E. Whitehead und Marvin M. Schuster, *Gastrointestinal Disorders* (Orlando, FL: Academic Press, 1985), 200.

2 Douglas A. Drossman, «Patients with Psychogenic Abdominal Pain: Six Years' Observation in the Medical Setting,» *American Journal of Psychiatry* 139 (December 1982): 1555.

13. Kapitel

1 E. D. Jacobson, «Spastic esophagus and mucus colitis: Etiology and treatment by progressive relaxation,» *Archives of Internal Medicine* 39 (1987): 433–445.

14. Kapitel

1 C. Madeline Mitchell und Douglas A. Drossman, «The Irritable Bowel Syndrome: Understanding and Treating a Biopsychosocial Illness Disorder,» *Annals of Behavioral Medicine* 9 (3) (1987): 17.

2 F. Bueno-Miranda, M. Cerulli und M. M. Schuster, «Operant conditioning of the colonic motility in the irritable bowel syndrome,» *Gastroenterology* 70 (5) (1976): 867.

3 W. E. Whitehead, A. S. Fedoravicius, B. Blackwell und S. Wooley, «A behavioral conceptualization of psychosomatic illness: Psychosomatic symptoms as learned responses,» in *Behavioral Approaches to Medicine*, ed. J. S. McNamara (New York: Plenum, 1979), 65–99.

17. Kapitel

1 Chesley Hines jr., M.D., Symposium, «Dietary Fiber: New Investigations and Clinical Perspectives,» vom 2. Mai 1987, Sponsor: Tufts University

School of Nutrition. Aus einer Rede «Guidelines for the Practitioner: Dietary Fiber, Supplements, and Patient Management.»

2 P. A. Cann, N. W. Read und C. D. Holdsworth, «What is the benefit of coarse wheat bran in patients with irritable bowel syndrome?» *Gut* 25 (1984): 168.

3 J. O. Hunter und V. Alun Jones, *Food and the Gut* (Eastbourne, East Sussex: Bailliere Tindall, 1985), 210.

4 Marvin M. Schuster, M.D., «What to Feed the Patient with Irritable Bowel Syndrome,» *Practical Gastroenterology* (1987) (reprint, Shugar Publishing, Inc.).

18. Kapitel

1 S. H. Wright, W. J. Snape jr. et al., «Effect of dietary components on the gastrocolic response,» *American Journal of Psychology* 238 (3) (1980): G 228–232.

19. Kapitel

1 Douglas A. Drossman, medizinisches Seminar in New York, 19. Januar 1988.

2 K. W. Somerville, C. R. Richmond und G. D. Bell, «Delayed release peppermint oil capsules (Colpermin) for the spastic colon syndrome: A pharmacokinetic study,» *British Journal of Clinical Pharmacology* 18 (1984): 638–640.

3 S. L. Waller and J. J. Misiewicz, «Prognosis in the irritable bowel syndrome: A prospective study,» *Lancet* 2 (1969): 753–756.

4 John T. Sessions, «The Irritable Bowel Syndrome: Diagnosis, Treatment, and Prognosis,» *Gastroenterology* 73 (1977): 811–822.

20. Kapitel

1 J. Apley und N. Nash, «Recurrent abdominal pain: A field survey of 1000 school children,» *Archives of Disease in Childhood* 33 (1958): 165–170.

2 M. Silverberg und F. Daum, «IBS in children and adolescents,» *Practical Gastroenterology* 2 (1979): 25.

3 David Elkind, *The Hurried Child: Growing Up Too Fast Too Soon.* (Reading, PA: Addison Wesley Publ. Co, 1981).

22. Kapitel

1 Sidney Cohen, M.D., «On IBS: A Most Benign Misery,» *Executive Health Report* (February 1985).

2 Henry J. Tumen, «The Treatment of Irritable Colon,» in *Functional Disorders of the Digestive Tract*, ed. William Y. Chey (New York: Raven Press, 1983), 332.

* Experten, auf die ich mich im Buch beziehe mit ihren Berufsbezeichnungen und Tätigkeitsfeldern

Balistreri, Dr. William, Gastroenterologe für Kinder und Ernährungsexperte am Children's Hospital Center in Cincinatti, Ohio

Borkovec, Dr. Thomas D., Psychologe an der Pennsylvania State University

Carter, Dr. William R., Professor für klinische Psychologie an der Abteilung für Verhaltensmedizin und -psychologie der University of Virginia School of Medicine

Chaney, Dr. Ernie, außerordentlicher Professor für Allgemeinmedizin an der Kansas School of Medicine

Cohen, Dr. Sidney, University of Pennsylvania School of Medicine

Drossman, Dr. Douglas A., außerordentlicher Professor für Medizin und Psychiatrie an der Abteilung für Verdauungskrankheiten und Ernährung der University of North Carolina School of Medicine in Chapel Hill

Hines Jr., Dr. Chesley, Tulane University School of Medicine and Louisiana State University School of Medicine

Holmes, Dr. Thomas H., Psychiater an der University of Washington Medical School

Lewis, Dr. Myron, praktizierender Gastroenterologe in Memphis, Tennessee; Präsident des American College of Gastroenterology

Rahe, Dr. Richard H., Psychiater an der Medical School der University of Washington

Sessions, Dr. John T., Professor der Medizin an der University of North Carolina in Chapel Hill

Schuster, Dr. Marvin M., Professor der Medizin und Psychiatrie an der Johns Hopkins University School of Medicine und Leiter der Abteilung für Verdauungskrankheiten am Francis Scott Key Medical Center in Baltimore

Thompson, W. Grant, Leiter der Abteilung Gastroenterologie am Ottawa Civic Hospital in Kanada

Tumen, Dr. Henry J., University of Pennsylvania Graduate Hospital

Whitehead, Dr. William E., psychiatrische Abteilung der Johns Hopkins University School of Medicine und Abteilung für Verdauungskrankheiten am Francis Scott Key Medical Center in Baltimore

EINIGE WORTE DES DANKES

Ich schulde vielen Leuten Dank dafür, daß sie mir ihre Zeit und ihr Fachwissen zur Verfügung gestellt haben. Besonders wertvoll war für mich die Hilfe von Dr. Marvin M. Schuster, Dr. William E. Whitehead und Dr. Douglas A. Drossman. Dank und Hochachtung gelten auch Dr. William Balistreri, Dr. Thomas D. Borkovec, Dr. Joel D. Fyvolent, Schwester Judy Lieb, Dr. Robert E. Schaffer, Dr. David Rothman, Belinda Stevenson und Dr. William R. Carter.

Meinem literarischen Agenten Herb Katz bin ich für die Unterstützung meines Projekts ebenso dankbar wie den vielen Ungenannten, die mit mir offen über ihre Erfahrungen mit dem Reizdarmsyndrom gesprochen haben. Um ihrem Wunsch nach Anonymität zu entsprechen, habe ich Namen, Aufenthaltsorte und berufliche Angaben abgeändert.

Die «Holmes-Rahe Social Readjustment Rating Scale» (Tabelle mit sozialen Wiedereingliederungswerten) wurde mit Erlaubnis von Pergament Journals, Ltd. sowie Dr. Thomas H. Holmes and Dr. R. H. Rahe aus dem «Journal of Psychosomatic Research» Nr. II (1967), S. 213, abgedruckt.

Die Tabelle mit den Prozentzahlen von Lebensmittelallergien wurde mit freundlicher Genehmigung von Gibson & Jewell dem Buch «Topics in Gastroenterology», Volume 12, der Firma Blackwell Scientific Publications entnommen.

Das Zitat von Dr. Sidney Cohen wurde mit Einverständnis des «Executive Health Report», P.O.Box 8880, Chapel Hill, NC 27515, USA, angeführt.

LITERATUREMPFEHLUNGEN

Bach, George R./Laura Torbet: Ich liebe mich – ich hasse mich. Fairness und Offenheit im Umgang mit sich selbst. Reinbek 1985

Bertherat, Therese/Carol Bernstein: Der entspannte Körper. Schlüssel zu Vitalität, Gesundheit und Selbstbestimmung. München, 2. Auflage 1988

Bloom, Lynn Z./Karen Coburn/Joan Pearlman: Die selbstsichere Frau. Anleitung zur Selbstbehauptung. Reinbek 1979

Burkitt, Denis: Gesund leben mit Ballaststoffen. Stuttgart 1982

Elkind, David: Total verwirrt. Teenager in der Krise. Hamburg 1990

–: Wenn Eltern zuviel fordern. Die Rettung der Kindheit vor leistungsorientierter Früherziehung. Hamburg 1989

Franke, R./H. Noelle: Moderne Diät bei Magen- und Darmerkrankungen. Müchen 1988

Jarosch, Ingo: Tai Chi. Neue Körpererfahrung und Entspannung. Reinbek 1991

Juli, Dietmar, Maren Engelbrecht-Greve: Stressverhalten ändern lernen. Programm zum Abbau psychosomatischer Krankheitsrisiken. Reinbek 1978

Luby, Sue: Hatha Yoga. Entspannen, auftanken, sich wohlfühlen. Reinbek 1990.

Müller, Else: Bewußter leben durch Autogenes Training und richtiges Atmen. Reinbek 1983

Schindler, Ingeborg/Isolde Bräckle/Brigitte Karch: Kulinarisch heilen. Ein Kochbuch bei Magen- und Darmbeschwerden. München 1988